何を考えているのか

世界のエリート投資家は

MONEY
MASTER
THE GAME

アンソニー・ロビンズ 著
鈴木雅子 訳
経済評論家 山崎 元 解説

三笠書房

「未来にはいろいろな呼び方がある。弱者にとって、それは達成不可能。
臆病者にとって、それは未知。剛胆な者にとって、それは理想」
ヴィクトル・ユーゴー

アンソニー・ロビンズ（愛称トニー・ロビンズ）への「賞賛の声」

「彼はすばらしい才能の持ち主だ。皆にひらめきを与える力がある」

ビル・クリントン（元米国大統領）

「トニー・ロビンズは、人間を鍛え上げる鍛冶屋だ。より大きな可能性に向けて読者の目を開かせる。自分にふさわしい経済的自由を手に入れるため、誰もが本書を活用できる」

ポール・チューダー・ジョーンズ（チューダー・インベストメント社創業者。伝説のトレーダー）

「トニー・ロビンズは、複雑なことをわかりやすく説明する天才だ。世界有数の投資家の〝思考のエキス〟を、経験不足の投資家と凄腕のプロフェッショナルの両方に役立つ教訓に変えた」

レイ・ダリオ（世界最大のヘッジファンド、ブリッジウォーター・アソシエイツ創業者）

「本書は、投資家にとって非常に大きな助けになるだろう。トニー・ロビンズは40分だけという約束で私のオフィスを訪れ、そのまま4時間、居座った男だ。それは私の長いキャリアの中で最も刺激的で、詳細なインタビューだった。本書に登場する、投資に対して強烈な価値観と鋭い金融マインドを持った人々も、きっと同じ感想を持ったことだろう。本書はあなたに経済的自由を手に入れるための気づきを与えてくれるはずだ」

ジョン・C・ボーグル（バンガード・グループ創業者）

「トニー・ロビンズに紹介はいらない。全ての投資家の人生をよりよいものにするために、彼は尽力している。全ての投資家は、この本を非常に興味深く、啓蒙的だと思うだろう」

カール・アイカーン（億万長者の活動家・投資家）

「金儲け情報が詰まった金の山！」

スティーブ・フォーブス（『フォーブス』誌発行人・フォーブス社CEO）

◉序文

裕福な投資家が独占してきた「秘密」が、今明かされる

エリオット・ワイスブルース
（ハイタワー社創業者兼ＣＥＯ）

ウォール街を舞台とする企業間訴訟に長年関わってきた経験を持つ私は、これまで多くの嘘つき、ペテン師、詐欺師と出会ってきたと言ってもいいだろう。法律の世界も金融の世界も、詐欺まがいのやり方で自分の取り分を増やしている。おかげで、私は何が正しく、何が間違っているかを素早く見極められるようになった。

２００７年に投資顧問会社のハイタワー社を設立した私は、生まれつき疑り深い性格だ。そのため、トニー・ロビンズから本書のプロジェクトを持ちかけられた時には、興味を惹《ひ》かれるというよりは、慎重にならざるを得なかった。

パーソナルファイナンスや投資について、今さら新しいことなどあるのだろうか。そもそもトニー・ロビンズは、それを語るにふさわしい人間なのか、という疑問を持ったからだ。

人生とビジネスに関する戦略家として、トニーが全米ナンバー1の名声をほしいままにしていることは私も知っていた。米国大統領から億万長者のアントレプレナーまで、さまざまな人々に働きかけ、公私ともに彼らの人生に変化をもたらしてきたことも承知していた。

しかし、彼と実際に会うまで、わからなかったことがある。それは、トニー・ロビンズが紛れもない「本物」だということだった。彼は刺激的な宣伝文句を地で行っていた。彼がまがい物でないことは一目でわかったし、その情熱も伝わってきた。金融業界の罪深い歩みを繰り返すのではなく、金融サービスの民主化を図り、裕福な投資家だけが享受していた戦術やソリューションをごく普通の人々にも提供するために、彼はこのプロジェクトに辿《たど》り着いたのである。

トニーと私はすぐに仕事に取りかかった。というのも、我々2人には「金融に関するより的確、かつ確実な情報に基づいた判断を下す力を人々に与える」という使命が課せられていたからだ。

2008年の金融危機によって、金融システムにはさまざまな矛盾や不正が内在していることが明らかになった。

大手金融機関は、顧客の利益よりも自社の利益を優先させている。投資家は大金を払って、質のいい、公明正大なアドバイスをもらっていると思っているかもしれない。ところが真実は、金融機関にとって都合のいい投資商品を買わされていることがほとんどだ。

ハイタワー社は、一般の投資家が抱えるこうした問題への解決策を提供している。だからこそトニーは、本書を執筆するために私にインタビューを申し込んできたのである。

トニーの役割は、最も公平で実践的な投資法（その中には「マル秘」とされているものも含まれる）を整理し、大衆に提供することだ。人々が必要としているのは、単なる「知識」ではなく、**「経済的な安心が保障された未来へのロードマップ」**なのだと、彼は深く理解している。

トニーは、金融の世界を代表する巨人たちに、未だかつてないほど肉薄し、本書をまとめあげた。トニー以外にこのような偉業を成し遂げた人物を私は知らない。トニーならではのクライアントとの幅広いネットワーク、人を巻き込む熱狂、そして尽きることのない情熱、それらがあったからこそ、トニーは金融業界のトップクラスの人たちから、貴重な英知、経験を伝授してもらえたのだ。

トニーは専門家の「理論的な話」を、多くの人たちにわかりやすく、かみくだいて伝えること、そして人々の経済状態を改善することに情熱を傾けている。実際、トニーは、裕福な投資家のために我々が築いてきた投資手法を、ごく一般の人々も利用可能なものにすることを私に求めてきた。トニーと私がさまざまなプロジェクトに取り組み、有益な成果を残していることは、大変に有意義なことだと感じている。

また、トニーは自身の使命感に従って、誰からも顧みられず、社会から取り残されてしまった人たちに助けの手を差しのべるために、この本を利用している。ホームレスになり、食べる物にも事欠いた自身の経験を包み隠さず語り、世間から忘れられがちな貧しい人々の暮らしの向上に積極的に取り組んでいるのだ。今年1年で、5000万人に食事を提供するために尽力し、さらにその数を倍の1億人にするために頑張っている。

さらに、トニーはサイモン&シュスター社と組んで、彼のベストセラーガイドブックを希望者に寄付している。彼が目指すのは、「精神と肉体に生きる糧《かて》を与えること」なのだ。

私は、本書のプロジェクトに参加できたことを誇りに思う。と同時に、謙虚な気持ちになり、感謝してもいる。そして2人でどれだけの効果を生み出すことができるのか、この目で確かめたいとも思う。本書をまさに今、手に取っている読者の人たちのことを思うと、私自身の胸の高鳴りを抑えることができない。

あなたは今まさに、自然児トニー・ロビンズと対面し、根本から人生を変えてしまう旅に出かけようとしている。

★★★

もくじ

★★★

2 この「9つの神話」にだまされるな

——「なぜか貯まらない、増えない」理由

3 自分の夢の「実現コスト」はいくらか？

——勝つ可能性のあるゲームにする

4 人生において一番大切な「投資」の決断
——何を、どれだけ、いつ買い、売るか

5 どんな経済下でも確実に利益を出せる「黄金のポートフォリオ」

——「想定外の事態」に負けない資産配分とリスク管理

◎編集協力　永井晋一郎

本書は、*MONEY: MASTER THE GAME*（by Anthony Robbins）を
抄訳、2分冊したものである。

Section 1〜5
☆「マネー・ゲームに勝つ」ための原則
☆この「9つの神話」にだまされるな
☆自分の夢の「実現コスト」はいくらか？
☆人生において一番大切な「投資」の決断
☆どんな経済下でも確実に利益を出せる「黄金のポートフォリオ」

『世界のエリート投資家は何を考えているのか』に収録

Section 6〜7
☆「投資界のカリスマ」は何を見て動くのか
☆「投資のチャンス」は到るところに
☆人生を切り拓くのは「知識」ではなく「行動」
☆「真の豊かさ」を手にする最後の秘密
☆「経済的自由」に到達するためのチェックリスト

『世界のエリート投資家は何を見て動くのか』に収録

1

「マネー・ゲームに勝つ」ための原則

――「消費者」で終わるな、「オーナー意識」を持て

MONEY
MASTER
THE GAME

1 「自分のお金と人生」をどう管理するか

「お金はよい召使だが、悪い主人だ」フランシス・ベーコン

お金ほど、人間に強い感情を呼び起こすものは、そうない。お金について話すことさえ拒む人も多い。宗教、セックス、政治と同様に、親戚や友人が集まる団欒《だんらん》の場ではタブーの話題だし、職場でもお金は〝触れてはならない話題〟だ。「富」と言えば抽象的だが、「金」と言うと生々しく、ギラギラしていて、けばけばしい印象がある。お金をどれくらい持っているか、稼いでいるかは個人の秘密だし、人を感情的にする。金持ちは後ろめたく感じるし、貧乏人は恥ずかしく思う。

「お金は、人生を有意義に生きて、困っている他人を助ける手段に過ぎない」と考える人もいれば、たとえ自分の健康、時間、家族、自尊心、良心を犠牲にしてでも金儲けに執着する人も

いる。

■お金ほど「感情」を揺さぶるものはない

お金の本質は、なんといってもパワーだ。

使い方次第で、お金は創造的なパワーにも破壊的なパワーにもなる。夢を実現することも、戦争を引き起こすこともできる。お金は贈り物にも、武器にもなる。お金は、自分の信念、創造性、思想を表現する手段にもなるし、自分のフラストレーション、怒り、憎しみを表現する武器にもなる。個人や政府をお金で買収することもできる。お金が目的で結婚して、後に後悔する人もいる。

ただし、お金はある意味では単なる幻想に過ぎないことを、誰でも知っている。金塊などと違い、お金は銀行内のコンピュータの中に存在する「数字」に過ぎない。人が付加する意味や感情によって、さまざまに姿を変える化け物か、真っ白なキャンバスのようなものだ。

人は、「お金そのもの」というより、お金が与えてくれる「感情」（力強さ、自由、安全、愛する人を助けられる、選択肢がある、生きていると実感できる）を追い求めているのだ。

お金は確かに、自分の夢を実現する手段の1つだ。たとえ、お金は抽象概念に過ぎないにしても、十分に持っていなければ、自分は裕福だと感じることはできない。

■金持ちほど「金儲け＝ゲーム」と考える

本書のタイトルに対して、「『お金』と『ゲーム』を組み合わせるなんて、とんでもない」と憤慨した人がいた（訳註　原書タイトルの直訳は「マネー・ゲームをマスターする」）。

しかし、もっと現実的に考えてほしい。本書を読み進めてもらえばわかるように、自分の人生を変える一番手っ取り早い方法は、すでに成功した人を見つけて、その人のやり方をマネすることだ。「お金の扱い方」についても全く同じだ。

世界有数の金持ちを何人もインタビューしてきたが、「金儲け＝ゲーム」と考える人がほとんどだった。そうでなければ、何十億ドルもの資産に恵まれながら、1日10～12時間も働く理由が説明できない。「ゲーム＝軽薄」という方程式は、常に正しいわけではない。

いずれにしろ、金儲けは、絶対に負けられないゲームなのだ。

本書を最後まで読み通し、本書が勧めるシンプルな「（世界中で金儲けに大成功した人たちの英知を凝縮した）原則」を実践に移せる読者は、必ずマネー・ゲームに大勝できる。

マネー・ゲームに勝つためには、すでにこのゲームをマスターした人から、ルールとベスト攻略法を学ぶことだ。

そうすれば、落とし穴を避けつつ、成功への近道を見つけられるので、学ぶ時間を短縮できる。金融業界は難解な専門用語に溢れているが、お金の「本質」に迫れば、ゲームに勝利することは、そんなに難しくはない。

この本を読んで、「人にもてあそばれるチェスの駒」ではなく、「駒を動かすチェス・プレーヤー」になってほしい。お金のマスターたちの知識・アドバイスがあれば、あなたは資産を大きく増やし、お金に縛られない自由を満喫できる。

もしお金の心配がなくなれば、生活はどう変わるか？　毎月の請求書の支払いや、退職後の生活を心配しなくてよければ、どう感じるか？　自分の思い通りの生活ができたら、どうだろうか。起業したければできるし、両親に家を買ってあげたり、子供の大学の学費を支払ったり、世界中を旅して回ったりする余裕があれば、どう思うか。

毎月の必要経費を何の心配もなく払うことができるのはもちろん、自分の目標や夢を実現するだけの金銭的余裕があると承知して毎日を送れるとしたら、どう感じるだろうか。

「金銭的余裕ができても働き続ける」という人も多いだろう。そうなれば、お金のためにイヤイヤ働くのではなく、楽しみのためだけに働くことができる。無理に働く必要はなく、働きたいから働くのだ。

これこそが「経済的な自由」だ！

お金の心配から解放され、人生を自由に生きられる――こうした夢は実現可能だろうか。大金持ちではない普通の読者が、こうした夢を実現することは本当にできるのだろうか。

富を築く方法は、意外にシンプルだ。まず、人の役に立つ方法を見つける。そして、自分の価値を高める。もっと働く。もっと世のためになる。もっと出世して、もっと人の役に立つ。そうすれば、もっとお金を稼ぐチャンスがきっと巡ってくる。

どんな職業についていたとしても、それは同じだ。

本書の目的は、皆さんに経済的な安泰、自立、自由に到達してもらうことだ。お金のことをマスターして、「人生の質」を高めてもらいたいのだ。

ある調査によれば、実に、米国人の77％（4分の3以上）が「お金の心配がある」と考えており、「支出プランや投資プランを持っている」のは、わずか40％に過ぎない。「ベビー・ブーマー世代（1946～1959年生まれ）」の3人に1人は、「貯蓄額は1000ドル以下」と答えている。また「金融システムを信用している」と答えたのは、全体の4分の1以下だ。特に若い世代の株式投資離れが目立つ。

しかし、残念ながら、給料だけで経済的自立を実現することは不可能だ。「家族のために給料から貯蓄するだけ」では不十分なのだ。投資によって自分が寝ている間も、お金にお金を自動的に稼いでもらう必要がある。

「消費者」で終わらず、投資することで「オーナー意識」を持つということが経済的に自立するためには欠かせないのだ。

■「旧式モデル」はもはや通用しない

祖母が、お気に入りの会社の株式5株を誕生日に贈ってくれた。自分の勤める会社の401(k)プランに自動加入した。友人からキンドルではなく、アマゾン株を勧められ、購入した。お金の心配から自由になるためには、これで十分だろうか？

今、本書を読んでいる人の答えは、もちろん「とんでもない！」だろう。自分の親や祖父母世代に通用した「旧式モデル」は至ってシンプルで、「大学進学→就職→一生懸命に働く→大企業に転職、または昇進→自社株に投資→退職して悠々自適の年金暮らし」だった。

この旧式モデルがもはや通用しないことは、周知の事実だ。人は以前より長生きになったが、もらえる年金額は減っている。「資産」を増やすより、「手数料」を増やす新しいオンライン・テクノロジーが次々と出現する。本書を執筆中、銀行預金の利率はほぼゼロだし、株価の値動きは、まるで荒波のようだ。

そして、投資家は、無限とも言える選択肢と、常識をはるかに超える複雑な形態の投資法に溢れる金融市場に直面している。

現在、ミューチュアル・ファンド（訳註　米国で最も一般的な個人向け投資商品）**だけでも1万以上、ETF（上場投資信託）は1400あるし、世界中には何百もの株式市場が存在する。**その上、複雑でわけのわからないアルファベット略称の新しい投資形態が毎日出現している。

混乱は増すばかりだ。

たとえば、「ＨＦＴ」（超高速・高頻度売買）という投資形態がある。高速マシンを使って、ミリ秒単位の売買で利ザヤを積み上げる超高速・高頻度の株式取引のことである。一般向けオンライン株式売買サイト「Ｅトレード」を使って読者が株式を売買すると、約０・５秒かかる。この０・５秒の間に、スーパー・コンピュータを使うＨＦＴ企業は、同じ銘柄の株を何千株も、何百回も売買して、わずかな利ザヤをどんどん積み上げていくのだ。

株式市場に精通するベストセラー作家マイケル・ルイスは、『フラッシュ・ボーイズ：10億分の1秒の男たち』（文藝春秋社）の中でＨＦＴの実態を暴露した。

「世界で一番定評のあるアメリカ株式市場でさえ、株式取引市場、ウォール・ストリートの投資銀行、ＨＦＴ投資家が結託して、不正操作されている。（中略）マイクロソフト株の購入を望む個人投資家のニーズをいち早く察知して、その取引が実際に起きる前に買い込み、さらに高値で同じ株を個人投資家に売りつけるのだ」

まるでＳＦ小説のような話の展開に、読者は思わずめまいを覚えるのではないだろうか。それは私も同じだ。光速で株取引を行なうスーパー・コンピュータを相手に、人間が競争して勝ち目があるだろうか。

このハイテク・ハイリスクの迷路で、前に進む道を見つけるには、どこに目を向けたらいいのだろうか。

■「口先だけ」の専門家の意見は聞くな

「専門家とは、旅の恥はかき捨てとばかりに、アドバイスする凡人だ」オスカー・ワイルド

お金と投資に関して問題なのは、誰もが意見、アドバイス、答えを持っていることだ。そして実のところ、有用なアドバイスは、極めて稀だからだ。

匿名で寄稿できるオンライン・サイトでは、大した実績もないくせに、他人の投資攻略法をこっぴどく批判したり、自分の考えを恥ずかしげもなく披露したりする人がいくらでもいる。抗鬱剤を服用する精神科医が、患者に「どうしたら充実した人生を送れるか」を、肥満者が「どうやったら、やせて健康になれるか」を話すようなものだ。

私は、専門家を「口先だけの人」と「実行を伴う人」の2種類に分けている。自分の人生で実行できないことを、他人にアドバイスする「口先ばかりの専門家」の話を聞くのは、もう、うんざりだ。

自身が売っている投資商品を自分では購入しない専門家、根拠のないアドバイスを垂れ流す専門家など論外だ。

ここで注意しておくが、私は、「ポジティブに考えれば、全てよい方向に進む」というポジティブ・シンキングの信奉者ではない。私は知性を重視するし、冷静に現実を直視することが

大事だと考えている。私の人生の使命は、読者が「自分を深く掘り下げて、真の問題を解決し、人生をより高いレベルに向上させる」のを手助けすることだ。

私は過去38年間、人々の人生の質を即時に変えられるような戦略と方法を見つけようと、必死に模索してきた。そして、私の著書、ビデオやテープなどを通して、世界100カ国以上で5000万人に影響を与え、ライブ講演では400万人を動員した。

こうした成功を収める前から、私は**「成功には必ずカギがある。最高レベルで成功する人は、単に運がよかっただけではない、人と違うことをしたからこそ成功したのだ」**と信じていた。

私は常に学び続け、成長し続け、成功する人に惹かれてきた。健康でスッキリした体型をずっと維持できる人は少ない。何十年もお互いを情熱的に愛し合い、お互いに感謝しながら喜びを感じている夫婦も稀だ。ビジネス・チャンスを逃さずにとらえ、成功できる人も少ない。貧困家庭で育ちながら、経済的自由を手に入れた人はさらに稀だ。

でも、そういう人は必ず存在する。幸せな結婚に恵まれ、常に感謝の気持ちを忘れず、経済的自由を手に入れて、喜びに溢れた人生を送る人は極めて稀だが、存在するのだ。

■金融業界の巨人たちに聞いた「どんな市場でも生き残る方法」

私は、**「口先ばかりの多数派」**と、**「実行に移す少数派」**について研究してきた。常識を打ち破り、限界を超えていく卓越した人々は、常人とどこが違うのかを探り当て、それをマネしてきた。そして、「成功のカギ」を見つけたら、明確でシンプルな形に系統づけてまとめてきた。
2008年のリーマン・ショックで世界中の株価が大暴落して以来、株価が不正操作されている株式市場でも、ごく普通の人が自分の資産を増やしていける方法を見つけようと私は模索してきた。その答えを見つけるために、**金融業界で最も優秀かつ影響力の強い50人をインタビュー**した。

本書には、マネー・ゲームをマスターした人（億万長者、ノーベル賞受賞者、最高の投資家）の意見が満載だが、実際に何人かの名前を挙げてみよう。

・ジョン・C・ボーグル
株式投資歴64年、世界ナンバー1の投資信託会社、バンガード・グループ創業者

・レイ・ダリオ
世界最大のヘッジファンド（管理資産：1600億ドル）の創設者

・デイビッド・スウェンセン
エール大学基金を10億ドルから239億ドルに急増させた実績を誇る機関投資家

・カイル・バス
サブプライム住宅ローン危機の2年間に、3000万ドルの元金を20億ドルに成長させた投資家

・カール・アイカーン

伝説的投資家ウォーレン・バフェットと株式市場平均の両方を上回る利益を上げた最強投資家

・メアリー・キャラハン・アードス

JPモルガン・アセット・マネジメント社の社長で、金融業界で「最強の女性」という異名を持つ

・チャールズ・シュワブ

大手オンライン証券会社チャールズ・シュワブ社（管理資産：2兆3800億ドル）の創業者。富裕層のみを顧客としてきたウォール・ストリートの門戸を、一般投資家にも開放した先駆者

景気のよし悪しに関係なく、常に高収益を実現してきた彼らスーパー・スターからも「成功のカギ」を聞き出した。

この本が出版され、読者が読み始める頃に景気がどうなっているかは想像がつかない。インフレか、デフレか？　株式市場はブル（強気）か、ベア（弱気）か？

株式市場の雰囲気に左右されずに、どんな市場でも生き残る方法、投資ポートフォリオの組み方、どんな投資形態をミックスすれば価値の変動を乗り切っていけるかを、本書の中で真の専門家が明かしてくれる。

私は、インタビューした真の専門家たち全員にこう質問した。

「自分が築き上げた資産を子孫に譲れないが、投資原則だけは子孫に教えることができるとしたら、どんな投資原則を教えるか？」

その答えは専門家の子孫でない者にとっても、最高の遺産となるだろう。

■「真の豊かさ」をつくる青写真とは？

さあ、これから、経済的安定、自立、自由へと続く旅に出発しよう！

本書は、人生のスタート地点に立ったばかりのミレニアル世代にも、退職を目前に控えたベビー・ブーマー世代にも、これからも投資で成功し続ける洗練された投資家にも、成功へ導く現実的な青写真（ブルー・プリント）を提示する。この青写真に従えば、誰もが本当の豊かさを楽しめるはずだ。

また、本書では、世界一の行動経済学者から聞き出した「お金を貯められない原因」と、その有効な打開策も紹介している。この方法を実践すれば、「貧困に喘《あえ》ぐ老後」とは無縁になり、「快適な老後」を楽しむ人生が待っているはずだ。

どんなに賢く、成功した人の中にも、「お金の分野は複雑で難解すぎる」と、避けて通ってしまう人が少なからずいる。

実際、私の友人の1人アンジェラは、小型ボートで荒波を乗り越えて航海するなど、とても勇敢な女性だが、投資などお金回りのこととなると、なぜか及び腰だった。

しかし、本書の原則に従うと、簡単に自分の生活費、資産を管理できるようになった。お金の使い道を見直し、それで浮いたお金を自動天引きの口座に貯めるようにしただけで、彼女のライフスタイルは大きく変わった。

先日、私に会いにきたアンジェラが、「生まれて初めて、新車を買ったわ」と言った。私が「どうやって?」と聞くと、「中古車の修理代とガソリン代に、新車ローンの支払い月額よりはるかに多くお金を使っていたことに、やっと気づいたの!」と答えた。真珠のようにピカピカに輝くジープ・ラングラーを、私に見せびらかすアンジェラの顔は誇らしげだった。

お金の分野を上手に管理できれば、自信を持って将来を語れるようになり、ひいては仕事、健康、感情、人間関係の質も自然と向上する。そして、お金の管理に自信があれば、他の分野にも、もっと積極的にチャレンジできるはずだ。

■「他人の知らない知識」を持つだけで優位に立てる

「経済的自立」を阻むものは、一体何か? それは「投資とか金融市場とか、お金回りのことは複雑すぎるし、自分の得意分野でもないから、わからない」と考えることだ。

金融システムは、普通の人が混乱するようにつくられている。「自分のお金を管理できない」と諦めた人が、法外な料金を吹っかける「金融専門家」に資産管理を任せるように仕組まれているのだ。

「経済的自立」を目指し、自分の判断で投資するのは、決して難しいことではない。**「他人の知らない知識」を持つこと**は、成功する要因の一つだ。弁護士や医者にお金を払うのは、自分が知らない専門知識・技術を得るためだ。

専門家は常人には難解な専門用語を使うことが多い。

たとえば、医学界では「昨年、医原病で22万5000人が死亡した」という表現が使われる。そして米国医師会ジャーナルによると、医原病は米国内の死亡原因の第3位にランクするという。では、「医原病」とは一体何か? 稀な熱帯性病原菌か、遺伝子の突然変異か?

いや、「医原病」とは、医療ミスまたは不要治療のために患者が死亡することだ。

なぜ、もっとわかりやすい用語を使わないのか? それは誰にでもわかるシンプルな用語を使うことは、医療機関の利益にならないからだ。金融業界も同様で、難解な専門用語が山ほどある。そして、これらの専門用語は、消費者の無知につけこんだ金融機関が手数料をかすめ取るための方便に過ぎない。これから、私というガイドと一緒に、常人を寄せつけまいとする金融業界の複雑な暗号を、一緒に解読していこう。

本書では、私が個人資産に関する「賢いサーチ・エンジン」になって、余計な、または有害な金融情報は取り除き、シンプルで明確な情報だけを読者の手元にお届けする。本書を読み進めるうちに、あなたはあっという間に、**「お金のインサイダー(事情通)」**になれるはずだ。

本書を読んで、「市場平均を上回る収益率を長期的に上げるのは不可能」であることを学んでほしい（本当に稀な例外として、「金融の魔術師」は存在する。ただし、彼らは富裕層のみを相手にしており、一般人はアクセスできない）。

そして、投資アドバイザーは「個人投資家の利益を最優先する」責任を法的に負っているわけではないことも、資産運用会社が宣伝に使う利回りと、個人投資家が実際に享受する利回りが同じではないことも知るだろう。

■なぜ、私は本書を執筆したのか

さて、本題に入る前に、本書を執筆した動機について述べておきたい。すでに私の著書を読んだことがあり、私の活動をご存じの読者は、私の実績をご存じだろう。「15～150キロの減量を成功させる」「破綻寸前の人間関係を復活させる」「ビジネスを年30～130％成長させる」といった実績をこれまで上げてきた。

子供を亡くした夫婦から、心的外傷後ストレス障害（PTSD）を抱えるアフガニスタン帰還兵まで、大きな悲劇を乗り越える手助けもしてきた。**私の情熱の拠《よ》り所は、多くの人々の人間関係、感情、健康、キャリア、お金に変革をもたらす手助けをすることだ。**

ほぼ40年間、私はどんな階級の人でもコーチしてきた。中には元米国大統領もいれば、中小企業の社長もいる。偉大なプロ・アイスホッケー選手のウェイン・グレツキーから、プロ・テニスのセリーナ・ウィリアムズまで、彼らのプレー・レベルを上げられるようにコーチした。有名な俳優では、クールなレオナルド・ディカプリオから、人情味溢《あふ》れるヒュー・ジャックマン、音楽界では、エアロスミス、グリーン・デイ、アッシャー、ピットブル、LL・クール・Jといった有名バンド・歌手を指導した。

ビジネス界では、カジノ所有者のスティーブ・ウィンや、セールスフォース・ドットコム社のマーク・ベニオフなどをコーチした。

また、金融界では、「史上トップ10トレーダー」に挙げられるポール・チューダー・ジョーンズを、1993年からずっとコーチしてきた。

私は、ポジティブ・シンキングのコーチではなく、逆に**「何事も準備を怠るな」**ということを教えるコーチだ。ジェットコースターのように上下する株価を見ながら、私は毎日、ポールのトレード・アドバイスに従って取引してきた。

ポールとのつきあいが始まってから現在まで、1990年代のITバブルや、9・11同時多発テロ、サブプライム住宅ローン市場の崩壊、2008年の金融危機、ギリシャに端を発した欧州債務危機など、さまざまな経済危機が起こった。しかし、ポールの投資が減益となった年は1年もない。

どんな状況下でも資産を増やす方法を必ず見つけることにかけては、ポールの右に出る者はいない。こうしたポールの姿を間近に見てきた私は、「経済危機下でどんな投資決断を下すべきか」についてMBAのクラスを100科目取るよりも多くを、彼から学んだ。

■私が学んだ〝手痛い投資レッスン〟

投資の勉強では、自分のミスを通し、手痛い学びもあった。39歳の時、私の持ち株会社の株を上場した。これにより、ほんの数週間で自己資産が一気に4億ドルまで膨らんだが、2000年のITバブル崩壊では、資産が一気に激減した。

しかし、2008〜2009年の大不況は、1929年の世界大恐慌以来、未曾有《みぞう》の事態だった。**「経済界の終末が到来した」ような様相を呈していたのを覚えているだろうか。**

ダウ平均株価が50％も下落したため、当然401（k）プランの残高も半減した。不動産価格も下落し、自宅の資産価値が40％以上も下落した人も多かった。

生涯コツコツと貯めてきた貯蓄を失った人や失業者は、何百万人にも上った。この厳しい試練の時期、私に助けを求める電話がかつてないほど殺到した。理容師から億万長者までが、「自宅を失った」「貯蓄がなくなった」「子供を大学に行かせられない」と窮状を訴えてきた。

私は、自分の体験を通して、経済的に困窮するとはどういうことかを知っているだけに、かなり落ち込んだ。

一生懸命に働いてきて、今でこそ経済的に恵まれている私だが、子供の頃はそうではなかった。カリフォルニア州のホコリまみれの町サン・ガブリエル・バレーで、次々に継父が4人も入れ替わる環境で育った。

家の電話が鳴っても、「相手は借金取り立て人で、払うお金がない」ことがわかっていたので、決して電話に出なかったことを今でも鮮明に覚えている。学校に着ていく服も、25セントで買った古着ばかりで、いつも恥ずかしい思いをした。流行の服を着てこない子供は、皆から仲間はずれにされ、散々からかわれた（信じ難いことに、今は「古着の方がカッコイイ！」とわざわざ買い求める子供さえいる！）。

最初に買った車は、ポンコツの1960年型フォルクスワーゲン・ビートルで、バック・ギアがなかったので、わざと坂道に駐車した。ガソリン代に困ることも多かった。

幸いにも、私はこの窮状を乗り越える方法を見つけたが、この貧困体験が身にしみているからこそ、他人が苦しむ姿を見るのは耐え難い。そして2008年には、今までよりもずっと多くの人が貧困に喘ぐ姿を目撃した。


株式市場が暴落した直後は、「金融システム改革が急務だ」と誰もが考えた。しかし、何年経っても、この改革は実現されていない。そして、2008〜2009年の経済危機を引き起こした原因について学ぶにつれて、強い怒りがこみあげてきた。

怒りが頂点に達したのは、ドキュメンタリー映画『インサイド・ジョブ　世界不況の知られざる真実』を観た時だった。俳優マット・デイモンがナレーターを務めたこの映画は、ウォール・ストリートの賭博師たちが、まるで勝ち目のない投資に、自分が管理している他人のお金を無闇に賭けて、経済を破綻させた事実を暴露した作品で、アカデミー賞に輝いた。

彼らがどんな処罰を受けたかといえば、政府からの財政援助を受けたのだ（もちろん米国民が納税したお金だ）。大不況を引き起こした張本人が、大不況からの回復に直接関わるケースさえ出てきた。この映画の結末を見た私は、それこそ怒り心頭に発した。しかし、冷静になって「私に一体何ができるか？」と自問した結果として生まれたのが、本書だ。

■20年ぶりに筆を執ることを決断させた「きっかけ」

本書を執筆すると決めるのは、決して容易な決断ではなかった。これ以前に本を執筆したのは、ほぼ20年前だ。この本の執筆に着手する前の年は、ほぼ4日に1度の割合で、世界15カ国以上に飛行機で出張した。そして12の会社と非営利団体を所有し、子供4人と妻を抱え、自分の目標に向かって毎日邁進している。「人生をフルに生きている」という表現では、とても足りない。

『一瞬で自分を変える法』『アンソニー・ロビンズの運命を動かす』『アンソニー・ロビンズの自分を磨く』（以上、三笠書房刊）などの著書が国際的ベストセラーになったことは、確かに誇りに思っている。

しかし、この20年間、本を執筆しようとは思わなかった。なぜかと言えば、私は本の執筆よりライブ講演の方が好きだからだ。1回に5000人から1万人の観衆が熱心に見守る中、週末に50時間をかけて、五感を総動員して観衆と直にコミュニケートできるライブ講演が大好きだからだ。3億ドルもの製作費を費やした3時間の大作映画でさえ、「長すぎるから」という理由で見たがらない世代を相手にするからこそ、50時間をかけたライブ講演をすることに特別な意味がある。

「2時間以上はライブ講演会場にいられない」と言ったオプラ・ウィンフリーが、その12時間後には椅子の上に立ち、カメラに向かって「人生最高の経験の1つよ！」と叫んでいた。その姿は、今でも鮮明に覚えている。歌手のアッシャーも、「ライブ講座は気に入っているが、週末全部は参加できない」と言っていたのに、その50時間後、「人生最高のコンサートに来たみたいだ。一生懸命ノートを取ったし、こんなに大笑いしたのも久しぶりだ」と語った。

ライブ講座では、私の声とジェスチャーが不可欠だ。だから、机に向かって本を執筆するのは、両手を縛られて、口に猿ぐつわをかまされたように感じてしまう。オンライン講義サイト「TED」を使えば、1000万人以上の観衆に容易に講義できる。

今こそ「基本」に立ち戻る時

では、なぜ本を執筆することにしたのか？　経済危機は大きな苦痛を引き起こし、「人生で大事なものは何か」ということを、人々に突きつけた。**人生で最も大切な「基本」に立ち戻る**

時がやってきたのだ。

私自身は、この不況を目のあたりにした時、自分が、ホームレスとなり車に住んでいた若い頃に、「何とか自分の人生を変えたい」と考えていた時のことを思い出させた。どうやって私は辛い状況から人生を立て直すことができたのか。

「新しい自分」を確立するのに大きな力を与えてくれたのは本だった。本は大好きでそれまでも読んでいたが、毎日1冊読む決心をした。人の上に立つ者は、本を読む。スピード・リーディングのクラスも取った。

毎日1冊とまではいかなかったが、7年間で心理学、時間管理、歴史、哲学、生理学など、多岐にわたる分野の本を700冊以上、読破し、自分と他人を助ける答えを見出した。

しかし、最も強く印象に残ったのは、子供の頃に読んだ本だった。その頃の全く先の見えない、痛みに溢れた人生を忘れさせてくれた本だ。本を読んでいると、無限の可能性を感じることができた。

ラルフ・ウォルドー・エマーソンの『自己信頼』の中にある、「誰でも学ぶうちに、嫉妬は無知の印で、人マネは自殺行為だと悟る時がくる。よかれ悪しかれ、自分自身の人生を生きていかなければならない」というフレーズを今でも覚えている。

哲学者ジェームズ・アレンの聖書の言葉をアレンジした「人が考える時は、そのハートも考える」というフレーズも強く印象に残っている。**この一文を読んだのは、私の心が恐怖に溢れた戦場のような時だった。**この一文に出会えたおかげで、私は「人生の全ては、考えることから始まる」ことを学んだ。

偉大な指導者、思想家、偉人の伝記を貪《むさぼ》り読んだ。エイブラハム・リンカーン、アンドリュー・カーネギー、ジョン・F・ケネディ、ヴィクトール・フランクルなどの伝記を読むうちに、私が経験したより、はるかに大きな苦痛を体験した偉人がいることを知った。単に幸運に恵まれたのではなく、「自己ベスト以外は絶対受け入れない」という強い信念があったからこそ、彼らは偉人になれたのだ。

彼らの伝記を読んで、私は**人生に宿命はなく、私の過去が将来を決めるわけではないということに気づいた。**

■「カリスマ投資家のエッセンス」を抽出することを決意

ナポレオン・ヒルの著書『思考は現実化する』（きこ書房）も気に入った。ヒルは20世紀初頭に20年の歳月をかけて、アンドリュー・カーネギー、ヘンリー・フォード、セオドア・ルーズベルト、トーマス・エジソンをはじめとする偉人500人にインタビューし、「何が偉人をつくり上げたか」を本にまとめた。

ヒルが発見した偉人の共通点とは、「目標に向けてたゆまず努力すること」と、「燃え盛る情熱、揺るがぬ信条、忍耐力の持ち主であること」だった。「普通の人でも、障害を克服して成功できる」というヒルのメッセージは、大恐慌から立ち直ろうとしていた人々に希望を与え、この本は当時のベストセラーとなった。

ナポレオン・ヒルの探求に、私は大いに触発された。ヒルの著書と同じく、本書は**「現代の偉人」のエッセンスを抽出**しようとする試みである。

偉大な投資家ウォーレン・バフェット、冒険家リチャード・ブランソン、人工知能（AI）の世界的権威レイ・カーツワイルにもインタビューした。カーツワイルは、デジタル・シンセサイザーや文字を音声化するソフトを発明し、さらにはアイフォーンのSiri（音声ヘルプ）の開発にも携わった。また、目の不自由な人々のために道路標識やレストランのメニューを音声化する機器も開発した。

私が本当に読者に提示したいのは、単なる成功するための思考・実行法を超えた、より明るい将来を築くために誰もが使えるリアルなプランや道具だ。個人の資産を一新するための青写真、ハンドブックを執筆したかったのだ。

ところで、私がこの冒険を始めた時、友人や専門家から**「複雑な金融知識を、普通の人に広めようとするのは、クレイジーだ」**と言われた。出版社からも、何でもいいから他のテーマに変えるように懇願された。しかし、金融業界最高の英知を集めれば、多くの人の役に立つ本が書けると確信していた。

今回、私がインタビューした人たちは、通常はインタビューに応じないことが多い。ダボス会議や外交委員会では専門知識を披露しても、普通の人を相手に自声で講演することもない。そんな〝真の専門家〟の深い洞察を誰でも実行に移せる形で読者に伝えること――それが、本書の目的だ。

■「投資界のスティーブ・ジョブズ」が教えてくれたこと

さて、どこから始めようか？

まずは、**「投資界のスティーブ・ジョブズ」**の異名を持ちながら、普通の人は全くその名を聞いたこともない**レイ・ダリオ**から始めよう。

世界中の経済界のリーダー、連邦準備制度理事会（ＦＲＢ）の議長、投資銀行の社長、米国大統領は、皆レイ・ダリオを知っている。なぜかと言えば、レイが毎週執筆する経済ブリーフ（短い報告書）を皆読んでいるからだ。米国政府が今後の経済方針を決める際にはレイの意見を聞くし、レイは政府、年金、保険会社の資金を運用しているからだ。

レイ・ダリオは、世界最大のヘッジファンド「ブリッジウォーター・アソシエイツ」の創業者で、その運用資産残高（ＡＵＭ）は、１６００億ドルに上る（現在、ＡＵＭが１５０億ドル以上のヘッジファンドが大手ファンドと見なされる）。以前は、このファンドへの投資資格は、「純資産が50億ドル以上」または「初期投資額が1億ドル以上」だったが、現在は新規投資すら認めていない。

レイ・ダリオは、ニューヨーク市クイーンズ区で、ジャズ・ミュージシャンの父と専業主婦の母との間に生まれた。レイは、最初ゴルフ場でキャディをしながら、裕福なゴルファーたちの話に聞き耳を立てていた。現在レイは、140億ドルの個人資産を持ち、米国で31位の富豪にランクされている。どうやって成功を手中に収めたのかを、私はどうしても知りたかった。

経済誌『バロンズ』によると、レイが運用するファンド「ピュア・アルファ」は過去20年間で投資損を出したのは、わずか3年しかない。2011年には主幹投資家に年率40％の利回りをもたらした。1991年のファンド創設以来、通算のグロス複利年間収益率（手数料控除前）は、実に21％にもなる。

「こんなに値動きの激しいクレイジーな株式市場で、普通の人が金儲けできるか？」と尋ねるのに、レイほどの適任者はいない。だから、レイが「まだ金儲けできるのは間違いない」と言った時は、私は思わず身を乗り出した。

■「金儲けができると、まず信じることだ」

レイ・ダリオに面会を求めるのは、決して容易なことではない。しかし、幸いなことに、レイは私のファンだった。コネチカット州沖の小さな島にある、（彼の収入からすると）質素なレイの自宅で私はインタビューした。彼は、「投資プロを負かそうとせずに投資すれば、個人投資家でも金儲けができる」と率直に語ってくれた。

「金儲けができると、まず信じることだ。ただし、『株式市場を負かす』と思って投資してはダメだ。1500人の従業員を抱え、40年の投資経験を持つ私にとっても、株式投資はタフだ。

株式投資は、世界最強のプレーヤーを集めたポーカー・ゲームのようなものだ」

まるで指揮者のように大仰な手振りをつけて、ニューヨーク訛《なま》りの英語でレイは話す。

「株式市場はポーカーと同様、『ゼロサム・ゲーム（訳註　経済学の「ゲーム理論」で、全員の利得の総和がいつもゼロになるゲームのこと）』で、勝つ人がいれば、負ける人が必ずいる。株式投資というゲームに参加したら、テーブルの向こう側の相手とだけポーカーをしているのとはわけが違う。世界中の投資家がこのゲームに参加するが、大儲けできるのは一握りの勝者だけだ。勝者は下手なプレーヤーから、お金を奪うこともある。だから、普通の人はこの投資ゲームに参加しない方がいい」

そこで、私は聞いた。

「普通の人が投資ゲームで競争できないと言うなら、誰かに代わりにプレーしてもらうことも考えた方がいいのではないか？　『市場より高い収益率を上げられる』と豪語するブローカーやファンド・マネジャーはどうか？」

するとレイは、こう答えた。

「専門知識が豊富な医者に行けば安心と考えるのと同じように、金融のプロであるブローカーのところへ行けば安心と考える人が多いが、ブローカーは医者ではない。私たちは、医者が全知全能であることを祈って、医者の診断を頭から信じ込み、そのアドバイスに従うことに何の疑問も持たない。しかし、普通の資産運用アドバイザーは、顧客を助けるだけの技術も、巨額投資市場に参加できるレベルの資産も持ち合わせていない。一方、高度な技術と高額資産を運用する投資のプロは、普通の人を相手にしていない」

投資の世界は、オリンピックより、もっと競争が激しい。どんなに頭脳明晰なブローカーにも、顧客第一を謳《うた》うブローカーにも、**「投資で金メダルを何個取ったか？」**と聞く必要がある。投資ゲームの「ベスト・プレーヤー」でないのなら、そのアドバイスを鵜呑みにするのは禁物だ。

では、一般の投資家が株式市場で負けないための答えは何か？

「積極的に競争するのではなく、**消極的な方法で勝つことができる。**まず、自分の資産を1つのバスケットに入れないことだ。**投資先を多様化すれば、株式下落リスクを分散できる。**賢い投資家は、どんな投資をする時も、自分が判断ミスを犯すことがあると知っているのだ」

複利年間収益率21％を誇るレイ・ダリオが、投資の判断を間違うことがあると言うのか？

「当然、私でも間違える。誰にでも必ずミスはあるから、そのミスを補うシステムを構築しなくてはならない」

3時間に及ぶインタビューの最後に、私が「そのシステムはどういうものか？」と切り込むと、レイは、

「純資産が50億ドル以上か、初期投資額が1億ドル以上の顧客しか受けつけないから、本当に

複雑でしょっちゅう変わるんだ」

と、答えをはぐらかした。

そこで私は、さらに問うた。

「レイ、はぐらかさないでほしいんだ！　現在は新規顧客を受けつけていないのだろう？　**もし資産ではなく、投資原則や投資ポートフォリオしか子孫に譲れないとしたら、どんなシステムを譲るか？**　景気のよし悪しに関係なく、金儲けができる大衆向けのシステムとは、どんなシステムか？」

こんなやりとりを繰り返した末、やっと理想的な投資ポートフォリオ（収益率を最大限に保ちながら、不況時の下落を最小限に抑える）の例を教えてくれた。

■ヘッジファンドの帝王が教える「理想的なポートフォリオ」とは

「投資ポートフォリオ」とは、最大収益を得られるように、多様な投資形態を組み合わせることを言う。レイが教えてくれたのは、資産をどんな商品に何％の割合で投資したらいいのか、ということだ。

私は、レイが教えてくれたポートフォリオを使い、過去にこの資産配分で投資していたら、どんな収益がもたらされていたのかを検証してみた。すると、１９８４年から２０１３年までの30年間で、暦年ベースで収益率がマイナスとなった（損失が出た）年は、わずか4回しかなかった。そのうち最大の損失を出した年の収益率は、マイナス3・93％だった。しかし、損失を出した4年間の平均損失は、年率1・9％に過ぎない。

損失とは言っても、損失を出した4年のうちの1年はたった0・03％の損失だったから、「ほぼ横ばい」と考えてもいいくらいだ。大不況が起こり、株式市場が51％下落した2008年でさえ、3・93％の損失で済んだ。

レイの投資ポートフォリオの利回りは、年約10％（手数料控除後）をやや下回るくらいだ。しかも、自分で資産の配分を設定できるくらいシンプルだ。このポートフォリオについては、本書の5章で詳しく紹介していく。

ここで、一刻も早くレイ・ダリオのポートフォリオを見たい衝動に駆られる読者も多いだろう。しかし、このポートフォリオを効果的に運用するにはまず、「お金と投資の原則」を学ばねばならない。

「投資元金をどう工面したらよいのか、わからない」「どんな目標を立てたらいいのか、わからない」「マネー・ゲームのルールがわからない」というのでは、どんなに優秀なポートフォリオを見たとしても意味がない。だから、本書を順に読み進めていってほしい。

資産50億ドルを所有して初めてアクセスできる情報（レイ・ダリオのポートフォリオ）を、本書の値段で知ることができるのだから、この本をじっくり読み進めることは、決して悪い投

資ではない！

レイの投資ポートフォリオを学ぶのは刺激的だったが、それ以上に、レイの世界観を知ることができたのが興味深かった。レイはこの世を「ジャングル」と見なし、自分の人生を「ずっと続くワクワクするような戦い」と考えている。

「誰にでも必ず、欲しいもの、人生の質を向上させてくれるものがある。しかし、そこに到達するには、障害物だらけのジャングルを通過しなければならない。ジャングルの入り口で、こう考える。ジャングルを通り抜けさえすれば、向こう側には最高の仕事、人生が待っている。でもジャングルの中は危険だらけで、命を落とすかもしれない。選択肢は、ジャングルに入らずに安全な人生を送るか、ジャングルを通り抜けるかの2つだ」

こうレイは語った。このジャングルを、レイは信頼する友人と一緒に、「自分が知らないことは何か？」と自問しながら進んでいく。

「私が成功した最大の理由は、決して傲慢にならず、知らないことは知らないと素直に言えるからだ。誰にでも弱点はある。自分が知らないことが山ほどあることも十分承知している。学べば学ぶほど、自分がいかに無知かを思い知らされた」

と、レイは謙虚に語った。

これには、私も全く同感だ。本書の執筆を決めた時、私は「投資について知っている」と思い込んでいた。しかし、4年間かけて世界の一流の投資家たちをインタビューしてみて、自分が投資についていかに無知かを繰り返し思い知らされた。自分の知識を自慢するような投資家はほとんどが偽物で、真の投資家は実に謙虚な人物が多い。レイ・ダリオも、自分の意見を伝えた後に、「自分は間違っているかもしれない」と必ず付け加える。

■超富裕層しかアクセスできないチャンス

「富は人生の目的ではなく、人生の道具に過ぎない」ヘンリー・ウォード・ビーチャー

この本を執筆するための取材、探求を通じて、私は超富裕層しかアクセスできず、普通の人では手も届かないようなチャンスや投資商品を次々に発見していった。皮肉なことに、投資するに値するベストな商品の中には、投資リスクがほぼゼロに近いものもある。

超富裕層向けの「値上がりの可能性は高いが、値下がりの可能性が低い」投資商品に出会うと、私は参加資格を満たすこともあり、エキサイティングな気持ちになった。私は幸運にも経済的に十分恵まれ、富裕層専用の投資商品を購入することができる。

ところが、息子や娘、何人かの親友は、こうした商品を買うことができない。そして、読者のほとんども購入できない（もし、何十億ドルも資産を所有するが、レイ・ダリオの投資ポートフォリオを見たいがために本書を読んでいる読者がいれば、別だが……）。

私が本書を執筆する目的は、「カリスマ投資家から情報を収集する」から、「友人や読者に役

立つ情報を提供する」に変わった。**富裕層のみが参加できる投資商品について話すだけでなく、誰でもそうした商品に参加できるチャンスをつくりたかった。**

実際に、超富裕層のみを顧客とする企業を探し出し、年齢や資産レベルに関係なく、誰でも参加できる商品を開発するように説得した。私が一番誇りに思うのは、米国第5位の投資顧問会社ハイタワーや多くの投資会社を説得して、中間層が無料で投資商品に参加できるようにしたことだ。

■マネー・ゲームに参加する「本当の醍醐味」とは

「マネー・ゲームをマスターする」醍醐味《だいごみ》とは、投資で勝つということだけではなく、他人を助けるだけの「経済的余裕」ができることだ。自分がどんなに辛い思いをしていても、もっと辛い思いをしている人は必ずいる。金持ちになると、「特権」を手にするだけでなく、「責任」も負う。悲劇を味わった人、まだ駆け出しの人、途中で道を踏み外した人たちに、助けの手を差しのべる責任をだ。

私は食べ物に困っていた幼少時に、食べ物を届けてくれた人の親切を今でも忘れていない。その人の親切で私の世界観、人生観は大きく変わり、今の自分を形成する基礎となった。

本書が、読者が物理的、感情的な富を蓄える助けになってくれればと思う。お金だけでなく、時間も人のために使えるような善意の使者になってくれればと思っているのだ。今稼いだ1ドルから10セント寄付しない人は、1000万ドル稼いでも100万ドルを寄付することはない。寄付する時は、今だ！　私は文なしの頃から、寄付することを始めた。たとえ今、文なしであっても、「自分は寄付できるくらい、十分にお金がある」と脳に教え込むのだ。そうすれば、「お金が足りない」状態から、豊穣に向かって前進できる。

実は、本書を読んでいる読者は、経済的に安定した将来を築くだけでなく、食べ物に困っている1700万人もの米国人を助けていることを知ってほしい。

本書の出版時に、私は「読者」名義で、5000万食を飢えに苦しむ米国人に寄付した。飢えに苦しんでいるのは、戦争の記憶に苛《さいな》まれる帰還兵士や、物理的、心理的障害を抱える人ばかりではない。失業、病気、家族の死去などが原因で経済的に困窮し、借金を抱え込んだ人が何百万人もいる。

ほとんどの米国人は、給料が2、3カ月止まっただけで破産に陥ってしまう。だから、そういう人たちにも救いの手を差しのべてほしい。

もし個人的に寄付を希望する読者がいれば、大歓迎だ。本書を読み終えた後、自分も寄付したいと思ってもらえたら幸いだ。

本章は、多様な話題をカバーしてきたが、あまり長く感じなかったことを願う。

経済的自立が実現できれば、人生の他の分野にも必ずよい影響を及ぼし、ポジティブに前進できるようになることは確かだ。さあ、用意はいいだろうか。

最後に、ここまで読み通した読者は賞賛に値する。なぜなら、「第1章を読み終えるノンフィクション本の購入者は、全体の10％にも満たない」という統計結果があるからだ（信じ難い数字だ！）。

私が本書を執筆したのは、読者にマネー・ゲームをマスターして、経済的自立を達成する技術を身につけてもらいたかったからだ。

私は「要点をまとめた小冊子」を執筆した覚えはない。この本はかなり長いが、一緒に読み進めれば、何十年も長続きするご褒美が待っている。

次に、働かなくても自分の望むライフスタイルが維持できるよう、**「一生続く収入源」を確保するには何が必要か**を論じていく。**「経済的自立への原則」**を発見する旅に出よう。

2

「生涯続く収入源」をどうつくるか

「千里の道も一歩から」老子

富と成功を築く「投資の世界」では、「先が読める」ことは究極のパワーである。勝者は必ず先を読み、敗者は事後にあわてて反応する。レイ・ダリオやポール・チューダー・ジョーンズをはじめとする50人の一流の投資家から、「先の読み方」を学んでほしい。これから遭遇する障害やチャレンジを予測して、経済的ダメージを受けないようにするのだ。

レイ・ダリオの言う通り、「投資は、危険がいっぱいのジャングル」だから、信頼できるガイドが必要だ。ガイドの助けを借りて、行く手に待ち受ける障害を想定した綿密な計画を練り、余計な心配もなく、理想の経済的目標に到達するのだ。

本書の主要テーマは、「働かなくても、一生続く収入源を築き上げる」ことだ。決して大袈

裟な話ではなく、「経済的自由」は誰もが手にできる。

今借金に喘いでいる人でも、時間をかけ、全力を傾けて正しい戦略を実行すれば、数年で経済的安定、そして経済的自由を手に入れることは夢ではない。

経済的自由への各ステップを具体的に論じる前に、一昔前は経済的安定の実現が簡単そうに見えた理由を検討しておこう。

■なぜ「普通の老後」はこんなに難しくなったのか

「若い時は文なしでも大丈夫だが、年老いては文なしではいられない」テネシー・ウィリアムズ（劇作家）

最近、個人のお金回りに関すること全てが、以前より難しくなったと感じないだろうか。貯蓄して快適な老後生活を送ることの難しさについて、読者も一度は考えたことがあるはずだ。

現代では、退職後は、「人生の神聖な時期」と考えられている。

しかし、「退職」という概念が生まれたのは、ごく最近のことだ。祖父母の世代から両親の世代、そして私たちの世代と、まだ3世代しか続いていない。それ以前は、誰もが「死ぬまで働く」のが普通だった。

年金支給などの社会保障制度がいつ考案されたのか知っているだろうか。老人や病人を助ける社会のセーフティネットが存在しなかった世界大恐慌（１９２９～３３年）の最中、フランクリン・ルーズベルト大統領の在任中だ。

当時の平均寿命は62歳で、年金支給開始年齢は65歳だったため、実際に恩恵を受ける老人は少なかった。また、たとえ支給を受けても、その期間は短かった。ルーズベルト大統領も63歳で死去し、年金支給を受けることはなかった。

この年金制度は、経済的危機に喘ぐ何百万人ものアメリカ人を救済した。しかし、あくまで、最小限の生活必需品を買うための足しにするのが本来の目的だった。今のような長寿社会を想定してつくられた制度ではない。

現在、米国では夫婦のうち、少なくとも一方が92歳まで生きる確率は50%、97歳まで生きる確率は25%だ。

長生きすればするほど、老後生活は長くなる。50年前、老後生活は平均12年だった。現在、米国人の平均寿命は85歳だから、65歳で退職して85歳まで生きるとすると、老後生活は20年にわたる。もっと長生きする人も多く、老後生活が30年続くことも珍しくない。

■「死ぬまでに貯蓄を使い果たしてしまう」という恐怖

マスミューチュアル生命保険株式会社が最近、ベビー・ブーマー世代に「一番の恐怖は何か?」というアンケートを実施した。一番多い回答は何だっただろうか。死ぬこと? テロリズム? 疫病? それは、**「死ぬ前に貯蓄を使い果たすこと」**だった(「死ぬこと」自体は、大差で2位だった)。

大手会計事務所アーンスト・アンド・ヤングのアンケートでは、米国人の75%が「死ぬ前に資産を使い果たしてしまうと思う」と答えた。社会のセーフティネットとしての年金だけでは、暮らしは安泰ではない。公的年金である社会保険の平均支給額は月額たった1294ドルだ。ニューヨーク、ロサンゼルス、シカゴ、マイアミといった大都市で、この金額で何が買えるのか。

外国でも同じで、ロンドン、シドニー、ローマ、東京、香港、ニューデリーなど、どこに住んでいても、年金以外の収入源がなければ、ディスカウントストアなどでアルバイトをせざるを得なくなる。

退職後の生活をまかなうための貯蓄を今まで以上に準備する必要があるのは、明らかだ。しかし、企業福祉研究所（EBRI）が実施したアンケートでは、「老後に必要な費用を計算したこともない」と答えた人の割合は、48%だった。これは驚くべき数字だ。米国人のほぼ半数が、将来のファイナンシャル・プランニングに欠かせない最初の第一歩すら、踏み出していないのだ。この代価を払う時が近づいている。

では、「死ぬ前に貯蓄を使い果たす」恐怖から解放されるために必要なことは何か？　最初の一歩は、**「人生で最も重要な決断を下す」**ことだ。

■「働かなくても悠々自適」を実現する方法

本書を読み終える頃には、自動的にお金が貯まる貯蓄・投資プランの作成法、「働かなくてもお金を稼げる方法」がわかるだろう。

しかし、「ちょっと待て！　どうも話がうますぎる」と思うかもしれない。

だが、どんなルールにも例外があるのはご存じだろう。「株価が上がれば金儲けができ、下がっても損はしない投資商品がある」と言ったら、読者はどう思うだろうか。

しかし、２００８年にこうした商品に投資していれば、１セントも失わず、心労で夜も眠れないということもなかった。私は、そんな安定と自由を満喫している。生きている間に貯蓄を使い果たす心配がなくなって、一気に肩の荷が下りた感じだ。読者とその家族にも、この安心感を体験してほしい。

毎月減り続ける銀行残高を見て心配するのではなく、毎月定額の小切手を受け取れたら、どんなにいいだろうか。

現在の投資額を資産増加に弾みがつく「クリティカル・マス（臨界質量）」まで増やせれば、眠っている間にも、お金がお金を稼いできてくれる。「一生続く収入源」を確保して、自分の思い通りの「自分年金」をつくり上げ、悠々自適の人生を送ることができるだろう。

ここで確認しておきたいのは、たとえ一生続く収入があったとしても、退職年齢で仕事を辞めるように勧めているわけではないことだ。「所得の高い人ほど、退職年齢を過ぎても働き続ける」という統計があるように、たとえ働かなくてもよい収入源があっても、仕事は辞めない人が多いだろう。昔は「金持ちになって、40歳で退職」が夢だったが、今は「金持ちになって、90歳で退職」が夢だ。年間所得が75万ドル以上の人の約半数が「退職はしない。もし退職するとしたら、早くて70歳」と答えている。

■天井も壁も床も消滅しかけている！

もし働けなくなったら、または働くのがイヤになったら、どうなるか？　年金だけでは、暮らしていけない。毎日1万人のベビー・ブーマーが65歳に達している現在、退職者と退職者を支える勤労者の割合は悪化する一方だ。１９５０年には、16・５人の労働者で1人の退職者を支えていたが、現在では2・9人の労働者で退職者1人を支えている。このままでは、年金制度自体が立ち行かなくなるのは目に見えている。

『ニューヨーク・タイムズ』紙にジャーナリストのトーマス・フリードマンが「４０１（k）の世界」と題したこんな記事を書いている。

「モチベーションが高い人にとっては規制が少なく、思い通りにできるので最適だ。ところが、モチベーションが低い人にとっては、今まで退職者を守ってくれた天井、壁、床が消滅しかけているから、より困難の度を増すだろう。（中略）規制もない代わりに、保証もない。退職金積み立て制度に現在、積み立てている額が、将来老後に受け取る金額を決める。何十年間も勤続したからといって、年金をもらえる時代ではなくなった」

祖父母・両親世代が頼りにした企業年金は、電話交換手や鍛冶屋といった職業と同じく、廃《すた》れつつある。**米国の私企業は半数近くが退職金積み立て制度を持つが、その大半は「積み立て額も投資分配も、全部自分で決める401(k)プラン」だ。**

連邦、州、市町村に勤める公務員は、まだ従来型の確定給付型年金を受けられるかもしれない。しかし、大きな財政赤字を抱えて破綻したデトロイト市やサン・バーナディーノ市の職員は、退職したら、年金を受け取れるかどうか疑問だ。

■「死」と「税金」だけが人生で確実なもの

(それこそ光速で)上下する株式相場、(隠れた)法外な手数料、廃れつつある企業年金制度に加えて、税金を徴収する税務署の存在も忘れてはいけない。稼いだお金の50%以上を徴収されることもある税金は、富を築き上げる際の大きな障害になる。

税金が障害になると知ってはいても、「経済的自由」をどれだけ妨げているかを知る人は少ない。**「どれだけ稼ぐかではなく、どれだけ手元に残るかが問題だ」**という格言を、洗練された投資家は必ず肝に銘じている。

偉大な投資家は、節税対策の重要性を理解している。税金のせいで、複利運用している資産がどれだけ目減りしてしまうか。ここで、簡単な例を挙げて複利運用について説明しよう。

今持っている1ドルが、これから20年間、毎年2倍になるとしよう。1年目は2ドル、2年目は4ドル、3年目は8ドル、4年目は16ドル、5年目は32ドル……という具合だ。20年目には、いくらに増えていると思うだろうか。1ドルを20年間、倍々に増やしていくと、なんと104万8576ドルにまで成長する。これが複利の驚くべきパワーだ。

投資家としては、この複利の力を最大限に利用したい。しかし、現実には税金を払わなければならないので、そう簡単には行かない。もし、1ドルが毎年2倍になるが、毎年33％の税金を払うとしたら、どうなるか？

そのダメージは想像を絶する。同じ20年後の額は、たったの2万8000ドルだ。

そう、100万ドル以上の差が出るのだ。

毎年、元金が2倍に増えるということは、現実にはあり得ない話だが、**「ファイナンシャル・プランニングで、税金の悪影響を無視するとどうなるか」**を示すには好例だ。そして財政難に喘《あえ》ぐ連邦政府の窮状を考えれば、税率が将来上がると思って間違いない。

■なぜ「もっと貯蓄して投資する」が実行できないのか

「自分のマスターでない人は、真に自由ではない」エピクテトス（哲学者）

ボストン大学の退職研究センターの調査によれば、「米国の家庭の53％は、退職前と同じ生活水準を退職後も維持するのは難しい」という。企業年金と自宅評価額を除いて、労働者の3分の1が「退職後用に積み立てている金額は1000ドル以下」と答え、60％が「2万5000ドル以下」と答えている。

こんなに貯蓄額が低いのはなぜか？

「もっと貯蓄して投資する」重要性は誰でも知っているはずなのに、なぜ実行できないのか。

「人は、常に理性的に行動するわけではない」ことをまず認めよう。複数の州が参加する宝くじ「パワーボール」で、1等を引き当てる確率は1億7500万分の1なのを知りながら、宝くじを買い続ける人がいる。

ここに、私にはどうしても理解できない数字がある。米国の家庭が1年間に宝くじに費やす額は、平均1000ドルだというのだ。この話を友人のシェロモ・ベナルチ（UCLAの行動経済学部教授）から聞いた時は、思わず「まさか！」と叫んでしまった。

実は、私が最近のセミナーで5000人の参加者に「宝くじを買ったことがある人は？」と聞いたところ、手を挙げた人は50人もいなかった。5000人中50人しか宝くじを買っていないのに、全体の平均額が1000ドルだとしたら、買う人は1000ドルよりはるかに多くの額を費やしている計算になる（余談だが、世界一、宝くじにお金を使っているのは、年平均4000ドルのシンガポールだ）。

もし、年に1000ドル、2000ドル、3000ドル、または4000ドルを貯蓄し、そ

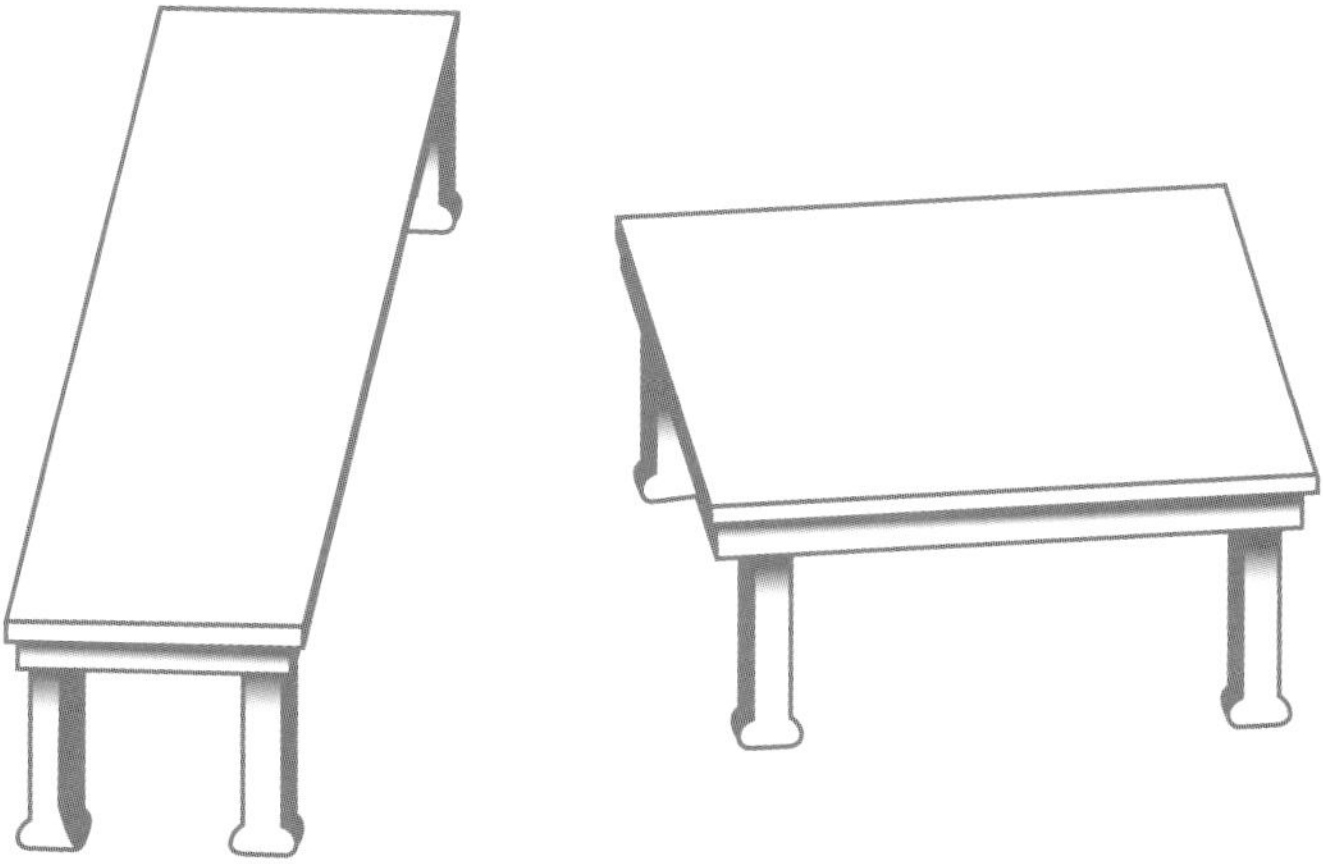

れを投資に回していったら、退職までにどれくらい成長するか、想像できるだろうか？

■「脳の錯覚」で損をしないために

ここで、行動経済学を使って、「貧困」と「富」の差をつくり出す小さなトリックが見つけられるかどうか検証してみよう。

デューク大学行動経済学部教授のダン・アリエリーは、脳が人間に錯覚させる方法を研究している。人間は視覚に頼って進化してきたため、脳内の視覚に関わる部分は体積が大きい。視覚が引き起こす錯覚は、どのくらい頻繁に起こるか？　上の図の2つのテーブルを見てほしい。

「どちらのテーブルが長いか」と聞かれたら、ほとんどの人は「左側」と答えるだろう。しかし、この答えは間違っている。テーブルは両方とも、全く同じ長さだ。疑うなら、定規で実際に測ってみたらいい。左側が長く見えるのは、視覚が脳に錯覚を引き起こしているからだ。

「視覚」でさえ、こんな錯覚が起こるとしたら、「経済的決断」で、もっと多くのミスが起きても決しておかしくない。

人は「自分の意志で決断した」と考えがちだが、科学的には必ずしもそうとは限らない。

「視覚の錯覚と同じように、決断を下す際に認知錯覚に陥ることが多い」と、アリエリーは私とのインタビューの中で話していた。

■「無意識の惰性」に流されてお金が貯まらない人

「どうしたらいいか、わからない問題」に遭遇すると、人は新しい行動を起こすことを躊躇《ちゅうちょ》して何もしないか、すでに決められている選択肢に無意識に従うかのどちらかだ。そうなるのは、誰のせいでもない。脳がそう指示するからだ。

たとえば臓器提供の問題では、非常に難しい決断を迫られるため、**「どうしたらいいか、わからなくなって、すでに決められている選択肢に、無意識に従う人が多い」**とアリエリーは言っている。

米国人労働者のわずか3分の1しか退職金積み立て制度に加入していない理由も、ファイナンシャル・プランニングをする人が稀なのも、「どうしたらいいか、わからない」からだ。

「人は、自分の肉体的な限界についてはよく理解できるし、それを補うためには踏み台、ランプ、エレベーターなどを使うだろう。ところが、医療保険、退職金積み立て制度、株式市場といった分野では、自分の認知に限界があることを忘れてしまう。自分の認知に限界があることを、肉体的な限界と同じように理解できれば、世界をもっとうまくデザインできる」

とアリエリーは話してくれた。

レイ・ダリオがジャングルに入る前に必ず自問するのは、**「私が知らないことは何か？」**だ。自分の限界を知っていれば、それを補うための方策も立てられる。ところが、自分の限界を知らなければ、ケガをする。

■経済的自由を手にするための「心の準備」

簡潔なブログやツイートに慣れている読者は、この本の分厚さに我慢できずに、「早く大事なことを教えてくれ！　本の内容も一段落に要約してくれ！」と言うかもしれない。

しかし、「知識を持っていること」と、「本当に理解して実行に移すこと」は全くの別物だ。実行の伴わない知識や情報は、お粗末なものだ。

私は本書を、基礎を学ぶために時間をかけようとはしない人たちのために執筆したわけではない。経済的自由を手にするための基礎を自分のものにしたいと望む読者のために執筆した。

何かを自分のものにするためには、「深く掘り下げていく」必要がある。「本を読んで理解した」から「何かを学んだ」と思うのは間違いだ。

本当に何かをマスターするためには、「頭で覚える」「感情で覚える」「体で覚える」の3つのレベルを通過する必要がある。

ここで、私の失敗談を紹介しよう。20代前半に、私は武術で黒帯を取りたいと思った。幸運にも、グランド・マスターのジューン・リーに巡り合い、友人になった。ジューンはテコンドーを米国に紹介し、ブルース・リーやモハメド・アリを訓練した大物だ。

私は、「史上最短の時間で、黒帯を手にしたい。新記録を樹立するためには、いかなる練習も自己制御も厭《いと》わぬ覚悟だ」と宣言した。ジューンは私とトレーニングをするために、私の出張についてきてくれた。セミナーを終えた夜中の1時から練習を始め、3～4時間練習を続けたので、睡眠時間はわずか4時間しかなく、本当にしんどかった!

ある晩、同じ動作を300回繰り返した長い練習の後に、「先生、いつになったら次の動作に進めるのですか?」と尋ねた。先生は私を睨《にら》んで、

「キリギリスよ、すでに次の動作に入っている。前の動作と今の動作の違いがわからないのは、いい加減に練習しているからだ。このわずかばかりの動きの違いがわかるかどうかが、マスターとアマチュアを分けるのだ。何かを自分のものにするためには、このくらい繰り返す必要がある。動作を繰り返すごとに、毎回何か新しいことを学ばなければならない」

と言い、ニッコリと微笑んだ。

この逸話から、私の言いたいことを理解してもらえただろうか？　本書は1日で読み終えるような本ではないのだ。

本書は私の独特な教え方を反映したスタイルの本だと、もうお気づきだろう。多くの質問をされるし、感嘆符（！）もたくさん出てくる！　これは重要なアイディアを強調して、意識しなくても実行できるように、学んだ知識を頭、感情、体で覚えてもらうための仕掛けなのだ。

本書の各セクションは、今、自分の経済状態がどこに位置するかを見極め、「理想」と「現実」のギャップを埋める手助けをしてくれる。本書を読めば、学んだことの効果は今だけでなく、これからも一生続いていく。将来、次のレベルに進んだら、もう一度読み直したくなる本なのだ。

本書を読了するために、週末のまとまった時間を費やしてもいいし、1日1章とか1週間に1章といったペースで読んでも構わない。

さあ、一緒にマネー・ゲームをマスターする旅に出発しよう！

3

「複利成長の驚くべき力」を徹底活用せよ

「私の富の源は、米国で生まれたこと、ラッキーな遺伝子、そして複利運用だ」

ウォーレン・バフェット

ここでギアを上げて、「真の富」をつくり出す隠れた力を掘り起こす旅に出よう。これは「一晩で金持ちになれる」と吹聴する詐欺ではないし、何もせずに「棚ぼた」で財産が懐《ふところ》に転がり込むのを待つことでもない。

繰り返すが、働いて受け取る給料だけでは、決して裕福にはなれない。もっと一生懸命、もっと賢く、もっと長く働けば、経済的理想を実現できると多くの人は考えてしまうが、それは誤りだ。どんなに巨額の給料をもらっていても、それだけでは「真の富」を手にすることはできない。

この真実を改めて思い知ったのは、経済学の古典とされる『ウォール街のランダム・ウォーカー』（日本経済新聞出版社）の著者、プリンストン大学経済学部教授**バートン・マルキール**を最近、訪ねた時だった。私は彼の業績を尊敬しているだけでなく、真っ正直で歯に衣着せぬ話し方も大好きなのだ。

プリンストン大学に出向いたのは、**あらゆる投資段階で投資家が陥りやすい「落とし穴」**についてマルキールの洞察を聞きたかったからだ。マルキールは「インデックスファンド」の概念をつくり出し、発展させた1人なのだ。

「インデックスファンド」に投資すれば、たとえ元金が少額でも、多様な株を自動的に購入できる。インデックスファンドによって小口投資家でも、株式市場全体の動向に同調することが初めて可能となった。

現在「インデックスファンド」市場は、資産7兆ドルを超える巨大市場に成長した。本書のためインタビューした人の中で、ウォール街の二枚舌を切り裂き、現在の投資の現状を評価してもらうのに、マルキール以上に適した人はいない。

「投資を始める時に、一般の投資家が犯す最大のミスは何か？」

と私が聞くと、マルキールはすかさず、

「投資の複利成長の驚くべき力を、最大限に活用できないことだ」

と答えた。

複利の力は巨大で、アルバート・アインシュタインは「人類の歴史上、最も重要な発明」とすら呼んだ。これほど偉大な力があるのに、最大限に活用する人が少ないのはなぜか？

■なぜ「早くからお金を積み立てる」ことが大切か

ここで、マルキールが挙げた、双子のウィリアムとジェームズの逸話を紹介しよう。

ウィリアムは20歳で退職後用にお金を積み立てる口座（訳註　個人退職金積み立て口座のＩＲＡ〈Individual Retirement Account〉のこと。個人退職勘定とも訳される。詳しくは、118ページの訳註を参照）を開き、毎年4000ドルを20年間貯め続けた。

40歳になった時点で、貯蓄をやめて、その後、年率10％で25年間、積み立てた資産を運用し（非課税）、退職年齢の65歳を迎えた。

一方、ジェームズは、40歳になるまで積み立てを始めなかったが、ウィリアムより5年長く、40歳から65歳まで25年間、毎年4000ドルを貯め続けた。同じく年率10％で運用し（非課税）、退職年齢の65歳を迎えた。

積み立てた額は、ウィリアムが8万ドル（4000ドル×20年間）で、ジェームズは10万ドル（4000ドル×25年間）だ。では、退職時により大きな資産を持っているのは、兄弟どちらか？

答えは、もちろん**早くから貯蓄を始めて、少ない額を積み立てたウィリアム**だ。なんと、ウィリアムの口座にはジェームズの6倍の資産があった！

では、読者は退職まであと何年あるだろうか。

35歳で複利の意義を悟った人は、「25歳で始めていたらよかったのに」と悔やむ。今45歳なら、「35歳で始めていたらよかったのに」と思う。今60歳でも70歳でも、「早くからお金を積み立てておけばよかった」と後悔するのは全く同じだ。

ウィリアムは早くから貯蓄を始め、ジェームズが貯蓄を始める前にお金を積み立てることをやめたが、65歳の時の残高は、ほぼ250万ドルに上った。

一方、貯蓄を始めたのは遅かったが、ウィリアムより5年も長くお金を積み立てたジェームズの65歳時の残高は、40万ドルにも満たなかった。この2人の差額は、なんと200万ドル以上である。

早くから複利成長の力を活用したウィリアムは、悠々自適の老後生活を送れるだろう。

「稼ぐだけ」では豊かになれない

元金の種を蒔《ま》いてから、長い時間をかけて「経済的自由」という豊かな実りを手にする唯一の方法が、この複利の力を活用することだとまだ信じられない人のために、マルキールが歴史の本から借用したもう1つの逸話を紹介しよう。

1790年に死去したベンジャミン・フランクリンは、ボストンとフィラデルフィアの両市に、それぞれ**1000ドル**を遺産として残した。

遺言状には「この1000ドルは、100年間手を触れずに投資せよ。100年後に、指定した公共工事用に、上限50万ドルまでは引き出してもよい。残りは全て、また100年間、手を触れずに投資せよ」と書かれていた。フランクリンの死後200年間に、**株式市場は平均年8%の割合で成長し続けた。**

フランクリンの死後200年経った**1990年には、1000ドルの元金は、1セントも元金を追加することなく、約650万ドルにまで成長**し、両市はその大きな恩恵を受けた。もちろん複利のおかげだ！　200年は確かに長い期間だが、**元金が30倍に増える**のなら、待つだけの価値は十分にある。

マルキールが教えてくれたこうした例は、誰もがすでに知っている、**「働いて稼ぐ給料だけでは、『現状』と『経済的な夢』とのギャップを埋めることはできない」**という事実を浮き彫りにした。給料には複利成長の力はないからだ。

■〝高額所得者〟でも安心できない！

それでもなお、お金をたくさん稼げば、それだけで経済的自由が得られると考える人のために、世界中の高額所得者の実例をいくつか紹介する。

大リーグの伝説的なピッチャーのカート・シリングは、その華やかな野球人生（ボストン・

レッドソックスでワールド・シリーズ優勝2回）で1億ドル以上を稼いだ。そして稼いだお金の大半をビデオゲーム会社に投資したが、その会社が倒産したため、投資した全額を失った。スポーツ専門チャンネルESPNに出演したシリングは、「俺は誰にも負けないと思っていたが、負けてしまった」と語った。今では、5000万ドルの負債を抱える身だ。

キム・ベイシンガーは、『ナインハーフ』『バットマン』『L.A.コンフィデンシャル』といったヒット映画に出演し、アカデミー助演女優賞にも輝き、一世を風靡《ふうび》した女優だ。絶頂期には、1作1000万ドルの出演料を稼ぎ、2000万ドルでジョージア州の小さな町を丸ごと購入したことでも知られるが、最終的には破産申請を出した。

マーヴィン・ゲイ、ウィリー・ネルソン、M.C.ハマー、ミートローフといった音楽界の巨匠は、何百万枚もレコードを売り、巨大スタジアムで行なったコンサートは、ファンで満員だった。アメリカ映画界でベスト映画にも挙げられる『ゴッドファーザー』を製作した映画監督フランシス・フォード・コッポラは、絶頂期には（当時）史上最高の1億2900万ドルの興行収入を記録した。

そして、以上の5人はすべて、破産寸前まで落ち込んだ（コッポラは、3回も破産の危機に直面した）。

「キング・オブ・ポップ」の異名を持つマイケル・ジャクソンは、約10億ドル相当のレコーディング契約にサインして、7億5000万枚のレコード売上げを誇っていたが、2007年には、自分の豪邸「ネバーランド・ランチ」の2500万ドルのローン返済ができず、破産申請を提出した。ジャクソンはお金を湯水のように浪費し続け、文字通り使い果たしてしまった。2年後に死亡した時には、3億ドル以上の負債を抱えていたと報じられた。

この超有名スターたちは、「収入がなくなる日がいつか来ること」を予測していただろうか。そして、「その日のために準備しなければならない」と考えたことがあっただろうか。

いくらお金を稼いでも、必ずその「使い道」を考えついてしまうものだ。巨額の収入を誇る大スターほど浮き沈みが激しく、落ちる時は底まで落ちやすい。**ボクシングの元へビー級チャンピオンのマイク・タイソンも例外ではなく、5億ドルというボクシング史上最高額を稼いだにもかかわらず、後に破産した。**

■「お金のために働く世界」から「お金が自分のために働いてくれる世界」へ

もし、先述したような才能と高額収入に恵まれた人たちですら稼いだお金で経済的自由を買えないのなら、常人が稼いだお金で経済的自由を買えると思うか？　買えなくても当然だ。

読者にできるのは、戦略を変え、新しい考え方を身につけることだ。複利成長の爆発的な力を自分の思い通りの方向に向け、管理すること。これで人生が大きく変わる！

「お金のために働く世界」から、「お金が自分のために働いてくれる世界」へと自分の世界を変換できる。

経済的自由を手に入れたければ、マネー・ゲームに参加する投資家にならなければならない。そうは考えないかもしれないが、自分の時間を働いてお金に換えている人は、すでにトレーディングしているのだ。だが、はっきり言って、これは最悪のトレードだ。なぜか？　お金はいつでも得られるが、失った時間は戻ってこないからだ。

人生とは、貴重な瞬間の積み重ねだ。自分の時間とお金をトレードしていると、貴重な一瞬を失ってしまう。仕事の都合で、子供のダンス・リサイタルや、妻との夕食に行けないことがないだろうか。

だが、人生で本当に貴重な一瞬は、そう多くはない。失う貴重な瞬間が多すぎると、「自分は何のために働いているのか」と自問し始めるだろう。

■人生最大の決断——給与の何％を貯蓄するか

バックパックいっぱいに現金を詰め込めるボクシングの世界チャンピオンでなければ、どこから現金を手に入れたらよいのか。どんなＡＴＭから現金を引き出すというのか。

「マネー・マシンは自分」という読者が、ほとんどだろう。投資をしていたとしても、その利益を「収入」と思えるほど投資しているわけではなく、働くのをやめれば、マシンも止まり、お金は入ってこなくなる。あっという間に立ち往生するだろう。

しかし、自分にとって最も価値のある「時間」を犠牲にして、自分が必要とする「収入」を得るのは、割の合わない取引だ。

もう一度、確認する。**働くのをやめれば、お金は入ってこない。**

だから、時間とお金を交換するだけのやり方から飛び出して、違うアプローチを探すのだ。

自分の代わりを務めるマネー・マシンをつくるのだ。

読者が寝ている間も、このマネー・マシンは1日24時間、1年365日、休まずに働き続ける。このマシーンは、コストも給与も従業員もかからないサイド・ビジネスのようなものと考えてほしい。自分が投資する元金が唯一の在庫であり、たとえ100歳まで長生きしても、**生涯続く収入源**だ。

このマシンは、人が**生涯最大の決断**を下すまでは作動しない。その決断とは、

「給料の何%を貯蓄するか?」

である。

日常生活で何が起こっても、手をつけないで済む(もっと重要なのは、手をつけないと決心した)金額はいくらか?

この金額については、真剣に考えてほしい。

「今の給料からいくら貯蓄するか」という決断が、将来使えるお金の額を左右するからだ。

「9時5時で働き続けるトレッドミル(ランニングマシン)」から下りて、「経済的自由を手に入れるレース」に乗り換えるために、このシンプルな決断を下して、複利成長の恩恵を享受し

てほしい。

■将来の自由を約束する「フリーダム・ファンド」

この生涯続く収入源をつくるために毎月の給料から差し引くお金を、読者の現在と将来の自由を約束してくれる**「フリーダム・ファンド」**と名づけよう。長い目で見ると、このお金は、読者のために働いてくれるようになる。

「今、稼いだお金は全部使ってしまっているのに、貯蓄に回すお金など、どこから見つけたらいいのか?」という読者もいるだろう。そこで、あまり痛みを感じずに、お金を貯められる、シンプルだが変わったテクニックについて紹介したい。

私の友人アンジェラの話に戻ろう。中古車にかけていた修理代の半額で、新車が買えることを悟ったアンジェラだ。彼女は浮いたお金を、将来への投資「フリーダム・ファンド」に入れることにした。

アンジェラは最初「貯蓄なんて絶対無理」と思っていたが、収入の10%を貯蓄に回すようになった。その後、さらに収入の8%を貯蓄に回し、この貯蓄にはどんなことがあっても、絶対手をつけないことにした。

最終的に、いくら稼ぐかは問題ではない。前出の有名人の例でもわかるように、収入の一部を貯蓄に回さなければ、全て失うこともあるのだ。そして、貯めたお金はタンスの引き出しに詰め込んでおいてはいけない。確かに**安全な場所に置いておくのは大事だが、重要なのは〝お金が成長するチャンスのある場所〟であること**だ。

そして、そのお金が、読者が働かなくても暮らせるだけの利益を生んでくれる「クリティカル・マス（臨界質量）」まで成長するのを見守るのだ。

毎月、一定額を貯めて注意深く管理し、それを、安全かつ利回りが高く、下落リスクが小さく、課税率の低い投資商品に投資すれば、お金は十分に大きく成長してくれる。そして将来、生活費を払う口座、非常時に備えた口座、退職後に備える口座の役割を果たしてくれる。

複雑すぎる？　いや、実際は極めてシンプルだ。こんな絵を想像してほしい。自分のお金を詰め込んだ箱がある。給料日には、毎回、一定の割合のお金をこの箱に入れる。

一度決めたら、何があってもその一定の割合のお金を入れ続けなければならない。一度、入れ忘れただけでも、複利成長の恩恵が目減りするからだ。

「毎月使わないで残った額」と考えたら、貯蓄などできない。また一時的に収入が減ったり、家計が苦しくなったりしても、この天引きをやめてはいけない。このマネー・マシンからお金を引き出すことなど、考えてもいけない。

さあ、何％なら貯蓄できるだろうか。10％？　15％？　それとも20％？

決まった正解はないので、自分の直観で決めてほしい。

専門家のアドバイスは、「最低でも10％」だ。現在の不況を考慮して、特に40歳以上の世代では、15％をお勧めしたい。

■「天引き」で自動的に貯めるだけでいい

ここまで読み進めて、「トニー、理論的に正しいのはわかるが、1セントも手元に残らないほど家計が苦しいんだ！」「貯蓄する余裕などない」と訴える読者も多いだろう。だが、非常事態が起きて、どうしてもお金が必要になったら、誰しもどこかから捻出《ねんしゅつ》できるものだ。

「将来の自分」に現実感がないのが、一番の問題だ。快適な老後生活を送るか、文なしで政府からのわずかな貧困者給付金に頼って暮らすか。そこを分けるのが、「お金を積み立てる」か否かだとわかってはいても、お金を貯蓄に回せないのは、将来の自分に現実感がないことが、その理由だ。

貯蓄を成功させるカギは、**「天引きで自動的に貯める」**ことだ。

プリンストン大学教授で「インデックスファンド」の概念をつくり出したバートン・マルキールは、「貯蓄のベストな方法は、お金を見る前に貯蓄に回すことだ」と語った。お金を使う前に貯蓄に回せば、使う額をそれに合わせて減らすのは意外に簡単だ。

ここで、生活が苦しい中でも、給与の一部を貯蓄に回し、それを大きな財産に成長させた実例をいくつか挙げよう。

■「コツコツ貯めて投資する」パワーをあなどるな

セオドア・ジョンソンは、創業間もない宅配会社UPSに1924年に就職した。徐々に昇進していったが、年間の給与所得が1万4000ドルを超えることはなかった。しかし、**毎回の給与とクリスマス・ボーナスの20％を必ず、自社株の購入に回した。**自分と家族のために貯蓄する割合を自分で決めて、何があってもそれを変えなかった。

長年の間に、UPS株は何度も株式分割して増え続け、株価も上昇したため、**ジョンソンが90歳になった頃には、ジョンソンが所有するUPS株の資産総額は、なんと7000万ドルに膨れ上がった。**

これは驚くべき数字だ。しかし、もっと重要なのは、ジョンソンが、マイク・タイソンのような天才ボクサーでも、フランシス・コッポラのような優秀な映画監督でも、高額給与をもらう会社重役でもなかったことだ。

ジョンソンは人事部長まで昇進したが、複利成長の原則を早くに修得したことが、彼の人生を経済的な不安とは無縁のものにした。養うべき家族もいたし、毎月払うべき経費もあったが、ジョンソンは、自社株を購入し続けた。自分の将来を保証してくれる「フリーダム・ファンド」に、真っ先にお金を入れたのだ。

人生の終わりに、ジョンソンはこのお金で後世に残る偉業を成し遂げた。聾《ろう》学校2校に36

0万ドルを奨学金として寄付したのを皮切りに、総額3600万ドルをさまざまな教育機関に寄付したのだ。また、UPS社従業員の子弟向け大学奨学金制度も設立した。

次に、ミシシッピ州ハッティズバーグに住むオセオラ・マッカーティの逸話を紹介する。マッカーティは小学6年生までしか教育を受けておらず、洗濯とアイロンがけの仕事を75年間一生懸命に続けてきた女性だ。質素な暮らしをして、いつも自分の給料の一部を貯蓄に回すことを忘れなかった。「貯金したお金には、絶対手をつけなかったので、お金はどんどん増えていった」という。

マッカーティのお金は貯まりに貯まった。そして**87歳の時に、南ミシシッピ大学に奨学金制度設立のために15万ドルを寄付**し、全国ニュースで報道されたのだ。

キム・ベイシンガーのような有名な女優でも、ウィリー・ネルソンのように才能のあるミュージシャンでもなかったが、一生懸命に働き、コツコツとお金を貯めることで「大学進学を希望する子供を助けたい」という希望をかなえたのだ。マッカーティは残りのお金でちょっと贅沢して、自宅にエアコンを取りつけたという。

■「ジョン・テンプルトン卿の言葉」から学べること

ここで「グローバル投資の創始者」とされるジョン・テンプルトン卿の例を紹介しよう。

ジョンは生まれながらに「卿」の称号を持っていたわけではない。テネシー州の貧しい家庭に生まれ、授業料が払えずに、大学を中退して働かざるを得なかった。

ジョンは若い頃から、貯蓄の複利利息の力については知っていた。

自分の給料から50%を貯蓄に回す決断をして、貯めたお金を投資することにした。そして歴史を学ぶうちに、明らかなパターンがあることに気づいたという。

「トニー、悲観的風潮が一番強まる時こそ、お買い得の株を見つけられるのだ。株を売らざるを得ない時ほど、株価を押し下げる圧力が強い時はない」

と語った。このことを家の売買を例に考えてみると、好景気の時に家を売ろうとすると、複数の買い手がつき、最高額が出るまで売り手は待つことにするだろう。値上がり傾向のブル・マーケット（強気の相場）でも同じで、安値の株は見つけられない。なぜか？　物事が順調に進んでいると、人は「永遠にこの好況が続く」と考える習性があるからだ。

ところが、株が大暴落すると、人は焦って売りに走る。家も株もビジネスも、二束三文で売ってしまうのだ。

この人間の習性に逆らって行動することで、ジョンは貧乏から抜け出し、億万長者にのし上がったのだ。

ジョンは、どうやって金を儲けたか？　１９３９年にナチス率いるドイツがポーランドに侵攻し、第二次世界大戦が始まった時、世界中は恐怖と絶望に覆われた。

この時、ジョンは1万ドルをかき集めて、ニューヨーク株式市場に投資した。株価が1ドル以下まで下がった会社の株を全て（破産寸前の会社の株も含めて）、100株ずつ購入した。ジョンは「夜は永遠には続かない」ことを知っていた。不況は経済の冬に過ぎず、必ず春がやって来ることを知っていたのだ。

1945年に第二次世界大戦が終わり、米国経済は急速に回復していった。ジョンの持ち株の株価も急騰し、何十億ドルもの株式ポートフォリオに成長した。

この1939年から1945年の株価の値動きと同じような状況が起きたのが、2009年3月の最安値から、2013年の年末の最高値に株価が急騰した時だった。最安値から最高値まで142％以上も株価が上がったが、大半の人はこのチャンスを逸してしまった。

なぜか？　それは、物事がうまくいかない時は「永遠に悪い状態が続く」と考える悲観主義に覆われるからだ。

テンプルトン卿から何を学べるか？　周囲を麻痺させる恐怖に負けずに、綿密に調査して、信念を曲げずに投資できたら、莫大な報酬を手に入れられる、ということだ。**「不況で株価が下落する怖い時期」こそ、投資で大きな利益を手にするベスト・チャンス**なのだ。

自分の安月給の半分を貯蓄していけば、絶好の投資チャンスが巡ってきた時に、投資するのに十分な元金が貯まっていることを、ジョンは知っていた。

ジョンは経済的に成功した後、世界有数の慈善事業家となり、英国市民権を取った。そして、その社会的貢献を認められ、イギリス女王から「卿」の称号を授与されたのだ。

亡くなった後も、ジョン・テンプルトン財団は1年に7000万ドルを「革新的発見によって、人類の進歩を促進する」ための研究補助金として支給し続けている。これはノーベル賞委員会が10年間で支払うよりも大きな金額だ。


セオドア・ジョンソンの逸話から学ぶべき教訓は何か？

経済的自立を実現するために、投資の天才である必要はない。

オセオラ・マッカーティの逸話から学ぶべき教訓は何か？

洗濯とアイロンがけが仕事でも、小銭を貯め続ければ、有意義な社会貢献ができる。

3人の賢い投資家から学ぶべき教訓は何だろうか？

■「今買わない商品」よりも「将来受け取るご褒美」に注目

さあ、読者は給与の何％を貯蓄に回すか？

自分の収入のうち、何％を自分と家族のために貯蓄するか、決めなければならない。

セオドア・ジョンソンは20％だった。ジョン・テンプルトンは50％だった。

オセオラ・マッカーティは小銭を貯めて、利息のつく口座で増やす知恵を持っていた。

読者は具体的な数字を決めただろうか？　決めたら、実践に移す時だ。経済的自立への、最初のステップを踏み出すのだ！　生涯で一番大事な決断を下す瞬間だ！「単なる消費者ではなく、投資家になる」と決断する時が来たのだ。

貯蓄に回すと決めたお金は、自分と家族の「将来のためのお金」だ。ギャップの洋服やケイト・スペードのバッグに使うお金ではない。高級レストランに行くお金でもない。まだまだ乗れる車を新車に買い替えるためのお金でもない。

「自分が今買わない商品」を考えるのではなく、「将来受け取るご褒美」に注目してほしい。1人50ドル払って友人と外食する代わりに、ピザとビールを割り勘で買って、友人と家で楽しめばいい。そうすれば、友人と一緒に楽しく食事するのは同じでも、40ドルくらい節約できる。**40ドルなんて大した額じゃない？**　1回だけなら大した額ではないが、**週1回、友人と外食していたのをこのスタイルに変えれば、1年間で約2000ドル**のお金を節約できる。

そして、そのお金をベンジャミン・フランクリンのアドバイスに従って、株式市場に投資するのだ。毎週40ドルを貯蓄すると1年で2080ドルになる。これを40年間、年率8％の利回りで運用すれば、なんと58万1944ドルになるのだ。

ちょっとしたことでも節約してお金を貯めて運用すれば、大きく成長することに気づいただろうか？　1週間に今より40ドル多く貯蓄したらどうだろうか？　1週間に100ドルずつ貯金したら、退職する頃には、さらに100万ドル多く貯まっているはずだ。

そして、何があっても貯蓄を続けるという決意をしなければ、驚くべき複利の力を活用することはできないと覚えておいてほしい。投資に回す元金がなければ、投資家にはなれないのだ！　その基本は、自分の収入の一部を自動的に貯蓄に回すことだ。

◯定期的に給料をもらっている人は、人事部に連絡すれば、自動天引き（財形貯蓄）を設定してもらえる。自分の給与から、自分が決めた割合の金額を直接、自分の積み立て口座に振り込んでもらう。

◯自動天引きで、すでに４０１（k）プランに拠出している人は、現在より積み立て額を引き上げる。

◯収入が一定ではない自営業、または歩合制給与を受け取っている人は、自分の銀行口座から毎月一定額を自動天引きで積み立ててくれる口座をつくる。

もし、積み立て口座を持っていない場合はどうか？　銀行または他の金融機関のサイトへ行き、貯蓄用口座、または積み立て定期預金口座を開設してほしい。もちろん、直接、銀行に出向いても構わない。

積み立て用の口座をつくるベスト・タイミングはいつか？　もちろん今だ！

何度も繰り返すが、将来、お金のことで困らないためには、**「今、自動天引きで貯蓄できるかどうか」**にかかっている。「そんなことは、もう知っている」と言う読者がいるかもしれない。しかし、実際に行動を起こさなければ、知らないのと同じだ。

知識は、あくまで潜在的な力に過ぎない。知るだけではマスターしたとは言えない。具体的な行動に移して初めて、マスターしたことになる。実行は常に知識に勝るのだ。

″目前の誘惑″に勝つ「セーブ・モア・トゥモロー」戦略

ここまで学んだ後でも、まだ最初の第一歩を踏み出していない読者がいるとしたら、それはなぜなのか。自動天引きで貯蓄することを、「将来の自分と家族へのギフト」ではなく、「犠牲」や「ロス」と考えているからだろうか。

私はUCLAアンダーソン・ビジネス・スクール行動経済学部教授**シェロモ・ベナルチ**を訪れ、なぜ多くの人が自動天引でお金を貯められないのか、という疑問をぶつけてみた。

「トニー、『将来には実感が湧かない』と感じる人が多いのが問題だ。だから、将来のために貯蓄するのが難しいんだ」

とベナルチは語った。

ベナルチは、この問題を解決するために、シカゴ大学経営大学院行動経済学部教授**リチャード・セイラー**と共同で、**「セーブ・モア・トゥモロー」**という強力な方法を考案した。「今貯蓄するのが苦痛なら、次の昇給まで待ち、その昇給分を貯蓄に回す」という原則だ。

将来のために貯蓄をするには、「目の前の満足」という誘惑に負けてしまう問題を克服する必要がある。ベナルチの挙げた実例を紹介しよう。

学生に「再来週の授業で、(健康によい)バナナか(健康に悪い)チョコレートのどちらが欲しいか」と聞いたところ、75%が「バナナ」と答えた。ところが2週間後、実際にチョコレートとバナナを目の前にすると、80%の学生がチョコレートを選んだ。

「将来の選択では自制力が効くが、目前の選択になると自制力を失う。これは貯蓄でも同じだ。貯蓄すべきなのはわかっている。来年になったら貯蓄しなくてはいけないことも知っている。しかし、今は誘惑に負けて、ついお金を使ってしまう」

と、ベナルチは語った。

また、ベナルチは、人類に一番近いサルを使った、こんな実験例も教えてくれた。

グループAのサルは、リンゴを1個もらい喜んだ。一方、グループBのサルはリンゴを2個もらい喜んだ。ところが、グループBは2個のうち1個を取り上げられてしまった。グループA、Bのサルは、どちらもリンゴ1個を持っている事実に変わりはないが、グループBは怒りまくった。

これと同じことは、人間にも起こり得る。次項でドイツ人の大富豪アドルフ・マークルの逸話を紹介するが、このサルの実験を思い出せば、新たな洞察が得られるだろう。

基本的に人は、「自分が何かを失うと感じたら、その行動を避けるようになる」のだ。これが、多くの人が貯蓄や投資をしない理由だ。

「貯蓄」＝「今何かを諦《あきら》める、今何かを失う」と考えがちだからだ。しかし、実際は違う。貯蓄とは「将来、手にできる安心と大きい財産を、今日、自分に贈る」ことなのだ。

■「昇給分」は、すかさず貯蓄

ベナルチとセイラーは、「将来のために、今何かを失いたくない」という人間の心理的傾向をどうやって克服させ、貯蓄の苦痛を和らげさせるシンプルなシステムを考案したのか。

「セーブ・モア・トゥモロー」の実際のやり方は、次の通りだ。

まず、自動的に給与の一部（10％か5％、ほとんど苦痛を感じないわずか3％でもいい）を貯蓄に回すことに決める。この後、将来に昇給のあった場合には、貯蓄額をさらに増やすと決める。昇給する度に貯蓄に回すお金の額は自動的に上がっていくが、手取り額は昇給前と変わらないので、「お金を失った」とは感じない。

ベナルチとセイラーは、この「セーブ・モア・トゥモロー方式」の実験を、中西部の会社で約20年前から始めた。ブルーカラー職の従業員たちは、「今の給与額を、10セントたりとも、減らす余裕はない」と言ったが、研究者たちが説得して、「給与の3％を自動的に積み立て口座に振り込み、昇給のたびに3％ずつ積み立て額の割合を増やす」ことを約束させた。

わずか5年後（3回の昇給後）には、「貯蓄の余裕などない」と言っていた従業員たちが、給与からなんと平均で14％弱を積み立てていた。実際には65％の従業員が、さらに高い割合（平均19％）でお金を積み立てていた。

この方式だと、貯蓄の苦痛を感じないため、必ずうまくいく。

もちろん、仕事で実績を上げて、もっと稼げる自分にならなくてはならない。上司に昇給を頼むだけでは、昇給は実現しないだろう。

では、自営業の人はどういう考え方をすればよいか。「儲けは全て、自分のビジネスに投資しなくては」と感じる人もいるだろう。しかし強い意志があれば、貯蓄に回す方法は絶対に見つけられるはずだ。政府が、10％または15％もの新しい税金を課したら、どうするか。大声で反対を唱えるかもしれないが、税金を支払うための〝財源〟を必ず見つけるに決まっている。

将来の自分と家族のために、お金をしっかり積み立てることだ。積み立てるお金については「払う義務があるお金」ではなく、「払う特権がある税金」だと考えたらいい。または、自分のことを「最初に支払いを済ませなくてはならない取引先」と考えたらいい。

「さらに稼いで、支出を減らして、自動的に貯める」のが成功のカギだ。

■私が古典『バビロンの大富豪』から学んだこと

私は若い頃、ジョージ・S・クレイソンが1926年に書いた古典『バビロンの大富豪』

（グスコー出版）を読んだ。この本は、古代の諺《ことわざ》を使ってお金の常識を教えてくれた。読者にも一読を強くお勧めする。諺の中で今でも覚えているのが、**「稼ぎの一部を自分がキープする」**だ。

このフレーズを、読者もしっかり頭に叩き込んでほしい。

まず、稼ぎの一部を貯蓄に回すと決めて実行に移すこと！　金額は関係ない。大事なのは、とにかく始めることだ。

さて、自分の「フリーダム・ファンド」「マネー・マシン」の自動天引き口座にお金を貯め始めたら、次には2つの質問が出てくるだろう。

1　どこに投資したらいいか？

2　経済的安全と自由を達成するためには、いくら必要か？

この質問には、世界中のベスト投資家が明確に答えてくれる。しかし、まずは投資をする「真の目的」を理解する必要がある。経済的自由を望む個人的な理由は何か。富は自分にとって、どんな意味を持つか。次に、このテーマについて考えてみよう。

4

お金をコントロールする人、お金にコントロールされる人

「感謝の念は、魂の徳の証拠だ」イソップ（寓話作家）

お金は、自分の夢を現実に変える手段の1つだ。お金が十分にないと、人生が惨めになる。懐にお金があれば、自動的に全てがよくなることは、誰でも知っている。

ただし、**お金が、その人の本質を変えることはない。その人の性格をさらに浮き彫りにするだけだ。**我儘《わがまま》で意地悪な人にお金を持たせれば、もっと我儘で意地悪になる。愛と感謝の念に溢れた人にお金を持たせれば、もっと感謝して寄付する。

ここで、2008年の経済メルトダウンを振り返ってみよう。何兆ドルもの株式や家屋の価値が数日で消滅した。ほんの何カ月の間に、何百万もの職が失われた。読者は個人的にはどん

な経験をし、どんな悪影響を受けただろうか。家族や友人はどうだったろうか。
恐怖に慄《おのの》く人もいれば、怒りまくる人、諦める人、不屈の精神で臨む人もいた。この反応はお金に対するものではなく、自分自身に対するものだった。この経済危機は、人がお金をコントロールするか、人がお金にコントロールされるかという問題にスポットライトを当てた。

■なぜ「ドイツ1位の大富豪」は自ら命を絶ったのか

この時期に最も強く印象に残ったのが、アドルフ・マークルの実例だ。

マークルは、2007年には120億ドル相当の資産を保有し、ドイツの長者番付で1位、世界長者番付でも94位を誇る大富豪だった。ヨーロッパ最大の製薬会社を所有し、製造業や建設業にも進出して、自分の経済帝国を拡張し続けた。

相場師の気質も持っていたマークルは、2008年に、株式市場で大きな賭けに出た。「フォルクスワーゲンの株価が下がる」と確信して、その株を空売りしたのだが、1つ誤算があった。ポルシェがフォルクスワーゲンの買収を発表して、それこそ一晩で株価は逆に急騰し、マークルは7億5000万ドルもの損失を出した。

当時、マークルは巨額のローンを返済するため、巨額の現金を必要としていた。しかし、当時の銀行は皆、誰に対しても貸し渋りをしていたため、マークルは現金を調達できなかった。

そこで、マークルはどうしたか？　新しいローンの借り入れ先を探したか？　経費を削減したか？　損益を出すのを承知で、持ち株会社を売却したか？　このどれもしなかった。自分の資産が30億ドル失われ、もうドイツ1位の富豪ではなくなったと悟ったマークルは、遺書を書き残し、走行中の電車の前に飛び出した。そう、自殺したのだ。

悲劇的なのは、彼の死の数日後、彼が申請していた巨額ローンの承認が下りて、持ち株会社は倒産を免れたことだ。

マークルはお金のために死んだのか。それとも、彼が考えるお金の意義のために死んだのか。マークルにとって、お金は自分のアイデンティティそのものだった。まだ財産は90億ドルも残っていたのに、「ドイツ1位の富豪の座」を失うことが、とても耐え難い人生最大の失敗に思えたのだ。

■巨額の財産を「匿名で寄付」し続けた億万長者

マークルの対極にいるのが、ニュージャージー州エリザベス出身のアイルランド系アメリカ人で、自力で億万長者となった**チャック・フィニー**だ。

読者は、世界中どこの空港にもある、洋酒・香水をはじめとする高級免税品を集めた「デューティ・フリー・ショップ（DFS）」に惹きつけられたことがあるだろうか。これはフィニーのアイディアだ。1960年に元手ゼロで創業して、現在では75億ドルの売り上げを誇る小売帝国を築き上げた。

前出のマークルと同様、一時は『フォーブス』誌の世界長者番付にも名前を連ねた。しかし、フィニーは非常に謙虚な人柄で、会っても大富豪だとはわからないだろう。

飛行機はエコノミークラスに乗り、プラスチック製の時計をしていた。マークルと同様に、フィニーの口座残高は減り続けている。現在80歳を超えて、100万ドル強しか残っていない。しかし、マークルとフィニーの一番大きな違いは、マークルが最後の1セントまでお金にしがみついたのに対し、フィニーは手にしたお金のほとんどを寄付したことだ。

過去30年間、お金という手段を使って、世界中でなるべく多くの人の人生を変えることを、フィニーは自分の目標にしてきた。彼の慈善事業は、北アイルランドでの和平実現から、南アフリカのエイズ対策、シカゴでの教育補助と、世界中に広がっている。

そして何よりも驚くべきは、フィニーはずっと匿名で寄付を続けたということだ。フィニーは、別に誰からも褒められなくてもよかった。彼が匿名で巨額の寄付をしてきたことが明るみに出たのは、つい最近のことだ。そして、フィニーはまだ寄付し続けている！

フィニーは「お金を全部使い切って、最後に不渡り小切手を出すのが私の目標だ」とさえ語った。

この2人の大富豪にとって、「お金の意味」が全く異なるのは明らかだ。では、読者にとってお金とはどんな意味を持っているだろうか。

■「与えること」が真の豊かさにつながる

私は子供の頃、お金とは全く縁がなかった。いつもお金が十分にないから、イライラしていた。隣家のドアをノックして、「弟と妹のために、食べ物をもらえませんか？」と頼まなければならなかったことを、今でも覚えている。

私が11歳の時、感謝祭の日に起こった出来事が、私の人生を大きく変えた。いつものように、家の中に食べ物はなく、両親はケンカしていた。誰かがドアをノックしたので、私がドアを開けると、感謝祭ディナーを料理するのに十分な食料品が詰まった、大きな買い物袋を提げた人が立っていた。私にとって、信じられない出来事だった。

父はいつも「俺たちのことなど、誰も気にかけてくれない」と言っていた。ところが突然、見ず知らずの他人が何の見返りも求めずに、私たち家族を気遣ってくれたのだ。

この日、私は「将来いつか、何らかの形で、必ずこの恩返しをする」と決心した。そして17歳になった時、夜間清掃員として働いた給与から貯めたお金で、感謝祭ディナー用の食料品を2家族分、買って2家族に届けた。

私の人生の中で、これは最も感動的な経験の1つだった。届けた相手一家の表情が絶望から喜びに変わるのを見て、自分の気持ちも高揚した。食料品を受け取った家族だけでなく、私も大きな恩恵を受けたのだ。翌年は4家族、その翌年には8家族に食料品を贈った。

人に褒められたくてした善行ではなかったが、私は「人にこの話をして、他の人にも助けてもらおう」と思った。友人の協力も得て、この動きはどんどん広がっていった。私の財団の「国際バスケット・ブリゲード」運動は、現在、36カ国に広まり、毎年200万人に食料を提供している。

11歳の時の「食べ物にも困った感謝祭」がなかったら、私は寄付する真の喜びを体験できただろうか？　きっとできなかったと思う。私の前に善意の人が現われたことを「運」または「宿命」と呼ぶ人もいるだろう。私は「神の恩寵《おんちょう》」だと信じている。

お金は、あらゆるニーズを満たす「道具」に過ぎない。今、お金が十分になかったとしても、善行をしようという気持ちがあれば、人に何かを与えることはできる。

人は、その信条によって、人生を形成していく。何を大切にし、どんな行動を取り、何を与えるかで、どんな人生を送るかが決まるのだ。

なぜ、自分は富を築きたいのか――人間の脳が感じる「6つの欲求」

幸せな人生を送るための条件は、人それぞれ違う。「他人を喜ばすこと」に幸せを見出す人もいれば、「パワーを身につけ、他人を支配する」ことで幸福と感じる人もいる。億万長者になって幸福な人もいれば、物質的欲望を捨てて神に近づくことを幸せと感じる人もいる。究極の幸福は、自由であることだと考える人もいる。

私はずっと前に、

「起業する、結婚して家族をつくる、世界を旅するといった行動を通して、どんな感情を味わいたいのか、自分にとっての天国をどう定義しているのかは、人によって違う。しかし、実際のところは、人間の脳が感じる6つの欲求を満たそうとしているに過ぎない」

という事実を学んだ。

人は皆、この基本的な6つの欲求に基づいて行動する。偉業を達成する人も、犯罪を行なう人も、この欲求に駆られているのだ。誰でも同じ6つの欲求を持っているが、どの欲求をどのような順序で優先するかによって、人生の方向が決まるのだ。

富を築こうとするなら「なぜ、自分は富を築きたいのか」、その目的を知らなければならない。安心感が欲しくて金持ちになりたいのだろうか、それとも「自分は特別でユニークな存在だ」と感じたくて金持ちになりたいのか。それとも、社会に貢献したいからなのか。

「安定した将来が、最も重要」と考える人と、「愛が一番大切」と考える人とでは、人間関係、仕事、お金の優先順位が大きく違ってくる。自分の求めているものを、深く掘り下げて考えてみると、**富を築こうとする目的とは、お金そのものではなく、「お金が与えてくれる感情」**を味わいたい、ということにあるとわかる。

欲求1：確実性／安心

1つめは、**「確実性」**だ。次に何が起こるかを知ることで、**安心したい**欲求だ。これは肉体的・精神的苦痛を避けて、楽しく快適に過ごしたいという基本的欲求だ。

生存競争に勝ち残るために、確実性を求めるのは当然だ。この欲求がどれくらい強いかで、仕事や投資、人間関係でどれだけリスクに耐えられるかが決まる。

確実性の欲求が強ければ、自分の感情を表に出したり、リスクの高い行動を取ったりしないようにするだろう。

では、「いつ、何が、どんなふうに起こるか」が、いつも予知できたらどうだろうか。人が口を開く前に、その人が何を言いたいかがわかってしまったら、どう感じるか。最初はすばらしいと思うかもしれないが、次第に退屈を覚えるのは目に見えている。

欲求2：不確実性／変化

だから、神は2つめの欲求を人間に授けた。人には**変化**が必要だ。人には驚きが必要だ。

ここで、質問だ。読者は「驚かされること」は好きだろうか。

「イエス」と答えた人は、間違っている！

自分が望むような驚きであればよいが、望まない驚きは「問題」となる。しかし、人生には変化が必要だ。なぜなら、「望まない驚き」に直面して初めて、精神の強靭《きょうじん》さが培《つちか》われるからだ。

欲求3：意義／「重要な人」だと思われたい

3つめの欲求が、ドイツ1位の大富豪だったアドルフ・マークルの原動力となった**意義**だ。つまり、誰でも自分を、「重要な人」「特別な人」「ユニークな人」「必要とされる人」と感じたい、ということだ。

どうすれば「自分は重要で特別な人間だ」と感じられるかは、人それぞれだ。「自分は重要な人物だ」と実感したいために、修士号、博士号と学位を取りまくる人もいれば、億万長者になる人もいる。ツイッターで多くのフォロワーを獲得する人もいる。体中に刺青《いれずみ》を入れたり、体中にピアスをしまくる人もいる。

人より多くの問題を抱えることに意義を感じる人もいる。「あなたのご主人がろくでなし？そんなことないわよ。うちの主人と1日取り換えたいくらいよ」とのたまう女性などがそうだ。

精神的な世界や宗教に熱中すること、あるいは暴力に訴えることに意義を感じる人もいる。「お金の使い方」に自分の意義を感じる人もいる。バーゲンで入手したお買得品の自慢ばかりする人や、「牛糞と太陽光でつくった電気で自宅の暖房費をまかない、節約している」と自慢する人などがいい例だ。

欲求4：愛・絆

4つめの基本的欲求は、**愛と絆**だ。愛は人生の酸素で、誰にでも必要だ。恋愛に夢中な時は生きていると実感できる。しかし、失恋の痛手は非常に大きいので、ほとんどの人は「愛のかけら」に相当する「絆」に落ち着く。恋愛や友情、祈りを通して、または大自然の中を散策することで、私たちは「絆」を感じることができる。

ここまでの4つの欲求を、私は「人格の欲求」と呼ぶ。人は皆、何らかの形で、これらの欲求を満たそうとする。もっと一生懸命に働いたり、もっと大きな問題を抱えたり、問題をもっと正当化できる話をつくり出したりして。

次に挙げる残りの2つの欲求は、より精神的なニーズを満たしたいというものだ。この欲求を満たせる人は稀だが、もし満たせれば、真の充実感を得られる。

欲求5：成長

5つめの欲求は、**成長**だ。もし成長し続けなければ、死につつあることと同じだ。もし人間関係が成長しない、ビジネスが成長しない、自分が成長しないならば、銀行にいくらお金があろうとも、友人が何人いようとも、どれだけ多くの人を愛そうとも、真の充実感は得られない。「価値のあるものを人に与えられるようになるために、人は成長するのだ」と私は信じている。

欲求6：慈善

だからこそ、6つめの欲求は**慈善**となる。安っぽく聞こえるかもしれないが、生きているとは、与えることなのだ。人生は自分1人のものではなく、私たち皆のものだ。いい知らせを受け取ったら、どうするか？　愛する人に知らせて、一緒に喜ぶ。人と共有すれば、喜びは倍になる。

意味のある人生を送りたいなら、「自分は人に何を与えられるか」を考えることだ。つまるところ、人は「もらったもの」だけでは幸福になれない。何を人に与えるか、そしてどんな人物になるか、それが人の幸福を決めるのだ。

■「究極の充実感」を得るためにお金とどうつき合うか

本書はお金に関する本なので、お金がこの6つの基本的欲求を満たすかを考えてみたい。

お金は「確実性」を与えてくれるか？　イエス。「変化」はどうか？　イエス。お金が「自分を重要」と感じさせてくれるかについては、もちろん「イエス」だ。

愛と絆はどうか？　ビートルズの歌によれば、「愛はお金では買えない」かもしれない。でも、欲しかった犬なら買える！　残念ながら、お金がある人には不純な動機で寄ってくる人も多く、愛と絆がニセモノと感じることも多い。

成長はどうか？　お金があれば、学ぶチャンスや、ビジネスを成長させるチャンスが増える。お金があればあるほど、多額の寄付をするなど、慈善活動ができる。

ここで、1つ言っておきたいことがある。それは、

「『重要な人物だと思われたい』という欲求が一番大切な人は、いくらお金があっても真の充実感は得られない。真の充実感は他人を助けるために貢献することでのみ、得られる」ということだ。お金そのものに意義を見出すことはできない。どんなに巨額の富を築いても、そのこと自体で充実感を得られることはあまりない。

それは、「究極の充実感」とは外的要因ではなく、内的要因から生まれるからだ。

充実感とは他人が与えてくれるものではなく、「自尊心」から生まれるものだ。大事なのは他人の褒め言葉（美しい、賢い、頭脳明晰、ベスト）や批判（地球上最悪の人）ではなく、自分自身をどう評価するかだ。心の中で、「究極の充実感」を得られるか否かは、「多少辛くても、自分は努力して成長し続けている」と考えられるかどうかによるのだ。

自分を成長させ、寄付という形で世の中に貢献することほど、意義深いことはない。お金は確かに6つの基本的欲求を満たす大事な手段ではあるが、唯一の手段ではない。**お金を追い求める真の理由は、感情的、心理的欲求を満たすため**という事実を忘れてはいけない。

説教はこの辺にしておこう。お金についての知識を身につけるのも大事だが、自分の人生に精通するのを忘れないこと。

人との絆をつくり上げ、充実感を持って生き、安定していながら十分に変化に富んだ生活を送り、善行を積む人生を送るために、感謝の念を忘れず、無闇に物を欲しがらないことだ。何事にも感謝できる人こそ、最も豊かな人と言える。

■富を築く秘訣は「感謝の念」

前出のジョン・テンプルトン卿を初めてインタビューしたのは、私が33歳の時だった。ジョンは貧困家庭に生まれながら、最悪の株式市場の動向に対して皆が恐怖に慄いていた時に、果敢に投資したおかげで、巨額の富を築いた。「富の秘密は何か?」という私の問いに対して、ジョンはこう答えた。

「トニー、君はすでに、その答えをよく知っていて、皆にも教えている。感謝の念だ」

感謝の念があれば、恐れることも、怒ることもない。私が知る限り、ジョンは誰よりも幸せで、充実感に満ちた人だった。２００８年に逝去《せいきょ》したが、今でも彼の人生は人を触発するだけの力を持つ。

裕福になりたければ、まず豊かな気持ちを持つことだ。今日、感謝することは何か。今日、感謝する人は誰か。今までに経験した苦痛や問題にさえ、感謝の念を持てるだろうか。

「人生の出来事は全て、自分を成長させるために起こる」と信じられるか。

「人生で起こる出来事に偶然はなく、よいことも悪いことも、全て自分を成長させるために起こる」と心から信じられるか。

さまざまな出来事を経験したからこそ、さらに成長でき、人生をもっとエンジョイして、ますます善行を積めるのだ。
感謝の念からスタートすれば、お金が理由で喜んだり、辛い思いをしたりすることはない。お金を稼ぐことは、お金について知る楽しい旅となり、富は「人生で一番大事な目標を達成する道具」となる。

残念ながら、この旅を助けるはずの金融機関は、「成長」と「善行」を目的に掲げた善人ばかりの組織ではない。金融業界には、専門知識や経験に乏しい一般人を食い物にしようとする金融機関や専門家が溢れている。

「何を根拠に、どこに投資するか」を論じる前に、まず「避けるべきものは何か」を検討して、心の準備をしてほしい。

長い間、投資をしているのに、資産が大して増えない人が多いのには、それなりの理由がある。自分の資産を守るために必要な知識を身につけ、投資から最大限の利益を得られれば、**経済的自由をもっと早く獲得できるだろう。**

2

この「9つの神話」にだまされるな

——「なぜか貯まらない、増えない」理由

MONEY
MASTER
THE GAME

1 金融システムは「地雷」だらけ

「まずゲームのルールを学び、誰よりもうまくプレーすること」
アルバート・アインシュタイン

経済的自立のために、どこにお金を投資したらいいか、早く知りたい気持ちはわかる。私も「ゲームに勝てる」と悟った人の表情が明るくなるのを早く見たい。しかし、ただ貯蓄して、リスクを減らして、大きな利益を上げるだけでは不十分だ。人の資産を食い物にしようとする輩《やから》が山ほどいることを知る必要がある。

金融システムは、私が「地雷」と呼ぶ抜け穴だらけだ。

このセクションでは、個人投資家に向けられた「**お金をめぐる9つの神話（ウソ）**」について書いていく。このウソに気づかずにいると、個人資産の将来が破壊されてしまう。

米国で年間の平均的給与である5万ドルをもらい、その10％を貯蓄する人は、このセクションで学ぶことを今後の投資に応用すれば、生涯で25万ドル以上を節約できる。この額は、現在の年収の5年分に当たる。

これは、私が勝手に考えついた数字ではない。統計が証明している数字だ。年収3万ドルの5％を毎年貯蓄すれば、生涯で15万ドルの資産を築ける。そして、年収が10万ドルを超える人は、生涯で50～100万ドルの資産を築けるだろう。

■「無知」のままゲームに加わるな

経験豊富な投資家にとっても、駆け出しの投資家にとっても、レイ・ダリオの言う〝市場という名のジャングル〟に潜む危険は同じだ。**一番危ないのは、自分の無知ゆえにケガをすることだ。**

たとえば見知らぬ人が近寄ってきて、こんな提案をしたとする。

「あなたが元金100％を出資して、リスクも100％負う。もし利益が出たら、その60％以上を私が手数料としてもらう。損失は全てあなたが負い、私は手数料をもらう」

考える間もなく直観で、「そんなバカな話はない！　そんな話には絶対に乗らない！」と答える人がほとんどだろう。ところが、ミューチュアル・ファンド（訳註　米国で最も一般的な個人向け投資商品。日本の個人向けファンドといえば「投資信託」だが、米国では個人向けファンドの多くが会社型ファンドである。運用会社が『投資家の投資用』という特別な目的で会社をつくり、投資家はその会社の投資家用の株〈シェアー、持ち分〉を購入し、会社が運用から得た利益をもらう仕組みになっている。しかし、日本の読者が読み進めやすいよう、以下ミューチュアル・ファンドは投資信託と訳出していく）に投資する米国人のうち90％は、すでにこの条件に同意しているのである。

「アクティブ運用」される投資信託は、現在13兆ドルの資産を保持し、世界中の口座保持者数は2億6500万人にも上る（投資サイト「インベストピア」によると、「アクティブ運用」とは、ファンド・マネジャーが分析、調査、経験に基づいて、どの商品、銘柄を売買、保持するかを判断する。この対極にあるのが「パッシブ運用」で、市場全体の収益率が反映される）。

元本保証もなく多数の運用手数料を取られる戦略に、9200万人もの米国人が自ら同意したのは、一体なぜだろう。

バンガード社の創業者**ジャック・ボーグル**（訳註　ジョン・C・ボーグル。ジャックはジョンの愛称として知られる）によれば、大半の人はパンフレットの数字を確認しないし、運用に関わる手数料は巧妙に隠されている。一言で言えば、金融業界のマーケティングに踊らされているということだ。

つまり、マネー・パワーの原則その1はこうだ。

「ルールを知らないなら、ゲームに加わらない！」

世界中の投資家の多くは、金融業界が組織的に使う営業用「神話（投資のウソ）」に踊らされて決断を下す。お金に関する無知はケガのもとだ。「知らぬが仏」ではなく、「知らぬは痛み・苦痛のもと」だ。

■「顧客の損得にかかわらず、金融機関が常に儲けている」事実

法外なコストがかかる投資信託は、投資家からお金を搾《しぼ》り取ろうとする商品の氷山の一角に過ぎない。

本書のためにインタビューした人全てが、**「ゲームが変わった」**ことを認める。親の世代は、現在、我々が直面する危険、複雑さを経験せずに済んだ。なぜか？

それは、一生、定額を支払ってくれる企業年金があり、妥当な利息額を払ってくれる定期預金があったからだ。現在の銀行の利率では、インフレ分さえもカバーできない。信頼できる会社の株を持っていれば定期的に配当をもらえたが、そんな「古きよき時代」はもう終わった。

1980年代初頭に401(k)プランが導入されたが、これはベビー・ブーマー世代を使った、壮大な実験と言える。その経過はどうか？

「DIY（自前の）年金制度は、失敗に終わった」と語るのは老後生活安定の専門家テレサ・ギラドゥーチだ。彼女は401(k)プランを厳しく批判する。

「新システムは失敗した。それは、投資知識に乏しい一般人に、投資専門家と同じ利益を上げ

ることを期待したからだ。それは素人に『自分で抜歯しろ』とか『自宅の電線は自分で引け』と言うのと同じだ」

何もしなくても定額年金がもらえた旧システムから、「選択の自由」という名目の下、複雑で危険に溢れ、隠れた手数料をとられることの多い新システムに意図的に転換したのだ。それはつまり、一生懸命に働いて家族を養い、妻や子供と良好な関係を保ち、エクササイズに励む忙しい日々の中で、一般人が投資専門家になることを期待されたということだ。

しかし、期待されたところで、自分が稼いだお金を、迷路のように複雑な商品、サービス、リスクを理解して、上手に投資することなど、一般人にはできるはずもない。そこで多くの人は資産運用を、専門家である「ブローカー」（証券仲介業者など）に任せる。

ブローカーは、法的に顧客の利益を優先させる義務はなく、何はばかることなく自社の利益を優先できる（この不可解な概念については、神話4でもっと詳しく論じる）。だから、ブローカーが顧客のために選んだ投資商品は、「自分と自社の利益になる」という基準で選択されたものかもしれないのだ。

本書の目的は、ウォール街を糾弾《きゅうだん》することではないし、大手金融機関の多くは、革新的金融商品を開発してきたのも事実だ。その詳細を論じながら、よい商品は本書でも推奨する。

金融業界のプロの多くは、顧客利益を優先した決断を下している。

しかし、残念なことに、金融業界に身を置く人の多くは、「顧客が損を出した時も、金融機関が常に儲けている」という事実を理解していない。

金融のプロたちは、社内トレーニングで得た知識と自社商品という道具を使って、ベストを尽くしている。**しかし、ブローカーの選択肢は無限ではないし、完全に自立した決断を下せるわけでもない。これが、投資家の利益を損なう原因となる。**

■「正しいゲームの攻略法」は必ずある

しかし、エキサイティングなことに、まだゲームの勝算はある！　障害や落とし穴はたくさんあるが、状況はずいぶん改善された。インターネットを利用すれば、安い料金を払うだけで、世界中どこの投資商品にも気軽に投資できるようになった。

「今まで、こんなに簡単に投資ができる時代はなかった。今は投資すべき商品を決めるだけでいいのだ」と非営利団体「アメリカ個人投資家協会」の創立者ジェームズ・クルーナンは語る。

「35年前には、企業の財務諸表を見るだけでも、図書館で何時間もかかった。ファンド手数料も非常に高く、税率も高かった」と語るのは、ＷＳＪコラムニストのジェイソン・ツヴァイクだ。超高速・高頻度の株式取引（ＨＦＴ）は別として、テクノロジーのおかげで、投資が非常に効率よくできるようになったのは事実だ。

株価が37％以上も下落した２００８年は、多くの米国人の経済状況を大きく変えた。５年後の２０１３年にプルデンシャルが実施したアンケートでは、44％が「２度と株に投資しない」

と答え、58%が「株式市場を信じない」と答えた。

しかし、インサイダー（事情通）は、いまだに株式に投資している。なぜか？ **正しいゲームの攻略法を知っているから**だ。過去には存在しなかった強力な道具と戦略が、今は存在することを知っているからだ。

たとえば、世界最大の銀行が発行・保証する「元金100%保証、投資金額の上限なしで市場全体（S&P500）利益の75~90%を入手できる」投資商品がある（訳註　格付けの高い金融機関が優良投資家に発行する仕組み債などのこと）。株価が上がれば、利益の最高90%を手にでき、たとえ株価が下がっても、元金は100%戻ってくるのだ（訳註　ただし、こうした商品を発売する会社が倒産すれば、元金が戻ってこないリスクもあり、元金100%保証を断言できない）。

こんな商品が存在するなら、前に聞いたことがあるはずだって？　それは勘違いだ。この商品の存在を知るのは、トップ0・01%の富裕層だけだ。これは一般人向けの画一商品ではなく、加入資格を満たす十分な財源のある富裕層向けに、顧客ごとにデザインされるのだ。

「経済的自由」という山の攻略法

「自分が何をしているかを知らないことから、リスクは生じる」ウォーレン・バフェット

これからの旅には、本気で参加してほしい。私と一緒に「経済的自由」という山を一緒に登ってほしいのだ。これは簡単なことではなく、事前の準備が不可欠だ。一歩道を踏み誤ると、

「経済的自由」という山を登る

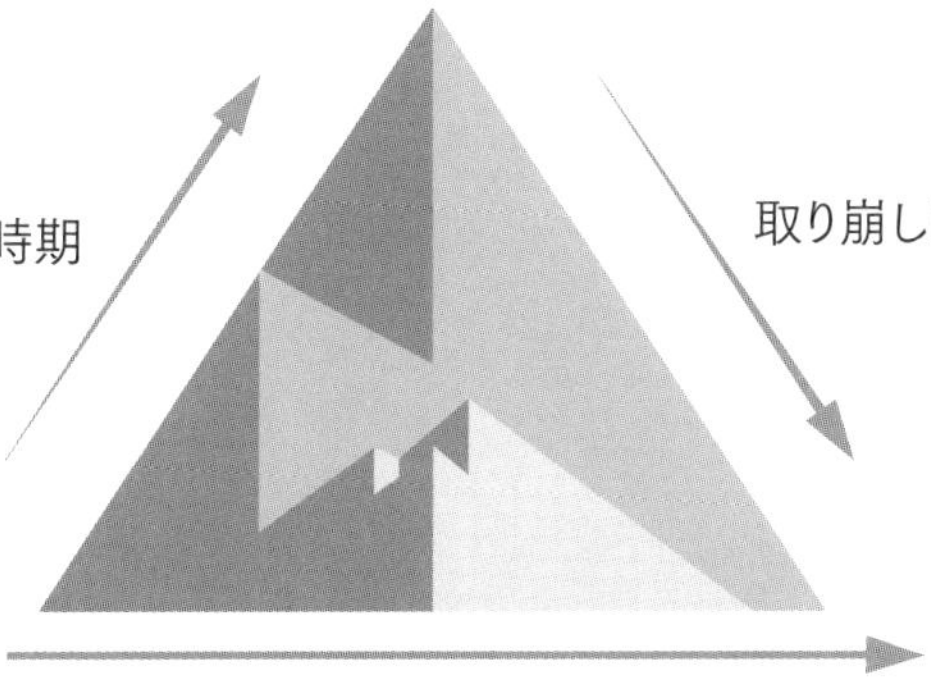

「経済的に豊かでストレスフリーの生活」から、「来月の住宅ローンが払えるかどうかわからない生活」に一気に転落してしまう。

この山は誰かに代わりに登ってもらうこともできないし、単独で登ることもできない。登山者の利益を第一に考えてくれるガイドが必要だ。

成功する投資の基本概念はシンプルだ。それは、

「働かなくても、自分のライフスタイルを維持できる収入を生むレベルまで、貯蓄する」

ことだ。貯蓄額が臨界値に達すれば、働かなくとも投資利益だけで暮らしていけるようになる。これが、私たちが目指す山頂だ。

インサイダー（事情通）になれば、新しいユニークな戦略、解決策があることに気づけるし、「経済的自由」という山を登る速度も速くなり、滑落することもない。

この解決策について深く検討する前に、山頂までのルートをもっと明確にとらえておこう。投資ゲームは、2段階に分けられる。

お金を貯めて成長させる「貯蓄時期」と、お金を引き出して使う「取り崩し時期」だ。

山頂(臨界値)まで登るルートは、「貯蓄時期」だ。山頂にはなるべく長く滞在し、経済的自由と達成感を満喫する。しかし、山頂を目指す道の途中には多くの障害物があり、注意しないとウソに引っかかることもある。無事に山頂に辿り着くために、この2章では、障害となるウソについて学ぶ。

そして人生の折り返し地点を過ぎたら、「取り崩し時期」に入る。今までに貯めた資産を使い、自由を謳歌する。スキーで楽しく山を滑り下りて楽しむのだ。「死ぬ前に貯蓄を使い果たしてしまうのではないか」という不安を感じることなく、家族や友人と過ごす時間を楽しみ、遺産を後世のためにも使えるだろう。

成功実績の高い機関投資家デイビッド・スウェンセンの言葉を借りれば、「常識を超える成功を手に入れるには、常識に頼ってはいけない」。

一般人を混乱させるために捏造《ねつぞう》された「お金をめぐる9つの神話」を一緒に打ち砕こう。そして、新しいお金のルールと真実を発掘しよう。

神話 1

「当社に投資すれば、市場平均を上回る利益が期待できます」

「素人投資家のゴールは、勝ち組の株を選ぶことではない。手数料の低いS&P500インデックスで広範囲のビジネス株に投資することだ」

ウォーレン・バフェット

経済ニュース・チャンネルを見ると、ニュースというより、娯楽番組を見ているような感じがする。口から泡を飛ばしながら、大声で叫ぶ論客。「今日のホット・ピック株」を効果音入りで紹介する司会者。株式取引所フロアから生中継で報道するリポーター。

投資会社の広告収入で成り立つこういう経済ニュースは、「今、売買しなければ好機を逸しそうだ」と視聴者に感じさせる。

ホットな情報が手に入れば、モーニングスター社（一番有名な投資信託格付け会社。過去の実績に従い、「星1〜5」を使って、投信の格付けをする）の最高ランクである「5ツ星」の「絶対買い株」さえわかれば、と煽《あお》ることはビッグ・ビジネスなのだ。個人の家計に詳しいジェーン・ブライアント・クインは、この扇情的誇大広告を「経済ポルノ」とまで呼んだ。

金融商品のピカピカの広告には、「5ツ星」の文字と、浜辺を優雅に歩く老夫婦、孫と一緒に釣りをする祖父の姿が描かれている。投資家のお金をどうしても取り込みたい広告主の意図が丸見えだ。「資産の争奪戦」は今や真っ盛りだ!

では、どこにお金を投資したらいいのか。誰なら信頼できるのか。投資家の利益を守り、最高の投資利益を上げてくれるのは誰か。投資家になる決意をして、収入の一定割合を毎月貯蓄することを決めた読者が、こう問うのは当然だ。

「長期投資の行き先」は普通、株式市場だ。

過去100年間の実績を振り返ると、長期の投資先としては株式市場がベストだ。2014年の私の講演で、スティーブ・フォーブスは「1935年に投資した100万ドルを、今まで触らずにおいたら、240億ドルに成長したはずだ」と話したが、全くその通りだ。

しかし、職場で個人退職勘定(訳註 IRA = Individual Retirement Account のこと。米国民の私的退職準備制度の柱の一つ。個人が金融機関に開設した積み立て口座に拠出〈上限あり〉する、個人の年金制度。401(k)と同じく、拠出額は課税所得から控除され、運用収益も給付時まで繰り延べられ、給付時に受取り額に対して所得税が課せられる。1974年に創設、その目的は企業年金制度がない企業の従業員に、税制優遇措置をとることで貯蓄を奨励することだった)や401(k)口座を開設すると、すぐセールスマンが寄ってきて、投資信託に投資するよう勧めてくる。

そして、アクティブ運用ファンドを買った時、実際には何を買ったのか知っているか。

「ファンド・マネジャーの賢い株選択の技術で、自分より高利益を上げられるかもしれない」という希望を買ったのだ。忙しい毎日の中、まるでダーツ投げのように株を選ぶような素人と比べて、プロは上手な選択をするだろうと考えるのは、極めて自然なことだ。

そこで、市場平均より高い利益率を上げようとする「５ツ星のアクティブ運用ファンド」に投資する。しかし、アクティブ運用ファンドが市場平均より高い利回りを実現できるというのは**「13兆ドルのウソ」**と呼ばれ、誰も話したがらない業界の裏話だ。

長期で見ると、実に96％のアクティブ運用ファンドが、市場平均より低い利益しか出せていない。

「市場を負かす」というのは、通常、パッシブ運用であるインデックスファンドより高い利益を上げることを指す表現だ。

典型的な「インデックスファンド」は、「Ｓ＆Ｐ５００」だ。これはスタンダード＆プアーズ（Ｓ＆Ｐ）社が、市場に占める企業の時価総額に応じた比率で各業界の優良企業株を買い集めた上場株式群（指数構成銘柄）に投資するファンドで、アップルやアマゾン、エクソンなどが含まれる。なお、業績が悪化した会社はリストから外され、業績のよい別の会社がリストに加わる。

毎日このリストに含まれる５００社の株価を追跡して、「リスト全体の価格が上がった、下がった」と報道されるのだ。

個別株を買う代わりに、低コストの「インデックスファンド」を購入すれば、トップ500社の株に少額でも投資していることになる。「S&P500」を買うだけで、「アメリカ資本主義」の強みを活かせるのだ。過去100年間に、トップ優良株は驚くべき回復力を見せた。大恐慌、二度の世界大戦、不況を乗り越えて価値を上げ、成長し、利益を上げてきた。

インデックスのよさは、**「株選びのプロに手数料を払う必要がない」**点にある。S&P社がトップ500社を選んだ時点で、すでに選択はなされているからだ。

■「市場平均」は、一握りの天才を除いて誰にも負けない

現在、米国には、購入可能な個別株は4900存在するが、市場平均を上回る利益を謳う投資信託は、7707も存在する。しかし、もう一度繰り返すが、「長期間で見ると、市場平均を下回るファンドが全体の96％」である。これは業界秘密ではなく、賢い投資家は皆知っていることだ。

世界有数のヘッジファンド、ブリッジウォーター社を率いるレイ・ダリオが**「市場平均は、一握りの天才を除いて誰にも負けない！」**と強調した通りだ。

レイは稀有な天才の一人だが、「素人は手を出すな」と警告した。

天才投資家として名高いウォーレン・バフェットも、「素人が市場平均を負かそうと、個別株を選んだり、買うタイミングを計ったりすべきではない」という。有名な2014年の株主

向けレターで、「自分が死んだら、遺産は妻名義の信託に入れ、インデックスにだけ投資させる。そうすれば、最低コストで最大利益を得られるからだ」と説明した。

バフェットは、「投資のプロは市場平均には勝てない」と固く信じており、その信念に従って投資している。

ちなみに、「ヘッジファンド」とは、高額資産を所有する富裕層のみが参加できる投資で、市場が強気でも弱気でも儲けが出るよう、柔軟な投資戦略が取れるファンドのことを指す。

「経済的自由」と「経済的失望」の明暗を分ける数字

リサーチ・アフィリエイツの創設者ロバート・アーノットは、アクティブ運用ファンドの中で、保有資産最低1億ドルのトップ200ファンドの実績を、過去20年間、追跡研究した。その結果は驚くべきものだった。

1984年から1998年までの15年間に、インデックスファンドの1つ「バンガード500」の利回りを上回ったアクティブ運用ファンドは、200のうち、わずか8だけだった。これでは、勝率4％以下だ。

高利益を追い求めるダメージはどれくらい大きいのか？　1993年末から2013年末までの20年間の平均利回りは「S&P500」は9・28％だが、投信全体の平均は2・54％に過ぎない。なんと80％も低い！

実際には、これは「経済的自由」と「経済的失望」の明暗を分ける数字だ。もし1993年の年末に1万ドルを「S&P500」に投資していたら、20年後には5万5916ドルに成長していたのに対し、アクティブ運用ファンドに投資していたら、わずか1万6386ドルにしかならない。

なぜ、こんな大差がつくのか？　それは、高値で買って、安値で売るからだ。自分の感情（またはブローカーの勧め）に従って、ファンドを次々と買い換えてしまう投資家は多い。株価が下落すると心配でたまらず、安値なのに売ってしまう。株価が上がると、高値なのに買ってしまうのだ。有名なマネー・マネジャー、バートン・ビッグスは**「ブル・マーケット（強気市場、上げ相場）はセックスのようだ。終わる直前が最高潮だ」**と語った。

■最大の投資分散、最小のコスト――バンガード社の売り文句

バートン・マルキールは現在82歳。今まであらゆる市場環境と流行の宣伝文句を見てきた。1973年に『ウォール街のランダム・ウォーカー』を執筆した時は、この本が投資本の古典になるとは思っていなかったと言うが、この本の理論の中核は「株購入のタイミングを計ると、必ず負ける」というものだ。

市場平均をフォローするだけという投資理論を最初に考えついたマルキールの言葉だけに、興味深い。前述した通り、この投資戦略は**「パッシブ運用」**と呼ばれ、積極的に株を選択・売

買して、市場平均を上回ろうとする「アクティブ運用」の対極にある。

バンガード社を創業したジャック・ボーグルは、マルキールの理論に基づいて最初のインデックスファンドを創設し、これを将来の指針に据えた。

現在、バンガードを世界最大のインデックスファンド会社に成長させたジャックの売り文句は**「最大の投資分散、最小のコスト、最大の節税効率、最小の株売買コスト、そして、ファンド購入手数料ゼロ」**だ。これに勝る宣伝文句はない！

■大切なのは「長期的に勝ち続けられるか」

それでも、「市場平均を上回る利益を得る人が、どこかにいるに違いない」と考えるかもしれない。そうでなければ、13兆ドルもの巨額の資金がアクティブ運用ファンドにつぎ込まれるはずがなかろう、と。確かに、短期的には市場平均を上回る利益を上げるマネジャーもいる。

しかし真の問題は、**「長期的に勝ち続けられるかどうか」**だ。

「誰よりも速く、賢く、好条件で」と考えるのは、人間の習性だ。だから、マーケティング戦略を駆使して「ホットな株」を売るのは、それほど難しくない。話題になれば、何もしなくても売れる。そして業績が落ちれば、また新しい「ホットな株」を見つければいい。

市場平均を超える利益を上げるファンドは全体の4%だが、その4%の内訳は、常に変わっている。ジャック・ボーグルが、この事実を面白おかしく伝える逸話を教えてくれた。「トニー、1024頭のゴリラを体育館に集めて、コイン投げを教える。すると1頭が、10回続けて表を出した。普通なら『ラッキーなだけ』で終わるが、金融業界ではこれが『天才』になる。この『天才』ゴリラが、次の10回で表を出す確率は高いと思うか?」

2013年のノーベル経済学賞に輝いたユージン・ファーマが執筆した研究論文にはこうある。「株式市場がうまく機能していない」と未だに考えているのは誰か? 北朝鮮とキューバ、そしてアクティブ運用ファンド・マネジャーだけだ!(アクティブ運用ファンド・マネジャーは、独自の経験、判断に基づいて、株、債券の売買、保持に関する投資判断を下すことで、市場平均を上回る利益が出せると信じている)

ここまで読んだ金融業界人は、頷《うなず》いて賛同するか、本を窓から投げ出すかのどちらかだ。軍隊を召集して、攻撃を命じる人さえいるだろう。この話は、それほど両極端な反応を引き起こす。頭脳明晰で才能のあるファンド・マネジャーを雇って近道を見つけ、早く山頂に辿り着きたいと思うのは人情だし、何を言おうと個人の勝手だが、事実は事実である。

「市場平均を上回れなくとも、下落時の損失額は、減らすことができる」と主張するファンド・マネジャーもいる。これが事実であればいいのだが……。

投資目標とは、「自分が選んだリスクレベルに見合う最大限の純利益を得る」ことだ。

そこで、２００８年、株価が下落した時のファンド・マネジャーの実績を検証してみよう。

２００８年から２００９年初頭にかけて、株価は51％も下落し、１９２９年の世界大恐慌以来、最悪の1年となった。下落幅が15％、25％、35％くらいのうちなら、適切な処置が取れていたかもしれず、マネジャーたちが、損失額を減らす適切な対策を講じる時間はたっぷりあった。

しかし、ここでも、**「アクティブ運用ファンドが、市場平均を下回った」という事実**は揺るがない。２０１２年に公表された「Ｓ＆Ｐ５００ vs アクティブ運用ファンド成績表」という白書によると、大型株グロース・インデックスでは、Ｓ＆Ｐ５００を下回るファンドが89・９％、小型株グロース・インデックスでも、Ｓ＆Ｐ５００を下回るファンドが実に95・５％にも上った。


（訳註　企業の成長性に注目して投資する手法を「グロース投資」という。また、企業の時価総額に応じて、大型株、中型株、小型株などに分けられるが、経済状況や相場の流れの変化から受ける影響度が違い、株価の動きも異なる傾向がある。「大型株グロース・インデックス」とは大型株の中から、今後の成長を期待できる銘柄を選んで構成するインデックス。すでに大きくなった企業群のため、株価が大きく上昇することは期待できないが、企業倒産リスクが比較的小さく、配当などを安定的にもらえる。一方、「小型株グロース・インデックス」は、時価総額が１００～５００億円くらいの企業群を選んで構成するインデックス。株価の大きな上昇など成長期待が高い一方、企業としての歴史が浅く、基盤も盤石でないことが多いので、景気や環境によって業績も変わり、株価上昇の期待と裏腹に、大きく毀損《きそん》するリスクもある。

株価の変動率も、大型株や中型株より大きくなる傾向がある）

■「どのインデックスファンドを、どのような割合で購入するか」

市況は、誰にも見通せない。ブル（強気）か？　ベア（弱気）か？　横ばいか？　だからこそ、どんな市場にも耐えうる**「全天候型ポートフォリオ」**を構築すべきなのだ。

本書のためにインタビューした投資家は、好況・不況にかかわらず、利益を上げてきた。嵐が過ぎ去るのを待つのが、人生ではない。雨の中でも踊れるように、学ぶことが大切だ。人生から恐怖を取り除き、一番大事なものに注目することを学ぶのだ。

では、「全天候型ポートフォリオ」とはどのようなものか？　どこにお金を投資するのか？

まず、自分で株を選ぶ必要も、ベストな投信を探す必要もない。将来、どの株が勝ち組になるかわからないので、低コストのインデックスファンドに何％か投資する。パッシブ運用ファンドを買うだけで、96％のアクティブ運用ファンドを上回る利益が上げられる。

「勝ち組株」を自分で選ぶ重荷から、自分を解放してほしい。市場に無理に勝とうとしなければ、大きな進歩、成長、拡大が望めるのだ。

今まで、「市場」イコール「S&P500」のように話してきたが、「S&P500」は、多数あるインデックスファンドの1つに過ぎない。「ダウ平均株価」という株価指数（インデックス）を聞いたことがあるだろう。他にも、商品先物インデックス、不動産インデックス、短期債券インデックス、長期債券インデックス、貴金属（金）インデックスなど、多くの種類がある。

そして、**どのインデックスファンドをどのような割合で購入するかが、非常に重要**だ。

ただし、十分な資産配分の知識がなければ、4章、5章で紹介する専門家のポートフォリオを見ても、軟弱な土台の上に家を建てるようなものだ。また、目標を定めずに、資産配分にばかり気を配るのも、全くの時間の無駄だ。特に、お金を搾り取ろうとする悪者から自分の資産を守らないと、元も子もなくなる。だからこそ、この2章でお金をめぐる9つの神話について論じているのだ。

「5ツ星」は売れるが〝流れ星〟のように消えていく

ここまでアクティブ運用ファンドについて論じてきたが、未だに「トニー、ちゃんと下調べをして、ランクが5ツ星のファンドにしか投資しないから、大丈夫」と言う人が必ずいる。

モーニングスターによると、2000年から2009年の10年間に、ファンドに流入したお金の72％（約2兆ドル）は、4ツ星または5ツ星のファンドに投資された。

モーニングスターの格付け制度は非常に重要で、実績が4ツ星より下がったファンドは、すぐに除去されるという。2008年から2012年までの5年間に、米国内株ファンドの27％、国際株ファンドの27％が、他のファンドと統合されるか、廃止された。これは、運用会社が自社の業績をよく見せるために、通常使われる手段だ。

運用会社は、同時に複数のファンドを創設し、運用成績がよければ残すが、運用成績が悪いと廃止するのが普通だ。ジャック・ボーグルによると、「たとえば運用会社が新たに5つのファンドを試験的に創設する。5つのファンド全部の運用成績がよいことを願うが、運用成績がよかったのは1つだけだった。すると、悪い4つは潰し、残った1つを『平均を超える運用成績』を売り文句に、大衆に売り込む」のだ。


さらに、4ツ星や5ツ星のファンドでも、業績が大して振るわない事実を、『ウォール・ストリート・ジャーナル』紙に掲載された「スター格付けに操られる投資家」という題の記事が暴露している。

この記事では、1999年に販売された5ツ星ファンドの実績を、その後10年間、追跡調査しているのだが、最初に5ツ星の格付けをもらった248のファンドのうち、10年経ってもこのランクを維持できたのは、4つだけだった。

投資家は誰でも、今一番人気の「ホットなファンド」を買いたがるが、歴史を振り返ってみると、「熱いものは必ず冷める」という事実は否めない。

インサイダー（事情通）は、**「人気商品を追いかけるのは、風を追いかけるようなものだ」**と知っている。輝かしい実績を追い求めたくなるのは人情だが、この群集心理が原因で多くの家庭で経済破綻が引き起こされている。

本書の読者は、これ以上の被害に絶対遭いたくないはずだ。

過去100年間のうち、約70％の年には株価が上がり、残りの30％の年には株価が下がった。だから、資産の一部をインデックスファンドに投資するのは賢い選択だが、全部を投資すべきではない。2000年以降、株価が50％以上、下落したことが二度あることからもわかる通り、値動きの激しい株式市場では、必ず下落時を想定してポートフォリオを守ることが大事だ。

今までに学んだ、ぜひ覚えておいてほしい点を復習しよう。

- 長期間にわたる成長を望むなら、株式投資がベストだ。
- 株価は値動きが激しい。複数の異なるインデックスを組み合わせることでリスクをヘッジすることを株式市場のマスターから学ぶこと。
- 「市場に勝つ」のではなく、「市場をマネする」ことを目標にする。インデックスファンドを中核とした投資ポートフォリオを一度作成すれば、もう個別株を選ばなくてもいいし、「ホットな株」を探すために時間を費やさなくてもいい。
- インサイダー（事情通）のように考える。これ以上、群集心理に踊らされない。

「パッシブ運用」のインデックスファンドを購入した読者は、次に取りあげる「神話2」、つまり「当社の手数料？　大した額ではありません！」と戦うことになる。

自分がファンドに支払う手数料を正確に知っている人は、私が尋ねた中には、（私も含めて）誰もいなかった。手数料や諸費用を隠す手段と、実際よりずっと少なく見せる手段が、さらに巧妙になっているからだ。

経済的自由を目指す山登りでは、少しずつでも前に進むことが大事で、高い手数料を払い、2歩進んで1歩下がる余裕はない。

「貯蓄は自分の老後のためか、それとも他人の老後のためか」ということについて、次の神話2で学んでいく。

神話
2

「当社の手数料？　大した額ではありません！」

「本来なら家計、学資、退職後のための貯蓄に回るべき7兆ドルの投資資産から、ファンド・マネジャー、ブローカーたちが、過剰に手数料をかき集めている」

ピーター・フィッツジェラルド（上院議員）

最初に同意した金額とは別に、知らぬ間に追加料金が発生していたと気づくことほど、腹の立つことはない。

たとえば、新車の購入価格に同意して、いざ書類に署名する段になったら、2000ドルの料金が追加されていたとか、ホテルをチェックアウトした後に、別途「リゾート料金」「観光税」「インターネット使用料」「タオル代」といった料金が、知らぬ間に追加されたことに気づいたとか。

無理やり、または騙されて追加料金を払わされるのだから、イラついたり、「はめられた」と感じたりするのも当然だ。13兆ドルの資産を保有する投資信託業界は、細字で書かれた注意事項の中に料金を隠す術に非常に長けている。

『フォーブス』誌に掲載された「投資信託を所有する真のコスト」という題の記事で、タイ・バーニッキーは、幾層にも重なった料金体系を分析して、驚くべき結論に到達した。

投資信託の所有者は、平均で年率3・17％もの手数料や費用を払っているのだ！

「3・17％というのは、大した数字ではないのでは？」と考える読者は、今まで学んできたことを思い出してほしい。

たとえば、市場全体に連動するインデックスファンドのコストは、最低で0・14％、投資業界では「14ベーシス・ポイント（bps）」と呼ばれる（これは100ドルに対して14セントのコストがかかることを意味する。100bpsは1％、50bpsは0・5％に相当する）。

レイ・ダリオのように、年平均利回り21％を上げる卓越したヘッジファンド・マネジャーになら、3％の手数料を払ってもいいだろう。

しかし、大した業績を上げていないアクティブ運用ファンドに払う手数料が、インデックスファンドの30倍にも上るとは！

同じような車を、隣人の30倍の値段を払って買ったのに、自分の燃費の方が劣ることに気づいたようなものだ。

これと同じことが、まさに投資でも起こっているのだ。

■手数料が1％違うだけで「運用額」に大差が生まれる

ここで、幼馴染みの友人3人（ジェイソン、マシュー、テイラー）の例を出そう。この3人は今35歳で、10万ドルを投資することにした。異なる投信を選んだが、利回りは年7・0％と皆同じだった。65歳になった時、3人で集まって口座残高を比較した。**さらに詳しく分析すると、今まで払ってきた手数料は、1％、2％、3％と大きく違っていた。**3人の最終残高は次の通りだ（訳註　ここでは利回り7％から手数料を差し引いたものが、毎年の手数料控除後利回りとして計算されている。次ページの表も同様に、利回り8％から手数料率を差し引いた数字で利回りが計算されている）。

ジェイソン（手数料：3％）　残高：**32万4340ドル**
マシュー（手数料：2％）　残高：**43万2194ドル**
テイラー（手数料：1％）　残高：**57万4349ドル**

元金も同額、利回りも同じなのに、テイラーの残高は、ジェイソンのほぼ2倍だった。ここで1％、あそこで1％と細かくチャージされると、大した数字でないような気がするが、長年積み重なると、「貯金が一生続く」か、「死ぬ前に貯金を使い果たすか」という大きな差が生じ

手数料の影響

投資元金100万ドル、年率8％で30年間投資

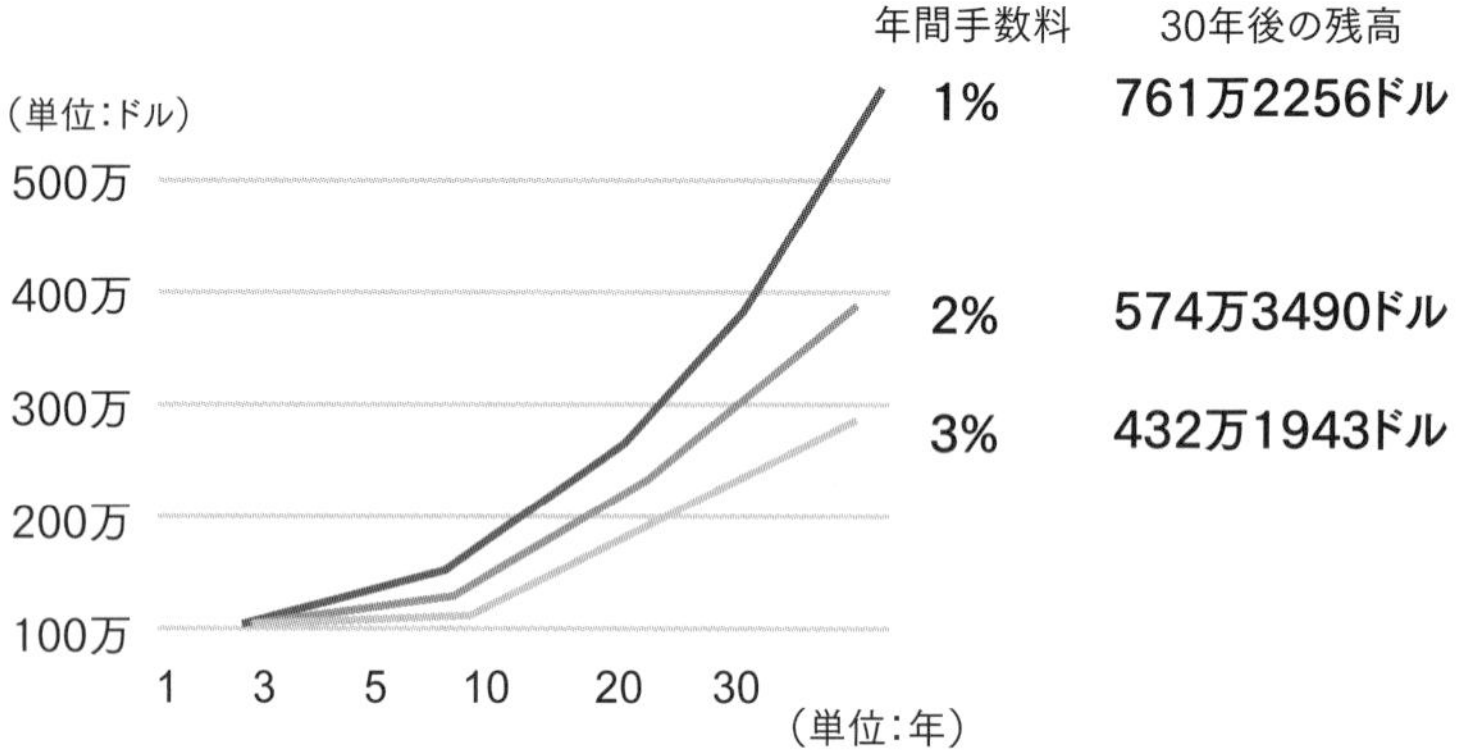

る。

手数料が高いか安いかの差は、生活費がまかなえるだろうかと心配する日々を送るか、安心して人生を満喫できるかの分かれ目になる。退職したくてもさらに10年余計に働かなくてはならなくなるか、好きな時に退職できるかの分かれ目になる。

この３人の例は仮想の話だが、実際の数字を使って計算してみよう。２０００年から２０１２年までの12年間、Ｓ＆Ｐ５００の価値は横ばい状態で全く成長しなかった。

この時期は、「失われた10年」とも呼ばれ、２００７年まで続いた住宅バブル最盛期、２００８年の大幅下落、２００９年に始まった強気市場と、株価の値動きが非常に激しい時期でもあった。

２０００年初めに10万ドルをインデックスフ

ァンドに投資していたら、この12年間に利益こそ出なかったが、手数料もわずかで、口座残高はほとんど変わらなかっただろう。ところが、他のアクティブ運用ファンドに投資して、業界平均の手数料3％を毎年払っていたなら、3万ドル以上を手数料として支払ったはずだ！

そして、（そのアクティブ運用ファンドがインデックスファンドと同様の、収支トントンの収益率しか出せていなかったとしたら）口座残高は40％もダウンして、6万ドルしか残っていないだろう。

これこそ、投資家が元金を100％出資して、リスクも100％負ったのに、利益とは関係なく、ファンド・マネジャーが手数料を徴収した最たる例だ。

■まるで「手品師のようなトリック」で客を丸め込む手口

ここまで読み進めて、「トニー、自分は賢いから、こんなワナにはかからない。投信の事業費率（発行済みの受益証券の純資産額に対する管理費の割合）をちゃんとチェックして、1％だから大丈夫さ。中には『ノーロード（販売時手数料ゼロ）』のファンドすらある」と、誇らしげに言う読者もいるだろう。

これこそが、金融業界が投資家に到達してほしい結論なのだ。

手品師と同じく、金融業界は「注意をそらす」トリックで、投資家をうまく丸め込むのだ。他に注意を払っている間に、スルッと時計を盗まれてしまうようなものだ。事業費率は販売用パンフレットに載っている「定価」に過ぎず、実際に投資家が負担する手数料や費用とは異なるからだ。

ここで、告白しておくことがある。私も若い頃、4ツ星や5ツ星のトップ・ファンドを購入して、「賢い投資をした」と考えていた時期があった。事前調査もした。事業費率もチェックした。ブローカーとも話をした。

しかし、読者と同様、仕事と家庭の両立に忙しくて、50ページもある開示情報を読む時間的余裕はなかった。ところが、この細かい字の中にこそ、細々とした手数料や費用が巧妙に隠されていたのだ。経済学博士でもなければ、これを手数料や費用と見破ることはできない。

■「巧妙に隠された手数料」のからくり

2008年の株式暴落の直後、ロバート・ヒルトン・スミスは経済学博士号を取得し、政策シンクタンク「デモス」に就職した。そして、他の多くの人と同じく、大学・大学院で学んだ知識は、成功する投資戦略を立てる役に立たなかった。

ヒルトン・スミスは401(k)プランに積み立てを始めたが、株価の上昇率と比較すると、口座残高の上昇率は常に低かった。これを不審に思ったヒルトン・スミスは、職場のリサーチ・プロジェクトとして、投信の料金を研究することにした。

最初に、自分が投資した20ファンドの50ページ以上にわたる投資案内書を全て取り寄せて、片っ端から読み始めた。信じられないくらい退屈で、法律専門用語だらけ。そのせいで、不透明感が一層増していた。

意味不明な表現や頭文字に埋もれていたのは、17種類にも上る費用のリストだった。投資家から直接徴収するものではなかったが、費用であることに変わりはなく、最終的には投資家の財布から出るお金だった。

費用を巧妙に隠す手段として、ウォール街と大多数の401(k)プランが考案した、投資家を混乱させるための用語は、「資産管理費、12b-1手数料、マーケティング費、トレーディング・コスト〈ブローカー歩合給、スプレッド・コスト、マーケット・インパクト・コスト〉、ソフト・ドル・コスト、償還手数料、口座維持費、購入手数料、記録保管費、プラン運営費」など広範にわたる。

名目は何であれ、投資家が払っていることに変わりはない。山を登ろうとする投資家を引きずり下ろす費用だ。丸々1カ月を費やした後、ヒルトン・スミスは「穴のあいたボートに乗るのと同じで、こんなに多くの隠れ料金を払わされていては、自分の401(k)が順調に成長する可能性は全くのゼロ」という結論に達した。

ヒルトン・スミスが書いた「退職準備積み立て金の流出:401(k)プランの隠された高額料金」と題された白書で公表された試算によると、年収3万ドルの5%を貯蓄に回す平均的労働者が、401（k）プランの手数料として生涯に失う額は、実に15万4794ドルにも上る。

これが年収9万ドルの高額所得者では、なんと27万7000ドルを生涯で失う計算になる（ヒルトン・スミスの研究結果は、2013年4月23日に「退職ギャンブル」という題のドキュメンタリー番組として、まず公共放送局PBSで放映された）！

この隠れた料金のからくりを暴露したことには、社会的に大きな意義がある。

■まるで経済的な「凌遅刑」のようなシステム！

古代の中国には、罪人を1000回細かく切りつけて、ゆっくり殺す「凌遅刑《りょうちけい》」という酷刑《こっけい》が存在した。401（k）プランの細々した料金を果てしなく払わされる現代の投資家は、経済的な「凌遅刑」を受けているのと同じだ。

エール大学財団のデイビッド・スウェンセンは、「機関投資業界のウォーレン・バフェット」とも呼ばれ、10億ドルの資金を239億ドルにまで成長させた実績を持つ。

そのデイビッドは、**「大したサービスも提供しないのに、ファンド運用会社は法外な手数料を投資家から取り立てている」**と語る。

ファンド会社が顧客から手数料を搾り取っている実態をデイビッドから聞かされた時、目の前が明るくなると同時に、怒りがこみ上げてきた。まるで足元から砂が流出するように高い手数料を払わされていては、どんなにすばらしい戦略を用いても、投資利益が出るはずがない。

1980年代初頭に導入された401（k）プランは、その概念自体は、決して悪くなかった。伝統的な年金支給額を補うために、余分に貯蓄したい人向けには最適だった。年金に取って代わるものではなく、あくまで年金を補う目的で設立された制度だった。

ところが、主に401（k）プランやIRA（個人退職勘定）の口座を通して、現在13兆ドル以上の資金が投資信託に投資されている。これらの投信は市場平均を上回る利益率を上げ、老後に十分な資産を築き上げる助けとなるはずだった。

ところが、市場平均を下回る投信がほとんどである上に、高額な手数料を徴収する投信が多い。

この高額な手数料は、何千万人もの顧客の老後生活の質を引き下げる要因であり、経済的自由を破壊する最大の要因となっている。これを言い過ぎだと思うか？

ジャック・ボーグルは「低い利回りと高い手数料の組み合わせは、投資家にとって、中国やヨーロッパの経済危機と同等のリスク」と語った。

ここで、復習しよう。アクティブ運用ファンドの96％が、市場平均の利回りを下回る。高額な手数料や諸費用のせいで、投資家は将来の虎の子の最大3分の2を失う。さらに悪いことに、ファンド会社が、顧客に対しては「顧客利益を最優先します！」と真っ赤なウソをつきながら、陰では業界の利益を守るために、国会議員に働きかけている。

■投資にかかる年経費は1・25％以下に抑えること

このあまりにも高すぎるファンド手数料から逃れるには、**投資にかかる年経費を1・25％以下に抑えること**だ。これは、最初に適切に資産配分して、その後も定期的にチェックする「登録投資助言者（ＲＩＡ）」（訳註　顧客との間で投資助言契約を結び、顧客である投資家から手数料を受け取る。販売業者や運用会社からは独立し、顧客との利益相反がない）への手数料と、販売手数料、その他の諸費用の合計を意味する。

たとえば、登録投資助言者に手数料として1％を払い、低コストのインデックスファンド（例：バンガード）に０・20％を払うと、合計は１・２％となる。

アクティブ運用ファンドの手数料について学んだ以上、「二度と同じ過ちは繰り返さない！一般人とは違うインサイダー（事情通）になる！」と決意してほしい。チェスの駒ではなく、チェス・プレーヤーになるのだ。「知識は力」だが、実行が伴わなければ役に立たない。

私がこれから紹介する手数料の具体的な減らし方を、必ず実行に移すと決意してほしい。「市場平均を下回る実績しか上げていないファンドに、法外な手数料を払うことは絶対にしない！」と宣言してほしい。

不要な手数料を2～3％節約できれば、長期的には何十万ドル、いや何百万ドルもが自分の懐に入ってくる勘定で、退職する時期を5年から15年、早めることが可能だ。

高コストのファンドを、低コストのファンドに置き換えるだけで、将来の〝虎の子〟の最高70％を復元できるのだから、エキサイティングだ。

低コストのインデックスファンドは確かに必須だが、その上で、さらにどんなタイプのインデックスファンドを組み合わせるか。**長期的にポートフォリオを適切に管理する方法**が成功には欠かせないので、この後、詳しく論じる。

神話3

「当社の利益？開示されている数字のとおりです！」

「『過去の実績は、将来の利益を保証するものではない』という一般的免責条項は知っていても、過去の実績自体が真実ではないことを知る人は少ない」

『ウォール・ストリート・ジャーナル』紙（2013年3月31日付）

1954年にダレル・ハフは『統計でウソをつく法』（講談社）という本を執筆した。この本の中で、ハフは「読者を教育するのではなく、騙すために数字が使われることが多い」と述べている。

今日、投信の運用会社や販売会社は、かなり疑わしい方法で算出した利回りを公表している。ジャック・ボーグルは「運用会社が公表する数字と投資家が実際に享受する数字とは違う」と言っている。金融業界の巧みな「人を思いのままに操って騙す技巧」を説明する前に、まずは**「平均利回り」**について理解しよう。

次に掲げた線グラフは、50％ずつ上下するジェットコースターのような市場を示す（50％上

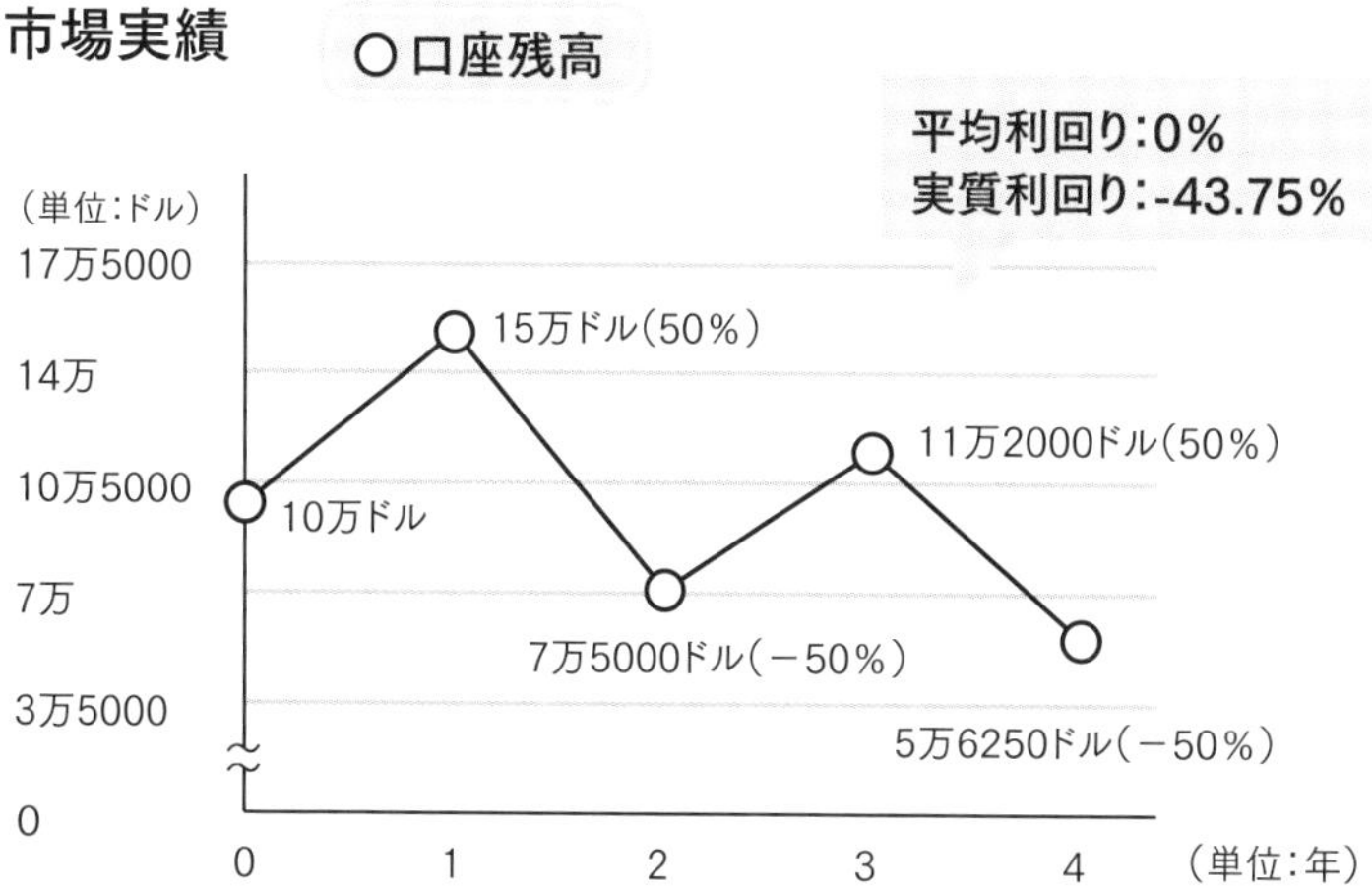

がって、50%下がる。また50%上がって、50%下がる）。これを平均すると、平均利回りは0%だ。

「利回り0%」と聞くと、一般人は「利益も出ない代わり、損失も出ない」と解釈しがちだが、これは大間違いだ。

グラフの数字を見ればわかるが、元金10万ドルでスタートすると、4年後には、実際には4万3750ドルも目減り（43・75%ダウン）している！　読者はこのことを予想できただろうか。インサイダー（事情通）になったからには、注意しなければならない。

フォックス・ビジネスの「利回りの神話を解く」という記事で、エリック・クロムは「この利回りの差を現実に当てはめるとどうなるか」を次のように説明した。**81年間（1930年から2010年）のダウ・ジョーンズの利回りを**

平均すると、6・31%になる。ところが、投資家が享受した実際の利回りを計算すると、4・31%にしかならない。

この2%の差がなぜ重要か？　1930年に1000ドルを投資して、利回りが6・3%なら14万2000ドルに増えるが、4・31%では、**わずか3万ドル**にしかならないからだ。

■「真実」という鉈《なた》をふるうと見えてくること

山登りが楽だとは誰も言わない。しかし、業界のウソを切り払う「真実」という名の鉈《なた》をふるって自分の進むルートがよく見えるようにすれば、少し楽になる。インサイダー（事情通）になったら、前がよく見えないのに進むことはやめてほしい。

アクティブ運用ファンドの利回りは（特に手数料や税金を計算に入れると）、長期的には、そのほとんどが市場平均の利回りを下回ることを学んだ。手数料の差が資産額に大きく影響すること、手数料を下げることで、将来の残高を大きく増やせることも学んだ。「平均利回り」と、投資家が実際に享受する利回りとは違うことも学んだ。

経済的自由を目指す旅は、大きく前進した。今までに学んだ知識だけでも、何も知らない大衆とは大きな差がついたはずだ。

ここまで読み進めてくると、「もう誰も信用できない」と感じる人が多い。

その一方で、新たに得た知識に刺激され、「ゲームの本当のルール」を理解し始めるのだ。ただし、「誰も信用できないから、人の力を借りずに、投資は全部自分で管理しなくてはいけない」というわけではない。顧客利益を第一に考える、正直な金融業界のプロもたくさんいるからだ。

私自身も信頼の置けるアドバイザーと共に、投資先を定期的に見直し、管理している。読者と同じように、毎日がとても忙しく、自分のポートフォリオ管理にかける時間もなければ、自分でやる気もない。しかし、適切に資産配分していれば、3カ月か6カ月に一度ほど見直し、調整（リバランス）するだけで十分だ。

さて、ただのセールスマンと信頼できるアドバイザーは、どうすれば見分けられるか？

そして、ただのブローカーとガイドを見分けるには、どうしたらいいか？

神話4では、この「見分け方」について、さらに詳しく論じる。1972年に発覚したウォーターゲート事件を題材にした映画『大統領の陰謀』で、新聞記者に情報を提供した謎の人物「ディープ・スロート」が言った通り、相手が信頼できるかどうかを見分けるには**「金の流れを追え。常に金の流れを追え」**だ。

神話4

「私はお客様を助けるブローカーです」

「無知がゆえに給料をもらう人に、真実を理解させるのは困難だ」
アプトン・シンクレア（小説家）

大半の米国人が1000回細かく切り付けられる「凌遅刑」の餌食になっているのに、なぜ反乱を起こし、アクティブ運用ファンド以外の投資に資金を移さないのか？

それは、何十年も無知のままだったからだ。金融機関のアドバイスに従って大損をした経験があったとしても、忙しい日々の中、扇情的広告と相反する情報に翻弄され、自分の判断では動けないから、「人と同じでいいや」と諦める。そして、プロに任せておけば、自分よりもうまく運用してくれるだろうという「希望」が唯一の戦略となる。

「みんなも自分と同じだ」と思えば、確かに安心できる。ここで私は、ディスカバリー・チャンネルの野生動物の番組を思い出した。ワニがウヨウヨしている水辺に近づく動物は、ワニに襲われやすい。近づくのは愚かか？　そんなことはない！　灼熱の太陽の下、水を飲まなければ死んでしまうから、ワニに襲われる危険を承知の上で、水辺に近寄るのだ。

投資家も同じだ。投資せずに湖岸に隠れているだけでは、貯蓄がインフレーションの餌食になるだけだ。そこで、周囲の人と一緒に恐る恐る水辺に近寄る。そうしたら、パクッ！「ブラックマンデー」「ITバブル」「2008年大不況」の餌食となった。

一方、快適な老後生活を守るはずの証券会社は、何のリスクも取らず、社員は史上最高の給与を毎年受け取っている。

本書を執筆中の2014年初頭、株価は上昇し続けた。2009年から2013年末までに、（配当金再投資分を含む）株価は131％も上昇した。これは、株式市場5番目の強気市場だ。口座残高が増えるにつれて、投資家の機嫌はよくなる。ファンド運用会社の利益も上昇し続ける。ワニの食べ放題はまだ続いている。

一体、誰から「自分の資産」を守ればよいのか

2009年後半に、下院議員バーニー・フランクとクリス・ドッドが、「ドッド・フランク・ウォール街改革・消費者保護法」案を提出した。その1年後、金融業界の徹底抗戦もあり、この法案は原案よりもかなり骨抜きにされた形で立法化された。

しかし、「一体、誰から消費者を守るのか？」という問いは、今も続く。

自分の資産を管理してくれると信頼している人から？　合法的とはいえ、自社利益を優先するファンド・マネジャーから？　積み重ねた巨額利益で市場を動かす、超高速・高頻度の株式取引（ＨＦＴ）業者から？

過去2年間を振り返っただけでも、悪質なトレーダーのせいで何十億ドルもの損失を被った銀行、顧客資産を無断で他の目的に流用し、最終的に破産申告・廃業に追い込まれた証券大手「ＭＦグローバル」、インサイダー取引で告発された世界最大のヘッジファンド、ロンドン銀行間取引金利（ＬＩＢＯＲ《ライボー》）を勝手に操作して刑事告発された銀行トレーダーと、金融業界の悪いニュースは尽きない。

■「自分が運用するファンド株」を持たないファンド・マネジャー

「私のやる通りではなく、私の言う通りにしなさい」と言い続ける投資家のプロに、翻弄される投資家は少なくない。

２００９年にモーニングスターが４３００以上のアクティブ運用ファンドの業績を追跡調査した結果、**「自身が運用するファンド株を所有しないファンド・マネジャーが、49％に上る」**ことが判明して、改めて考えさせられた。

自分が運用するファンド株を持たないファンド・マネジャーは、自作料理を食べないシェフと同じだ。残る51％も、何百万ドルもの報酬と巨額所有資産とを比較すると、ファンドの所有額は、ほんの微々たるものだった。

自身が運用するファンドを所有する人の数を金額ごとに挙げると、次の通りだ。

・ゼロ……2126人
・1～1万ドル……159人
・1万1～5万ドル……393人
・5万1～10万ドル……285人
・10万1～50万ドル……679人
・50万1～100万ドル……197人
・100万1ドル以上……413人

ここで問うべきは「運用マネジャー自身が投資しないようなファンドに、なぜ自分が投資するのか？」だ。

シェフが自作料理を食べないのは、材料の質が悪いか、何か都合のよくないことを知っているかのどちらかだ。頭のよいファンド・マネジャーは、隠れて行動するのだ。

『投資家のヨットはどこにある？』（パンローリング）の著者フレッド・シュエッド・ジュニア

は、1929年の世界大恐慌で大金を失い、ウォール街の株式取引の仕事を辞め、1940年にこの本を出版した。

このおかしな題名の由来については諸説あるが、本人によると以下の通りだ。ウォール街で大成功したブローカーのウイリアム・トラバースが、富豪の避暑地として有名なロードアイランド州ニューポートで休暇中に、港に停泊した数々の高級ヨットを眺めていた。それらの所有者を尋ねると、「株式ブローカー、銀行家、トレーダー」という答えが次々と返ってきた。そこで、トラバースは聞いた。

「投資家のヨットはどこにある?」

これが、この題名の由来だ。75年経った今でも、状況はまるで変わっていないのだ。

■「自社利益が優先」か、「顧客利益が第一」か

誰でも、こんなコマーシャルを見たことがあるだろう。心配顔の夫婦が、経験豊富な年配のファイナンシャル・アドバイザーと話している。アドバイザーは、「心配要りません。私がお客様の利益を守ります。お子さんの学費を貯めるのも、ヨットや別荘の購入も、私がお手伝いしますからご安心ください」と、不安を払拭《ふっしょく》するように語りかける。「ブローカーは投資家と同じゴールを目指して手助けする」というメッセージを伝えようとしているのは明らかだ。

ここで問うべきは、「本当にゴールが同じなのか？」だ。ファイナンシャル・アドバイザーは、本当に「顧客利益が第一」と考えているのか。

ここで強調したいのは、デイビッド・スウェンセンが言った通り、「株式ブローカー（取次人）は、友達ではない」ということだ。

金融業界に、誠実で高いモラルを持ち、顧客利益を第一に考えるアドバイザーがいるのは事実だ。しかし、自社利益が優先されるようにデザインされた道具しか使えない閉鎖的環境に置かれているアドバイザーが多いのも事実だ。

自社の利益につながらない（けれど、顧客にとっては役に立つ）アドバイスをしても、アドバイザーに報酬はなく、自社商品を売らなければ報償は出ないシステムなのだ。アドバイザーが売ろうとする金融商品が「ベスト商品」でなくても、「顧客の利益」にならなくてもいいのだ。

アドバイザーが売ろうとしている商品が（投資家の目標に）「適合する」基準を満たしているだけで、法的には問題ないのだ。

■信頼できる投資助言者の見つけ方

自身のインサイダー（事情通）としての立場を強固にするには、「金融業界の独立プロ」であり、中立的アドバイスをする「登録投資助言者（ＲＩＡ）」と手を組むことだ。彼らは顧客に投資の助言を行ない、販売業者や運用会社とは独立しており、顧客との利益相反がない。

（訳註　顧客との間で投資助言契約を結び、顧客である投資家から手数料をもらうのが投資助言者で、Independent Financial Adviser〈ＩＦＡ〉と呼ばれる。

一方、日本のファイナンシャル・プランナーや信託銀行のアドバイザーなどは、一般に所属している会社から給与をもらい、その会社の利益のために働くので「独立している」とは言い難い。証券会社のファイナンシャル・プランナーも証券会社の下請け（証券仲介）で、ファンドを売った分だけ証券会社からキックバックをもらうのでＩＦＡではない。

米国では投資家が自分でＩＦＡにお金を払い、自分にとってのベストのファンドや株、債券、保険等の金融商品を選んでもらうが、日本では投資家も「金融サービスは銀行、証券会社、保険会社等から無料で受けられるもの」というカルチャーが強く、結果として不必要な商品、手数料が高い商品を買わされている）

自分の投資運用のアドバイスをする人間が単なる「株式ブローカー」（証券仲介業者）か、「投資助言者」かを知らない人がほとんどなのに、「自分の利益を優先してくれる」と信じきっている投資家は多い。

おそらくブローカーは、顧客利益を守ろうと考えてはいても、自分の報酬が必ず出るように運営していくはずだ。

ちなみに、「ブローカー」を自称するアドバイザーはいない。代わりに「登録証券外務員」

「ファイナンシャル・アドバイザー」「資産アドバイザー」などの肩書を使う。『ウォール・ストリート・ジャーナル』紙によると、金融アドバイザーが使う肩書は200種類以上あるが、その半数以上が何らかの公的な資格、認証を取って名乗るものではない。一見偉そうな肩書でも、**「受託者責任」**(フィデューシャリー・デューティー。真に顧客本位の業務運営を行なうこと)は負わないのだ。

■ブローカーは「肉屋」で、受託者は「栄養士」

投資助言者を雇うのは、確かにいいことだ。しかし、投資助言者を雇ったからといって、料金に見合ったよいアドバイスが得られるとは限らない。人によって専門知識に差があるのは、どの業界でも同じことだ。

2013年にファイナンシャル・プランナー2400名以上に匿名で答えてもらったアンケートでは、「退職後に備えてお金を積み立てているか」という質問に対して、「いいえ」という回答が46%にも上った。顧客には老後に備えてお金の積み立てを勧めておきながら、自分ではやっていないのだから、呆れてものが言えない!

我々は、未知の海を旅している。複雑極まりない金融商品が溢れ、紙幣が乱発され、債務不履行に陥る国すら出るような現状では、ほんの一握りのエリート・アドバイザーのみが、この荒海を乗り越えることができる。

最近、友人のエリオット・ワイスブルース（ハイタワー社創業者兼CEO）が「肉屋と栄養士」という題の2分間アニメのユーチューブ・ビデオを送ってくれた。

これは、「ブローカー」と「投資助言者」の違いを簡潔に表現している。肉屋に行けば、必ず肉を買うよう勧められる。「夕飯の材料は何にしたらいいか」と肉屋に聞けば、「肉！」と言われるに決まっている。一方、栄養士は、健康によい食材を勧めてくれる。その人にとって魚の方が健康的と判断すれば、肉を勧めることはない。

つまり、**ブローカーが肉屋なら、投資助言者は栄養士**なのだ。投資助言者に特定商品を売りつける動機はない。この違いを知ることで、投資家は有利な立場に立てる。インサイダー（事情通）は、この違いを知っている。

■倒産寸前のエンロン株を何食わぬ顔で売っていた輩たち

有能な投資助言者を味方につければ、透明度の高い投資アドバイスを得られるだけではない。ブローカーや証券会社に食い物にされる心配もなくなる。最近の歴史的教訓を復習しよう。

エネルギー大手のエンロン社を覚えているだろうか。2000年には1010億ドルの売上げを上げながら、株主を喜ばそうと帳簿の不正操作を始めた。当時、証券大手やファンド運用会社はエンロン株が大のお気に入りで、大量に保有していた。

日付	格付け	株価（ドル）	証券会社
2001.3.21	**短期買い**	55.89	メリル・リンチ
2001.3.29	**推奨リスト**	55.31	ゴールドマン・サックス
2001.6.8	**買い**	47.26	J・P・モルガン
2001.8.15	**強い買い**	40.25	バンク・オブ・アメリカ
2001.10.4	**買い**	33.10	A・G・エドワーズ
2001.10.24	**強い買い**	16.41	リーマン・ブラザーズ
2001.11.12	**ホールド**	9.24	プルデンシャル
2001.11.21	**市場並み**	5.01	ゴールドマン・サックス
2001.11.29	**ホールド**	0.36	クレディ・スイス・ファースト・ボストン
2001.12.2	**破産申告提出**	0	

歯に衣を着せぬ発言で知られる私の友人キース・カニンガムが、私の「ビジネス・マスタリー」講演で、エンロンの経営が行き詰まってきても、顧客の資産保護などまるで考えずに、エンロン株購入を勧め続けたブローカーを、こっぴどく批判した。

エンロンが倒産の危機に瀕《ひん》してもなお、恥知らずにも、ブローカーがエンロン株を勧め続けていたと聞いて、私は驚愕した。

エンロンは2001年3月（破産申告提出の9カ月前）に、「経済的に問題がある」と言い出したが、キースは、

「キャッシュ・フロー計算書を一目見たら、会社が利益をどう偽ろうと、現金が大量に流出していたことは一目瞭然だったのに、ウォール街の証券大手は、それでもエンロン株購入を勧め続けた」

と、1000人を超える観客に向かって叫んだ。

前ページの表は、エンロンが破産申告を提出するまでの9カ月間の証券大手によるエンロン株の格付け一覧表だ。**株価がゼロになる破産直前まで、「買い（BUY）」か「ホールド（HOLD）」の格付けが続いたことに注目してほしい。**

ブローカーからアドバイスを受けていると、遅かれ早かれ後悔することになると覚悟しなければならない。

神話5

「401(k)プランがあれば、老後は大丈夫」

「ベビー・ブーマー世代は、401(k)プランのモルモットだ」
ダグ・ウォレン(『シナジー効果』著者)

多くの発見・発明は善意から生まれる。

しかし、人間の強欲と創意により、本来の善意の目的とは全く違った形で利用されることも多い。たとえば、核融合は廉価な電力を都市に供給できるが、弾道ミサイルに積み込まれれば、都市全体を破壊する力も持つ。

確定拠出型の企業年金制度、401(k)プランも、その好例だ。正しく使われれば、老後の生活の安定を保証してくれるが、運用の仕方を誤ると経済的自由を得る機会が遠のいてしまう。

401(k)プランが、米国人の大半にとって退職後に使うお金を積み立てておく唯一の口座なので、この神話5は本書で一番重要な部分とも言える。

そこでここでは、401（k）プランに使われるのではなく、うまく使う方法を紹介しよう。

〈訳註　401（k）プランなど、確定拠出型年金〈Defined Contribution〉は訳語に「年金」という言葉が入っているが、「一時退職金」の意味合いが強い。老後、この401（k）口座、そしてIRA〈個人退職勘定〉の口座から毎年いくらずつ引き出して使っていくかは、全て個人の判断になる。米国人の老後資金は原則的には、公的年金である社会保険〈Social Security〉の月次支給額と、この401（k）口座、IRA口座からの引き出し額の合計となる。

一方、確定給付型年金〈Defined Benefit〉は、「毎月支給される年金」の意味合いが強い。今では極めて少数派となったが、公務員、教員、警察、消防士などの職種や、労働組合の強い業種ではまだ残っている。こうした職種では、国が運営する社会保険への参加資格がない。また、退職時にまとまった退職一時金の支給はないが、勤続年数に応じて、生きている間は一定額が毎月支給される。

会社が運用責任を負ってくれる日本と違い、確定拠出型年金が主流の米国では、運用責任も、老後の引き出し責任も個人が負うため、個人の投資・引き出し判断が老後の暮らしの質をより大きく左右することになる。何度も転職するのが普通で、一つの会社に長居したくない従業員と、長く勤務しない従業員の退職金・年金の投資運用リスクを負いたくない会社、双方のニーズに合わせた、米国社会の個人主義に合わせたシステムだと言える〉

■株価の高騰が続く最中に導入された401(k)プラン

1984年に創設された401(k)プランのおかげで、誰でも株式市場に参加できるようになった。米国資本主義の恩恵を受けられ、拠出金が所得控除の対象となるので、節税効果もある。

しかし、401(k)プランを「唯一の退職準備制度」とする意図は全くなかった。スタンフォード大学経済学部教授ジョン・ショーベンに電話で尋ねたところ、「所得のわずか3%を30年間、拠出しただけで、老後の30年間、退職前と同じ所得が手に入ると期待できるわけがない」という明快な答えが返ってきた。

この偉大な社会的実験が始まってから、わずか30年しか経っていないことも忘れてはいけない。歴史を振り返ると、元々は高給取りの重役が、よりお金を積み立てやすくするための抜け穴として始まった制度だったが、「伝統的な企業年金制度のコストを削減し、運用責任を全て従業員に転嫁したい」という企業の願いをかなえた形となったのが、401(k)プランだ。

もちろん、それまでの企業年金制度も完璧とは言えず、「転職すると年金がもらえなくなる」という短所があったことも事実だ。

401（k）プラン導入当時は市場は株価の高騰に湧き、従業員もこの「新しい責任」を大して気にとめていなかった。老後の所得を保証する退屈な従来の企業年金より、自分で株式投資をした方がずっと儲かると思ったのだろう。このため、株式市場に空前といえるほど多額の現金が流入し、株式取引は空前の活況を呈して、80〜90年代のブル（強気）市場をつくり出した。

何兆ドルという現金が市場に流れ込んだため、金融業界はそれまでになかった投資家争奪戦を始めた。株式市場は、株式を大衆に売って企業が資金を得る場所でも、超富裕層や洗練された投資家だけが資産を運用する場所でもなくなり、「誰もが使える貯蓄の場」と化した。

■投資決断の責任を100%、自分で取れるか？

401（k）プランは、その導入時には「自由」を意味した。高騰が続く株式市場で、「ただ運がよかっただけ」なのに「自分は優れた投資家」だと錯覚する人もいた。

ボストン大学で退職研究所長を務めるアリシア・マネル博士は、全米でもトップの退職研究者だ。私はアリシアと約2時間、大多数の米国人が直面する老後生活の危機について話し合った。

「生涯保証される確定給付型年金から、企業にとってはコストの安い確定拠出型年金である401（k）プランに移行した。従業員の投資決断権が強まるので、一見、個人への恩恵が増大するように見えた」

とアリシアは語った。

連邦準備銀行勤務の経験を持ち、大統領経済諮問委員会メンバーであるアリシアでさえ、大きなミスを犯した。ボストン連邦準備銀行に勤務したので、確定給付型年金の受給資格を得たが、財務省勤務時代の同僚から、「早期に引き出して自分で投資した方が、連邦準備銀行の年金より残高が増やせるはずだ」と言われ、全額引き出して自分で運用することにしたが、今は何も残っていないという。

投資決断の責任を100%取るのは、誰でも怖いものだ。

自分の大切な資産という船のキャプテンとして、仕事と家庭で忙しい中、投資知識を学び、多数の選択肢から投資先を選んで、自分の快適な老後に十分な額まで貯蓄を増やさなければならないのだから、大変な負担だ。

ニュースクール大学のテレサ・ギラドゥーチ教授が執筆し、『ニューヨーク・タイムズ』紙に掲載された「私たちのバカげた退職準備法」と題した記事を紹介しよう。これは私たちが直面する全ての困難をユーモラスにまとめたすばらしい内容だ。

「任意拠出制で投資配分も自分で決めなくてはならず、営利企業が運用する現行制度が、大きな失敗だと、まだ納得できない？

では、現行制度がうまく機能するために不可欠な以下のことを考えてみてほしい。

1　自分と配偶者がいつ病気で働けなくなるか、またはいつ集団解雇に遭うかを知る
2　いつ自分が死ぬかを知る
3　自分の所得の7％を貯蓄する
（25歳で始めずに、今55歳？　では、全所得の30％を貯蓄する）
4　毎年のインフレ率より3％高い収益率を上げる
（ベスト・ファンドを低価格で購入して、適切に資産配分すればいいから簡単！）
5　失業しても、健康に問題があっても、離婚しても、家を購入しても、子供が大学に入っても、お金を引き出してはいけない
6　老後資金の引き出しは、死ぬ当日に最後の1セントまで使い切るように、うまくタイミングを計る」

唯一の慰めは、金融業界や401（k）プランの実情を熟知していれば、何とかこの難局を乗り切れることだ。制度の裏表を知り尽くして、システムを自分に有利になるように動かそう。

■401(k)で「ゲームに勝つ確率」は？

ここで復習しよう。アクティブ運用ファンドの運用成績は、ほとんどが市場平均を下回る。

401（k）プランで選ぶことができる金融商品のラインナップは、アクティブ運用ファンド

に溢れている。ファンドの販売手数料や管理手数料は法外である。読者の年齢によって失う額は、1万ドル、2万5千ドル、10万ドル、と恐ろしい額に膨れ上がる。

金融機関、あるいは勤務している会社が提供する401(k)プランの中にあるファンドに投資すると、所得控除や税金繰り延べの恩恵はあるものの、多くの追加料金(最高17種類)が徴収される。だから、どんなプランに参加しても、401(k)プランのゲームに勝つ確率は、極めて低いか、ゼロに等しい。

ここで、いいニュースだ! 料金をできるだけ削ぎ落とした401(k)プランに加入すれば、向かい風を追い風に変えて、政府が与えてくれる恩恵を最大限活用して、貯蓄に弾みをつけることができる。

■アメリカの「ベスト401(k)プラン」? 証明しろ!

高い手数料がいかに資産を食い潰すかを悟った私は、自身の会社の人事部長に電話して、自社で採用している401(k)プランの詳細を説明させた。家族同然の従業員が高額な手数料のせいで資産を失っていないか知りたかったのだ。

すると、高額な手数料と費用がかかるファンドに溢れた、ある有名な会社の401(k)プランを使っている事実が判明した。このプランを売ったブローカーは、「低コストで妥当な一流のプラン」と太鼓判を押していた。ブローカーが乗るBMWのリース料を払うには、確かに妥当だったろう。

「もっとよい401（k）プランが絶対あるはず」と信じて、私は自社チームのスタッフに研究させた。ダメなプランを山ほど見てイラついたが、友人が「アメリカズ・ベスト・401（k）」を教えてくれた。

　私は「アメリカズ・ベスト・401（k）」の社長であるトム・ズガイナーを呼び出して、「名前通りのベスト・プランだということを証明しろ！」と迫った。


　会って5分話しただけで、トムが高額な手数料を取るダメな401（k）プランから従業員を解放することに情熱を燃やしていることは、はっきりとわかった。トムは401（k）業界を「一体、誰がどんな方法で料金を搾取しているか、誰も知らない闇の最大資産プール」と表現した後、こう付け加えた。

「トニー、401（k）業界は創設以来30年も経つのに、2012年になって初めて、運用会社が徴収する手数料を財務諸表に掲載する法的義務が課された。手数料が公表されても、従業員の半分以上が、自分が払う手数料の額を知らない。**401（k）プラン加入者の67%は『手数料を取られていない』と思っているのだから、開いた口が塞《ふさ》がらない**」

　私は、「トム、君の会社はどう違うのだ？　なぜ『全米1』と言い切れるのだ？」と、さらに迫った。一度ミスを犯しているだけに、また、私の決断が私の従業員たちに大きく影響するだけに、小熊を見守る親熊のような心境だった。

社長である私は「401（k）プランのスポンサー」であると同時に、従業員が不利益を被ることを防ぐ法的義務を負っているのだ（訳註　企業は通常、401（k）プランの運営費を払った上で、毎年規定に合致しているかのテストを実施し、その報告書を作成してIRS〈内国歳入庁〉に提出する義務がある。また、従業員の401（k）プランへの参加を奨励するため、通常、年給与総額の3％前後を会社が従業員拠出分にマッチして拠出する。さらに業務利益が想定以上に上がった場合、従業員に利益還元するため、利益の一定％を401（k）に追加で払い込むプロフィット・シェアリングを提供する会社もある）。

トムは言った。

「トニー、アメリカズ・ベスト・401（k）では、手数料が超低額のインデックスファンドしか認めていない。アクティブ運用ファンドについては、販売手数料は1セントも受け取っていない」

私はちょうどインデックスファンドの創始者であり、バンガード・グループの創業者であるジャック・ボーグルをインタビューしたばかりだった。ジャックによると、バンガード社は、通常ファンド会社が401（k）プランに採用されるためにお金を払う「ペイ・トゥ・プレイ」と呼ばれるキックバックには参加していない。

自社の商品が401（k）プランに採用されるため、ファンド会社の多くが多数のキックバックを払っているとしたら、**401（k）プランの選択肢は、必ずしも投資家にとってベスト**

の投資商品が揃っているわけではないことを意味する。多額のキックバックを提供するファンドが選ばれやすいからだ。

ファンド会社がこのコストを回収する方法は、もちろん高い手数料を取ることだ。運用成績がベストのファンドを選べないだけでなく、運用成績が悪いファンドに高い料金を払わされるのだ。

私がトムに、「他の費用はどうだ？　かかる費用を全て公開してほしい」と言うと、トムは個別料金の一覧表を私に渡しながら、「投資選択、投資管理、記録保持料金も含めた合計料金は、1年間に0・75％だ」と誇らしげに答えた。私は「たった0・75％？　本当に隠れた料金はないのか？」と聞き返した。

その時、それまで採用していた401（k）プランの管理費用や手数料は2・5％を超えていたが、0・75％（70％減少！）に下がった。前出の複利計算で考えると、従業員の将来の受け取り額が何十万ドル、いや何百万ドルも増えるので、私は大満足だった。

ブローカーの利益のために、高額な手数料がかかるプランに我慢していてはいけない。「401（k）プランの質は、含まれるファンドの質によって決まる」ことを忘れてはいけない。

神話 6

「ターゲット・デート・ファンド（TDF）を買えば、あとは何もしなくていい」

「TDFについては、毎日不安が募るばかりだ」ジャック・ボーグル（バンガード・グループ創業者）

自分の401（k）プランの中にリストアップされている金融商品が、どのようにして決まったか、読者は知っているだろうか。自分の配偶者や友人の働く会社の401（k）プランにリストアップされている商品と全く違う選択肢が並んでいるのは、なぜなのか。

その答えを知るキーワードは、**「常に金の流れを追え」**だ。

金融業界では、売上げの一定比率を販売会社に還元するキックバックが広範に行なわれている。ワトソン・タワー・コンサルティングによると、特定ファンドを401（k）の選択肢として載せるため、401（k）プランの約90％が現在、この料金をファンド運用会社に課している。この料金のせいで、401（k）の選択肢が限定され、ブローカーやファンド運用会社に有利なファンドばかりが並ぶことになる。

言い換えれば、401（k）プランで選べる金融商品は、ブローカーやファンド会社の利益が最大限になるように、注意深く選ばれているのだ。キックバック料金を払ったのだから、そのお金を回収するために利益を最大化したいと思うのは当然だ。

「ターゲット・デート・ファンド（TDF）」または「ライフサイクル・ファンド」と呼ばれるファンドは、401（k）プランの選択肢の中でも最も手数料が高く、最も大々的に宣伝される投資商品だ（例外は、バンガードの超低料金TDFだ）。

■なぜ、こんな〝滑りやすい坂道〟のような商品が人気なのか

TDFは、最も急成長している商品分野だ。

「退職予定の年を目標日に設定しているファンド（例：ゴールデンイヤー2035）を選べば、ファンド会社が自動的に資産配分を変えていきます！　退職年が近づくにつれて、資産配分は保守的になります」

というのが、TDFの典型的な宣伝文句だ。401（k）プランにこの選択肢があれば、加入者がこれを選ぶ確率は高い。

ではここで、TDFの実際の仕組みを説明しよう。退職する年が近づくにつれて資産配分を保守的にするため、「損益リスクの高い株式の比率を下げ、リスクの低い債券の比率を逆に上

げる」「ポートフォリオの安全着陸経路」をファンド・マネジャーが決める。業界に統一基準はなく、各マネジャーが独自に安全着陸経路を考案するので、私に言わせると**「滑りやすい坂道」**の方がふさわしい。

この「ポートフォリオの安全着陸経路」は、2つの大前提の上に立っている。それは、

1 債券は安全

2 株式と債券は逆の値動きをする（例：株価が下がれば、債券価格が上がる）

ということだ。ウォーレン・バフェットは「債券には、警告ラベルを貼るべきだ」と述べた。利率が上がると、債券価格が下がる傾向があるので、利率上昇時には債券中心のファンドは値を下げる。

一方で、「不況時には債券も株式と連動して値下がりする」という研究結果が数多く出ている。だから、株式と債券が必ずしも逆の値動きをするとは限らないのだ。実際、2008年の大不況では、株式と債券の両方ともが大きく値を下げた。

「TDFを買えば、あとは何もしなくていい」という宣伝文句は非常に魅力的だが、これは本当だろうか。

■TDFへの大きな誤解

投資コンサルティング会社エンヴェストメントが実施したアンケートでは、従業員がTDF

に対して大きな誤解をしていることが明らかになった。

◯「10年間で投資損益は出ないと思う」という回答：57％
◯「TDFの利回りは保証されていると思う」という回答：30％
◯「ターゲットの年が来たら、退職できると思う」という回答：62％

現在、何兆ドルもの資金がTDFに投資されているが、投資家の多くには将来、大きな驚きが待ち受けているだろう。

■投資信託業界が資金力にものを言わせた「研究結果」

ここで、TDFと通常の投資信託を比較した、非常に興味深い検証結果を紹介しよう。しかし、その前にこの調査を実施したデイビッド・バベルについて話そう。

バベルは世界銀行で働くのが夢だった。大学卒業後に応募したが、「次の6分野（経済学、経営学、財政学、食料・資源経済学、熱帯農業学、ラテンアメリカ研究学）のいずれかで修士以上の学位が必要」という理由で採用されなかった。「絶対、世界銀行で働きたい」と、その6分野の全てで、修士号、もしくは博士号を取得した。

そしてもう一度、世界銀行に応募したが、「米国が拠出金を減らしたから、米国人は採用しない」と言われて、非常に落胆した。

その後、新聞広告に応募して、カリフォルニア大学バークレー校の教授となった。ペンシルベニア大学ウォートン校に移籍して、財政学を教えた。債券ポートフォリオの損失リスクを下げる方法をテーマに執筆した論文がゴールドマン・サックス（GS）の目に止まり、教職を7年間休職して、GSの保険・リスク管理部長を務めた。この後、やっと世界銀行で働くチャンスが巡ってきたが、その他にも、財務省と連邦準備銀行にもアドバイスした。

また、バベルは労働省から「TDFは退職後用のお金を積み立てるファンドの中でベストか」を検証するよう依頼を受けた。

投資信託業界団体の投資会社協会が200万ドルの費用を出して実施された研究では、「TDFは、退職後用のお金を積み立てるファンドとしてはベスト」という結果がすでに出ていた。この時点で、TDFは単なる「投資コンセプト」に過ぎず、まだ具体的な商品にはなっていなかった。

バベルは2人の教授と共同で、TDFと安定成長ファンドを比較した。安定成長ファンドは超保守的で、損益を出さずにMMF（マネー・マーケット・ファンド。株式を組み込まず、国内外の公社債など短期金融商品で運用するオープン型投資信託）よりも2~3%高い利率を払う。

バベルによると、TDFの恩恵ばかりを故意に強調した投資信託業界の調査は、問題だらけだった。TDFの利益を実際よりよく見せるためのつくり話が多数ちりばめられていたという。たとえば、「株式と債券の値動きに相関関係はない」という前提で調査が行なわれていたが、これは間違いで、株式と債券はある程度、似た値動きをし、特に不況時には値動きが酷似してくる（2008年の大不況時の相関関係は80％だった）。

バベルのチームは、「現実と乖離《かいり》した研究結果」を数学的に解剖して、「現実よりTDFをよく見せるため」の業界団体の作為を暴露しようと準備していた。バベルが研究を発表した日、2つの研究結果を評価するため、労働省は経済学者たちを集めていた。彼らは、「バベルの研究は問題点を指摘したが、さらなるレビューが必要だ」という結論を出した。

労働長官は事前に研究結果に対する判断を下して、その直後に辞職した。すでにアポイントをとっていたバベルとのミーティングにすら出席しなかった。後にバベルは、「比較研究した後、どのような判断を下すのかは事前に決まっていた。投資信託業界がその財力にものを言わせ、自分たちに有利な結果を金で買った」という噂すら聞いたという。

2013年末には、401（k）加入者の41％がTDFを購入し、その総資産額は何兆ドルにも上った。バベルの研究結果を葬《ほうむ》るため、投資会社協会が費やした200万ドルは、安いものだっただろう。

2008年の利益率

株式比率

2010年に目標設定されたTDFファンド

ファンド	利益率	株式比率
アメリカン・ファンズTDR2010A	-27.45%	67%
コロンビア・リタイアメント2010A	-27.41%	65%
オッペンハイマー・トランジション2010A	-41.32%	65%
アライアンスバーン2010リタイアメント	-32.88%	62%
T・ロウ・プライス・リタイアメント	-26.71%	60%
ゴールドマン・サックスRS2010A	-30.78%	58%
メインステイ・リタイアメント2010A	-22.03%	56%
マスミューチュアル・セレクトDR2010A	-25.06%	55%
バンガード・ターゲットR2010	-20.67%	55%
ネーションワイド・デスティネーション2010A	-23.53%	53%
ブラックロック・ライフサイクル2010InvA	-25.29%	52%
リバーソース・リタイアメントプラス2010A	-27.38%	52%
TIAA-CREF ライフサイクル2010リタイア	-23.57%	52%
J・ハンコック ライフサイクル2010A	-29.81%	51%
フィデリティ・フリーダム2010	-25.32%	50%
フィデリティ・アドバイザー・フリーダム2010A	-26.61%	49%
プリンシパル・ライフタイム2010	-30.27%	47%
バンデージポイント・マイルストーン2010	-17.34%	44%
ハートフォード・ターゲットR2010A	-27.75%	42%
シュワブ・ターゲット2010	-23.69%	41%

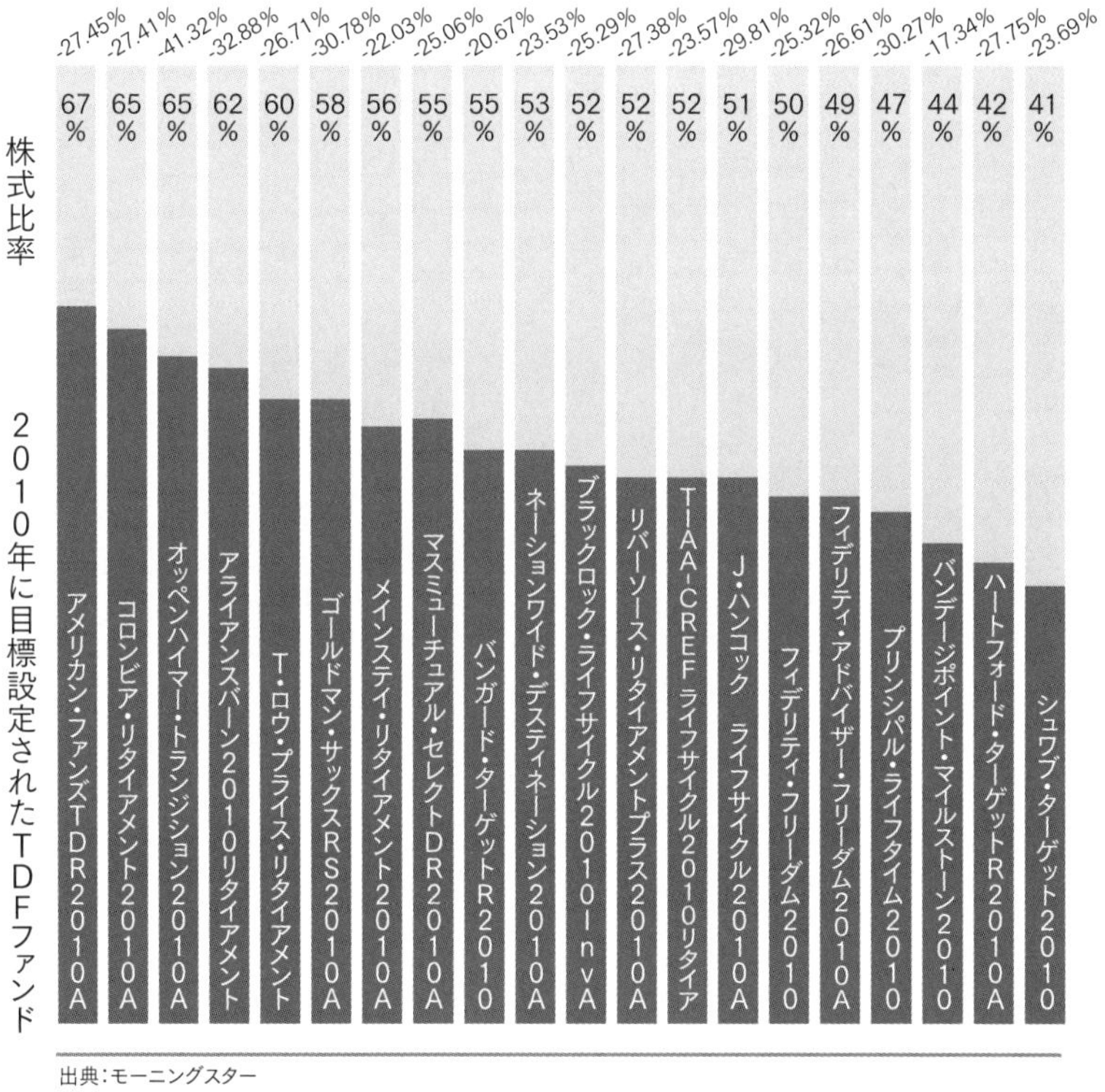

出典：モーニングスター

■被害を受けてからでは手遅れ

さて、2008年初めに、ある従業員が退職を間近に控えていたとしよう。40年以上、家族を養うために必死で働いてきて、退職後に自由時間が増えるのを楽しみにしていた。401(k)プランの残高はかなり高額だし、2010年のTDFの利益率も申し分なく、あと2年で退職だから、極めて保守的に投資されているものと信じきっていた。

何百万人もの退職後用のお金として積み立てられた金が一夜で消失し、退職の夢が破れる前は、多くの人が同じように思っていた。

前ページに載せた表は、TDFの上位20の銘柄と、心痛を覚えずにはいられない2008年の業績一覧表だ。

これらは全て、2010年に目標期日が設定されたTDFだ。一番保守的であるべき最後の2年なのに、ファンドによっては、債券などよりもリスクが大きい株式への投資比率が高いことに注目してほしい。

もちろん株式に資産の一部を投資すべきなのはわかるが、退職の2年前に積み立て金額がこんなに減ってしまっては、退職計画が台なしになってしまう。

私は退職問題について研究しているトップクラスの学者を何人かインタビューしたが、彼らがＴＤＦを支持したのには驚いた。

私がＴＤＦには問題があるのではないかと指摘すると、「ＴＤＦに問題があること」自体には反論しなかったが、ＴＤＦ開設以前に従業員が自分で資産配分をしていた時には、もっとんでもない決断をしていたことを指摘した。投資データを見ても、この点は明らかだった。

ジェフリー・ブラウン教授によると、「ＴＤＦ開設前を振り返ると、自社株にのみ投資している従業員が多かった」という。

経営破綻したエンロンでは、多くの従業員が退職後用に積み立てていたお金の１００％を自社株に投資していて、一夜にして全額を失ってしまった。また、４０１（ｋ）プランに15のファンドが選択肢としてあると、金額を15分の1ずつに分けて、平等に全ファンドに入れる従業員もいる（もちろん、よくない戦略だ）。

または、株価が下がった時に不安になり、株を全て安値で売り払い、現金のまま何年も保有するケースもあったという。一部を現金で保持すること自体は悪いことではないが、４０１（ｋ）プラン内で保有しているのは現金のみということになると、口座の維持管理手数料とインフレの両方で資産が目減りしてしまう。ブラウン教授の言うことは、確かにもっともだ。

もしＴＤＦの概念に魅力を感じるなら、バンガードが扱っているような低コストＴＤＦに投資することをブラウン教授は勧める。特に投資額が小さく、個人の資産状況がシンプルならば、投資助言者を雇う必要もないからだ。

しかし、TDFに投資することには乗り気ではなく、401（k）の選択肢の中に低コストのインデックスファンドがいくつかあるのなら、本書の後半で学ぶ資産配分モデルに従って、自分で配分することもできる。

以上、「TDFを買えば、あとは何もしなくてもいい」というもう1つの神話のウソを暴露し、論破した。「知らぬが仏」ではないのだ。個人資産においては、「知らぬは苦痛と貧困」なのだ。今まで学んだ知識を武器にして、「絶対に投資信託業界の餌食にはならない！」と叫んでほしい。

神話 7

「年金保険はひどい投資だ。君も嫌うべきだ」

「バーナンキFRB議長の昨年の最大資産は、年金保険2本だ」『USAトゥデイ』紙（2008年7月21日）

「年金保険は大嫌い！　君も嫌うべきだ」というオンライン広告を見つけた。「年金保険はひどい投資だから、長期間にわたる成長と安定を望むなら、株式や債券に投資する方がずっとマシ」と主張して無料レポートを配布する、よくある広告手法だ。もちろん、この広告主は、有料で株の選び方を教えるつもりだ。

アクティブ運用ファンドの長期の利回りが市場平均を下回ることは、すでに学んだ。シンプルなインデックスファンドの利回りより劣る上に、販売手数料や運用に関わる手数料は、インデックスファンドのそれと比べて法外に高い。

ところが、オンライン広告などの「宣伝」は非常に効果があるから、多くの人が法外な手数料を払ってアクティブ運用ファンドに投資してしまうのだ。

しかし、皆が年金保険を嫌っているわけではない。

金融界に一番強い影響力を持つFRBの元議長バーナンキが、「自身の個人資産には年金保険を活用している」と知り、私は非常に驚いた。バーナンキはFRB議長に就任する前に、投資ポートフォリオを公開しなければならなかった。その公開情報によると、株式、債券の保有額は比較的小さく、最大の投資先は、2つの年金保険だった。すぐに、「何か私の知らないことを、バーナンキは知っているのか?」という問いが頭に浮かんだ。

年金保険はベストな投資商品か、それとも保険会社や販売会社や仲介業者の利益になるだけか?

答えは、その商品の内容と保険会社が課す手数料によって大きく異なるので、もっと詳しく検証してみたい。

本書執筆中に、**老後の暮らしに十分なお金を生涯受け取るために最適な方法**を探して、何人もの専門家にインタビューした。神話6で述べたデイビッド・バベル教授の名前も、インタビュー者リストの上位に挙がった。

2013年初めにバベル教授は、「株式投資をすれば大儲けできる」というウォール街のアドバイスを無視し、自分がいかにして生涯続く所得プランをつくり出したかについて公表した。

それは、株式、債券投資のリスクを回避して、満期日を少しずつずらした即時開始型年金保険を何本か購入することだった。確定額が生涯支払われる、安全な所得プランだ。

年金保険は元本が100％保証されるため、2000年と2008年に株価が暴落した時にも、損失は全く出なかった。そのため、株価が暴落し、多くの人が心痛を感じていた時にも、心の平安を保ちながら、人生をエンジョイできたのだ。

バベル教授の戦略は、強力かつシンプルだった。特に「心配せずに暮らせる」点については、私は大いに感心して、年金保険（特定タイプに限られる）に対する見方が大きく変わった。バベル教授は、年金保険には数多くのタイプがあり、皆同じではない点を特に強調した。

「本当に憎むべき年金保険もあるが、よい商品と悪い商品を一緒くたに論じるのは、2000年以上の時を経てもまだ使われているファイナンシャル・ツールを見下すようなものだ」

■ローマ帝国時代にまで遡る年金保険の歴史

最初の年金保険は2000年前のローマ帝国に遡《さかのぼ》る。これは市民、兵士から徴収したお金から給付された。早世した人は何ももらえなかったが、長生きすれば給付額が増えた。

ラテン語の「アンヌア（Annua）」（年金）は、英語の「アニュアル（Annual）」（年1回の、毎年の）や「アニュイティ（Annuity）」（年金）の語源で、ローマ帝国では年に一度給付されたことから「年金」という名前がついた。

1600年代には、ヨーロッパで「トンチン年金」と呼ばれる年金制度が考案された（訳注 小口出資を広く募集して資金を集め、出資に対する利子相当額を毎年等額、支給する。出資者のメンバーが途中、死亡した場合、生存者でその等額を分ける）。

今でも基礎となる年金保険の概念、計算方法は同じだが、政府ではなく、民間の保険会社が運営するようになった。年金保険を運営する保険会社の多くは、世界大恐慌、不況、世界大戦、そして最近の信用危機といった荒波を乗り越え、100年以上も存続してきた。

ただし、年金保険のタイプには、特に注意が必要だ。

過去2000年間、続いてきたタイプの保険は、保険会社と契約者間のシンプルな契約だ。「契約者が契約時に保険会社に払った金額から、生きている間、保険会社は一定額または一定利率を払う」というものだ。

給付開始日を決めるのは契約者だ。長く待てば待つほど、給付額は増える。購入日に「給付予定表」がもらえるので、支給日がいつなら支給額はいくらになるかということが一目瞭然だ。

過去50年間で、これらとは違うタイプの年金保険がいくつも出現した。当然よいものもあれば、悪いものもある。そして、「悪い商品が、よい商品より多い」と言って、間違いない。

ジャック・ボーグルも、「基本的な年金保険の概念は推奨する。しかし、購入前にその内容を吟味すべきだ」と言っているが、絶対避けるべきタイプもある。

■「変動金利型」は絶対に避けたい

2012年には、1500億ドルを超える「利率変動型個人年金保険（VA）」が販売された。VAは、ブローカー（仲介業者）の歩合給が非常に高く、大手保険ブローカーから非常に好まれた。VAは一体どんな仕組みなのか？

簡単に言えば、元本を全部、投資信託に投資する保険商品だ（料金が高く、業績の劣る、あのアクティブ運用ファンドだ）。ただし、VAの包み紙にくるまった形で購入すると、401（k）口座やIRA口座（個人退職勘定）と同様の非課税措置が適用される。だから、「すでに401（k）とIRAの上限額まで拠出していて、さらに貯める余裕がある人には、VAが特に魅力的です！」という宣伝文句が生まれるのだ。

しかし、この保険を買うということは、インデックスファンドより業績の劣るアクティブ運用ファンドの高い手数料を負担することに加えて、保険関係の費用も払わされる羽目になる、ということだ。

では、VAの包み紙にくるまった投資信託のどこに魅力があるのか？　それは、たとえ口座残高が目減りしたとしても、最低でも元金100％が相続人に支払われることが保証されている点だ。

たとえば、元金を10万ドル払い込んだが、その後ファンドの残高が2万ドル値下がりしたとする。それでも契約者死亡時には、相続人は10万ドルを受け取れるのだ。

これだけ聞くと悪い話ではないような気もする。しかし、実際には**料金が一番高い生命保険商品を買った**のと同じなのだ。

神話2で、「アクティブ運用ファンドには、年間平均で約3・17％の手数料や費用がかかる」と述べた。これは、10万ドルに対して年間3100ドルだ。VAを購入すると、もちろん、これだけでは済まない。追加で保険会社に死亡リスク経費（年金保険や保険商品の契約書に明記される数多くのリスクに対して保険会社に支払う料金の一種）を平均1・35％、管理経費として平均0・25％（範囲0・10〜0・50％）を払うことになる。

3・17％にこの2つを加えると、合計は4・7％となる。つまり、10万ドルのうち4700ドルが料金として取られるのだ。

言い換えると、ファンド利率がたとえ4・7％でも、残高は全く増えないのだ。

「投資益の非課税措置を受けるため」という名目で、こんなに余分な料金を払っては、元も子もない。

VA購入者は損失を被るケースがほとんどだが、「契約者死亡時に、最低でも元金に相当する死亡保険金が支払われる」という保証のため、キャンセルして元金を引き出すのをためらう。

また、解約すると通常、高額の早期解約金を取られる。

私が話をした専門家が勧めたのは、節税効果をねらって購入するために考慮する価値がある年金保険は、バンガードとTIAA－CREF（全米教職員退職年金基金）の2つだけだった。両方とも低コストなインデックスファンドから選択する低コストVAで、購入時の歩合給もなければ、早期解約時の解約金もない。

さて、次に、「大きなリスクなしに、大きな利益は上げられない」という神話について述べていこう。

神話 8

「大きなリスクなしに、大きな利益は上げられない」

「徹底した分析に基づく投資は、元金保全と十分な利益を約束する。この基準に満たない投資は投機的だ」

ベンジャミン・グレアム（『賢明なる投資家』著者）

「起業家は高リスクに耐えられそうに見えるが、私の人生で最も重要な言葉は『下落リスクに備える』だ」

リチャード・ブランソン（ヴァージン・アトランティック航空創業者）

私の友人リチャード・ブランソンは１９８４年に、「ブリティッシュ・エアウェイズを含む、どの航空大手ライバルにも必ず勝てる」と信じて、ヴァージン・アトランティック航空を創業した。それは大きな賭けに見えた。

賢い投資家であるリチャードは、ホームランを打つことよりも失敗のリスクを軽減することに心を砕いた。最初に購入した飛行機５機について、「もし事業がうまくいかなかったら、そのまま返還でき、購入費が全額還付される」という約束を取り付けた。

これにより、たとえ事業が失敗しても損失は出ないが、成功すれば大儲けできることになる。もちろん、リチャードは大成功を収めた。

ビジネスでも投資でも、「大きな賭けに出ないと、大儲けはできない」とよく聞く。これは「もし経済的自由が欲しければ、自分の自由を賭けなければならない」と言っているのと同じだ。

しかし、真理からこれほど外れた言葉はない。成功する投資家の共通点は、「自分の稼ぎを投機的に投資するのではなく、戦略的に投資する」ことだ。

ウォーレン・バフェットの投資の原則は、「ルール1：金を失わない」「ルール2：ルール1に従う」だ。ヘッジファンド・マネジャーでも起業家でも、億万長者のインサイダー（事情通）は例外なく、**「最小リスクで、最大報酬を得る」チャンスを探す**のだ。

この「最小リスクで、最大報酬を得る」投資のわかりやすい例が、最新テクノロジーを駆使した超高速・高頻度の株式取引（HFT）だ。株式取引全体の70％を占めるHFTの「リスク／報酬」比率はどのくらいだと思うか？

HFT業界大手のヴァーチュ・ファイナンシャルが、株式上場に備えて公開したビジネスモデルと利益率によると、過去5年間で損失が出た日は、たった1日しかなかった。1000日以上のうち、たった1日だけだ。

「3000万ドルを2年間で20億ドルにした男」の投資法

私の友人で、ヘッジファンド投資家のJ・カイル・バスは、3000万ドルをたった2年間で20億ドルに増やしたことで有名だ。こんな巨額の利益を上げたのは、きっと大きな賭けに出たからだと考えるのが普通だが、決してそんなことはない。カイルは「際限なく膨れ上がった不動産バブルがいつ破裂するか」を、綿密な計算に基づいて予測しただけだ。

住宅ローン不適格者でも、頭金も収入証明もなしに簡単にローンが組め、住宅を買い漁《あさ》っていた時のことを覚えているだろうか。金融機関は住宅ローンをまとめて債券化し、その仕組みを知らない投資家に売れると知っていたから、誰にでも住宅ローンを貸し出した。

この枠組みの外にいたカイルにとって、不動産バブルがはじけるのを予測することは簡単だった。

カイルが優秀なのは、1ドルの儲けを得るのに、わずか3セントしか賭けなかったことだ。まさに、「最小リスクで最大報酬を得る」だ。

最近カイルと話した時に、「最小リスク／最大報酬」の別の事例を教えてくれた。元金の95%が保証され、投資先の企業が株式上場すれば、利益に上限はない。もし上場しない場合でも、損失は5%に限られる。他の偉大な投資家と同様に、カイルは最小リスクで最大報酬を得る。損失リスクを減らさずに大きな賭けに出るのが、大失敗の原因だ。

■リスクゼロで36%の利益を上げる方法

「読者に『最小リスクで最大報酬を得る』という考えを理解させるには、どうしたらいいか?」

と私が電話で聞くと、カイルは、こう答えた。

「僕が息子2人に教えた時には、ニッケル（5セント硬貨）を買った」

5セント玉？？？　自分の耳が信じられずに聞き返すと、

「そう、ニッケルだ。シャワーを浴びながら『ゼロ・リスクで儲けられる投資はあるか？』と考えていたら、ふと思いついた」

という。

ほとんどの専門家は、こんなことは絶対に考えつかない。**「ゼロ・リスクで儲かる投資」**という概念自体が、矛盾をはらんでいるからだ。しかし、カイルのようなインサイダー（事情通）は、常識にとらわれずに考え、少額でも、膨大な利益をもたらす投資をいつも探しているのだ。


投資業界の巨人が自腹を切って購入したのは、なんと現金だった。それも、5セント硬貨を200万ドル分（小部屋一杯分）も買い込んだのだ。

ニッケル（金属）の価値は日々変動する。しかし、カイルは、こう言った。

「トニー、ニッケルを溶かして金属にすると、その価値は6・8セントで、36％増だ」

5セント硬貨の製造に、アメリカ政府は約9セント（原材料費＋製造費）も費やしていると は、信じ難い！　国会がいつかこの非効率に気づけば、ニッケルの原料比率は必ず変更される。鉄かスズ製になるかもしれない。

1980年の初めに、ペニー（1セント硬貨）の原料である銅の価格が上がった時に、実際に原料比率が変更された。1909年から1982年までに製造されたペニーは95%が銅だったが、現在はほとんどが亜鉛で、銅はわずか2・5%しか含まれていない。そして旧ペニーは、現在2セントの価値（溶かした金属としての価値ではなく、コレクションとしての価値）がある。

つまり、額面が2倍になったことになる。旧ペニーに投資していれば、溶かす必要もなく、ゼロ・リスクで元金が2倍になった。この話を初めて聞いた時はトリックに聞こえたが、カイルは真剣だった。

「もしボタンを押すだけで、自分の現金資産が全部ニッケルに変わるなら、今すぐにでもそうする。造幣局がいくら紙幣を印刷しても、ニッケルの価値は絶対5セント以下には下がらない」

そして、ニッケルを溶かして金属にすれば、その価値は36%値上がりするが、将来ニッケルの原料比率がさらに変更されたら、ペニーのようにコレクター用として価値が2倍になる日も来るかもしれない。

カイルは、

「**リスクゼロで、36%もの利益を上げる投資が他にあるか？** たとえ間違っても、元金を失うことはない！　硬貨を溶かすことは違法だが、ニッケルを溶かす必要もない。原料比率が変われば、旧ニッケルは流通しなくなるので、希少価値が出る」

と熱狂的に語った。言うまでもなく、カイルの息子2人は投資レッスンを受けると同時に、ニッケルの詰まった箱を倉庫に積み重ねるエクササイズもした！

■自己資産を無謀に賭けたくない投資家がしていること

読者は「自由に使える資金が何十億ドルもあるカイル・バスならできるが、自分には当てはまらない。一般投資家が、元本を失うリスクはゼロで利益の上がる投資など、できやしない」と考えるかもしれない。しかし、そんなことはない！

これと同じく想像力の産物が、超高速・高頻度の株式取引（ＨＦＴ）だ。わずか10年間で株式取引を支配する勢力にのし上がった。

２００８年の株価暴落後、投資家が株式への投資を躊躇した時、大手銀行が**「元金を失わずに、利益の一部を得られる」一般投資家向けの創造的な商品**を開発した。「もし株価が上がって利益が出れば、その大部分を入手できる。万一、株価が暴落しても、元金は１００％保証する」と最大手銀行の１行が発行した証書を、私が実際に所有していることを知らせたい。

投資家の多くは「大きなリスクを負い、株式市場の値動きに耐え得る強靭な神経なしには、資産を増やすことはできない」と考えるが、これは真実ではない。

「元金は100％保証され、もし株価が上がって利益が出れば、その大部分を入手できる」といった商品に投資するというのは、株式市場の激しい荒波にもまれ、沈みそうな船に乗った投資家を横目で見ながら、安全な港に停泊している船に乗っているようなものだ。そして、この安全な港に停泊する船を所有するのは、自己資産を無謀に賭けたくない上位1％の富裕層のインサイダー（事情通）なのだ。そして上位0・001％に属さなくても、最富裕層と同じ戦略を使えるのだ。

ここで強調したかったのは、「いいとこ取りが可能」ということだ。そして、インサイダーは常に低リスク、高利回り商品を探しているのだ。

インサイダーは無力ではないし、一般投資家も決して無力ではない。人生では、我慢できる限界が現実となる。さあ、我慢の限界をもっと引き上げよう。

いよいよ次では、「最後の神話」を打破する。これは、誰かから押し付けられた神話ではなく、自分で勝手にそうと思い込んでいる神話だ。過去に行動を起こせなかったのは、この神話のせいだ。自分で自分に言い聞かせているウソを暴露して、自分の限界を打破しよう。

神話 9

「自分に言い聞かせるウソ」

「真実を探し求めれば、道が見つかる」フランク・スローター（小説家）

ここまで、大企業の利益のために何年もかけて宣伝され、投資家に犠牲を強いてきた投資の神話を全て検証してきた。読者はショックを受けると同時に、力が湧いてくるのを感じただろう。成功するにはどうしたらいいか、何を避けるべきかがわかったと思う。

しかし、打破すべき「最後の神話」がまだ残っている。それは「自分が成功できない、成長できないのは、自分がコントロールできない他人、物事のせいだ」「お金や投資といった分野をマスターする能力が、自分にはない」という神話だ。

あなたの進歩を阻んでいるのは、実は人から押し付けられた制約ではなく、自分で自分を束縛する思考や信条だ。どんなに成功していても、個人的、職業的、感情的、スピリチュアル的にどんなに高いレベルに達していても、常に「もっと上のレベル」が存在する。さらなる高みに進むには、自分自身と正直に向き合い、潜在的恐怖感に直面しなければならない。

誰もが何らかの失敗を恐れている。「自分では力不足」と恐れる時が誰にでもある。すべきことがわかっていても、恐怖感がその実行を妨げる。そして、自分の恐怖感と直面する代わりに、ストーリーを考えつく。夢を実現できない理由、賢くない理由、金持ちになれない理由、やせられない理由、人を愛せない理由、人から愛されない理由と、ストーリーを挙げ出したらキリがない。

しかし、本当に「やる覚悟」を決めれば、技術は必ず身につけられる。「これをマスターするのは困難で不可能」という心理的制約を克服すれば、技術は必ず体得できる。

1章の3（76ページ）では、「自分の睡眠中でも金を儲け続けるマネー・マシンをつくるため、貯蓄額を具体的に決める」という人生最大の経済的決断を下した。そして、貯蓄の足を引っ張るような投資の神話を順に検証してきた。最後に残った障害は、自分自身への言い訳、自分に課した制約、そして自分の恐怖心だ。つまり、直接向き合うべき最後の障害は「自分自身」なのだ。

過去38年間、私が情熱を持って取り組んできたのは、「現状を打破して、理想の自分に近づく」のを助けることだった。**「現状にブレイクスルー（突破口）を見出す」手助けをすることに、私は全人生を賭けてきた。**現状を打破するステップを複雑に考える人が多いが、私は長期的な成功と失敗を分ける要素は、わずか3つしかないことに気づいた。

■これが「不可能」が「可能」に変わる瞬間

ブレイクスルーとは「不可能が可能に変わる瞬間」だ。

理想を語るだけでなく、その実現のために、どんな努力も惜しまず、自分の世界を真に改革する行動を起こすことだ。

不満、怒り、ストレスは、ブレイクスルーのきっかけとなることが多い。

「もう堪忍袋の緒が切れた！」と我慢の限界に達するか、インスピレーションが湧くかする。健康、富、人間関係に恵まれ、人生を謳歌する人に出会い、「自分だって、この人と同じくらい頭がいいのだから、人生を変える方法を見つける」と決心する。

すると、今までの人生では満足できなくなり、もう元には戻れなくなる。過去と決別し、新しいゴールを目指してより高い新基準を設定すれば、何でも達成できる。

「変わるのに10年かかった」と言う人は多い。しかし実際のところ、その変化は「一瞬で起こった」というのが真実だ。心の準備ができるまでに10年かかったかもしれないが、人生のブレイクスルーは一瞬にして起こる。

仕事であれ、人間関係であれ、肥満であれ、何年も惨めに苦しんできたことに対して、ある日突然「もう、限界だ！　もう、やめた！」と叫ぶ。1日でも1時間でもなく、この一瞬で人生が大きく変わるのだ。

お互いに不満を感じながら、恋人と別れずに交際し続けたことがあるか？　別れようとは思うが、別れた後の不安と1人になる恐怖感を覚えて考え直す。将来の不安と孤独が怖くて、現状に妥協してしまう。

今の悩みが何であれ、似たような経験があるはずだ。禁煙にやっと成功する。惨めな仕事を辞め、起業する。うまくいかない恋人とキッパリ別れる。減量のためにエクササイズを始める……など。

ブレイクスルーは自分で起こすものだ。

自分には人生を変える力がある。惨めな現状がどれだけ長く続いていたとしても、「真の決断」を下せば、全てを一瞬で変えられる。

自分には人生を変える力があると気づくことこそ、ブレイクスルーであり、私は読者が人生を変える決断を下すのを待っている。

■ブレイクスルーをつくり出す3ステップ

人生のどの分野であれ、ブレイクスルーをつくり出すには、次の3ステップが必要だ。

1　戦略を変える
2　ストーリーを変える
3　状況を変える

以下、ステップごとに詳しく論じていこう。

①戦略を変える…世界最強の投資家の戦略をマネする

本書の読者は、自身のお金、資産をうまく管理する戦略、答えを探している。そして私は、人々の生活の質を即座に向上させる戦略とツールを見つけることに、これまで38年間を費やしてきた。世界100カ国5000万人以上の人々にインパクトを与え、成功を収められたのは、ブレイクスルーに素早く導いてくれる「シンプルな戦略」を常に探し求めてきたからだ。

結果を出す一番手っ取り早い方法は、すでに目標を達成した上、その成功を長く維持している人を見つけ、その行動をマネすることだと信じている。

貧困家庭に育ちながら、自分で築き上げた資産を長く維持した人に出会ったら、その人が用いてきた戦略を学ぶのだ。その人物は運がよかったのではなく、「人と違うこと」をしてきたに違いないのだ。

優秀な人間を追い求めてきた私は、実績に裏打ちされた「業界のベスト人材」に話を聞くことにしている。

「成功は手がかりを残す」という私の言葉には、「業界ベストの人と同じ種を蒔けば、同じ果実が実る」という真実が凝縮されている。そして、本書はベスト投資家の戦略が満載だ。

正しい戦略を用いると、何より大切な時間が節約できる、実績に裏打ちされた正しい戦略を用いれば、何十年も時間をかけずに、それこそ何日かで望む結果が出せる。試行錯誤しながら学ぶフラストレーションも避けられる。

本書に掲載されているマネー戦略は、「市場最強の投資家たちの戦略」だから、**「世界最強のマネー戦略」**と言っても過言ではない。

多くの人は「まだ成功していない人」にアドバイスを求めることが多い。しかし、それは恋愛が長続きしない友人から恋愛についてアドバイスをもらったり、減量できない友人から健康についてアドバイスをもらったりするようなものだ。

お金についてのアドバイスでも、同じことが言える。まだ金持ちではない人のアドバイスを聞いても、金持ちにはなれない。「結局、金持ちになる戦略など、存在しない」というネガティブ思考が補強されるだけだ。

②ストーリーを変える…人生は〝解釈〟次第で、もっとすばらしくなる

ブレイクスルーを生み出す2つめのステップは、「ストーリーの力」を打破することだ。

多くの人は、「妻は絶対満足しない」「減量なんて絶対無理」「金儲けできるのは、金持ちだけ」と、言い訳ストーリーを持っている。この制限的ストーリーにとらわれると、「正しい戦略が見つけられない、見つけても実行に移せない」というジレンマに陥る。

たとえば、今時、「ダイエットの正しい戦略」などは簡単に手に入る。減量したければ、近所にあるジムに通ってもいいし、ウェブ上には無料の減量情報が溢れているし、本も多数出版されている。それこそ意図的に避けない限り、減量戦略に包囲されていると言ってもいいくらいだ。

では、なぜ実行に移せないのか。この謎を解くために、人間心理（人間を駆り立てる価値観、信条、感情）について、もっと学ぶ必要がある。

正しい戦略が目の前にあっても、実行に移せない唯一の理由は、「人にはできても、自分にはできない」という制限的な信条を信じ込んでいるからだ。

「自分にはできない、何事もうまくいかない」というネガティブな信条を持っていては、力を奪われ、人生にはさらに悪循環が続いていく。

ところが、物事を変え、目標を達成できる人は、「できないから、やらない」という力を奪うストーリーを、「できるから、やる」という力をくれるストーリーに変えて、正しい戦略を実行する。

自分を制限するストーリーから、「できない多数派ではなく、できる少数派に私は属する」という、力をくれるストーリーに書き換えるのだ。

私の人生にも、17キロも太りすぎていた時があった。その頃は、「骨太だから」というストーリーを繰り返していた。確かに骨太ではあったが、太っていたのは事実だ。しかし、変化の妨げになるようなストーリーは即刻、書き換えなければならない。

誰にでも、言い訳ストーリーがある。「収入が少ない」「これ以上、貯蓄できない」「失読症だから、本は絶対読まない」。

ヴァージン・アトランティック航空社長で、私の友人でもあるリチャード・ブランソンは失読症だが、これを人生を制限する言い訳に使ったことはない。なぜか？　彼のストーリーと信条は「自分は失読症だから、目標達成に人一倍努力するだけの覚悟がある」という自分に力を与えるものだからだ。

自分がストーリーを使うか、ストーリーに自分が使われるかのどちらかだ。

見つけようと思えば誰でも、力をくれるストーリーを見つけられる。ストーリーを変えれば、人生の短所ではなく、人生の長所を見つけられる。誰にでも必ずストーリーがある。そのストーリーが感情をコントロールして、感情が行動を駆り立てるのだ。

ここで聞きたいことがある。お金の心配があるか？　自動車ローンや子供の学費を払えるかと心配で、夜眠れないことがあるか？　老後の蓄えが十分にできるか心配か？　経済的なストレスを感じているか？　米国公認会計士協会のアンケートによると、「高レベルの経済ストレスを感じる」と答えた人の割合は、44％に上ったという。

スタンフォード大学で健康心理学を研究するケリー・マクゴニガル教授は、ストレスが健康に与える悪影響に警告を発し続けてきた。しかし、ある時、「自分が出した警告」の方が「ストレスそのもの」よりも健康に強い悪影響を与えていることに、気づいた。

「ストレスは能力を強化できる刺激なのに、病気の原因に置き換えてしまった」とマクゴニガルは語った。この思考のブレイクスルーと新しい強力なリサーチを基に、彼女は自分の主張を180度転換した。

ストレスは、自分を強化する材料にもなり得る。筋力トレーニングで筋肉に物理的ストレスをかけて強化するのと同様に、感情的ストレスも人を精神的にタフにする。

マクゴニガル教授は「ストレスの意味を変えると、体の反応が文字通り変わる」と強調する。8年間の追跡調査で、「大きなストレスは健康に有害」と信じる人が大きなストレスを経験した場合、死亡率は43％上昇した。

ところが、同じレベルのストレスを経験しても、「ストレスは健康に無害」と信じる人の死亡率には、全く変化がなかった。

ストレスの物理的徴候（例：動悸《どうき》、呼吸促迫、冷や汗をかく）は必ずしも、不安やストレスに対応しきれない徴候とは限らない。逆に「次の障害を乗り越えやすくするために体が興奮しているだけ」と解釈することもできるのだ。

では、お金に関して、読者はどんなストーリーを自分に言い聞かせてきただろうか。

貯蓄を始めるには早すぎる、投資を始めるには遅すぎる、貯金をするほど収入がない、金持ちばかり優遇されるから、投資を試す価値はない、自分は数字に弱い……など。

また、「金儲けには、大きな資金が必要」というストーリーを信じているかもしれない。

本書の初期原稿を読んでもらった友人の女性は、「巨額収入を得る道がなければ、経済的自由は手に入らない。初めから金持ちなら何百万ドルも儲けられるけれど、自分には無理だ」と信じ切っていた。

ところが、80ページで紹介した「年収1万4000ドルしかなかったセオドア・ジョンソンが賢く投資して、7000万ドルまで資産を増やした」という話を読んだ時点で、彼女は自分のストーリーを潔く捨てた。セオドアは運がよかったのではない。極めてシンプルなシステムを使っただけだった。

彼女の新しいストーリーは、誰でも使える。「複利運用のシンプルなシステムを使えば、金儲けができる。行きたい場所にはどこへでも行けるし、やりたいことは何でもできる経済的自由を手に入れられる。自分に課す自己制約以外に制約はない」というストーリーだ。

私自身の経済的ブレイクスルーも、ストーリーを変えたことがきっかけだった。貧しい家庭で育った私は、「お金がない＝家族の苦痛」という連想をつくり上げた。また「経済的に成功するまで、子供はつくらない。経済的に成功して、自分が経験した子供時代の惨めな思いを自分の家族には絶対させない」と自分に誓った。

そして18歳になった時には、月額最高1万ドルの収入を得たが、こんな大金を手にして非常に興奮した私は、昔からの夢だった「エジプトに行って、ピラミッドの間をラクダで競走しよう」と、子供時代の友人を誘った。

ところが、友人からは「急に金持ちになったからって、見せびらかすなよ」と冷たく言い放たれ、大きなショックを受けた。自分の富を見せびらかしたいわけではなく、ただ一緒に冒険の旅に出たかっただけだ。

ここで、自分の信条を再評価して、「金儲けはいいが、あまり儲けすぎると、周囲から嫌われる」という新しいストーリーをつくった。その後、ビジネスも人生も、ある程度はうまくいったが、自分の収入は大して伸びなかった。

その後、「こんなバカな話はない。自分の知性を拡大できるなら、もちろん、そうすべきだ。もっと愛を広められるなら、もちろん、そうすべきだ。もっと稼いで自分の富を増やせるなら、増やすべきだ」と考えるようになった。

ところが、お金の話題になると、なぜか戸惑いが生じた。最初、その理由がわからなかったが、心の奥底では真実を知っていた。

「自分が金持ちになったら、人から嫌われる」という無意識の強い恐怖感があったのだ。

私は「皆から好かれたい」という気持ちが非常に強く、無意識に大成功はしないように控えていたのだ。多くの人と同じく、「お金は人生の本質ではない」と自分に言い聞かせていた。

しかし、こんなクレイジーな考えはない。真の金持ちは「築いた富を維持していく唯一の方法は、自分より人のために善行を積むこと」という事実を知っている。人の人生をよりよくできれば、自分の人生も自然とよくなる。お金は天からの恵みの1つに過ぎず、自由と豊穣の別な形なのだ。

お金とは、自分が世間に貢献したことへの見返りに過ぎない。

多くの人々の「人生の価値」を高めれば、その見返りとして巨額の富に恵まれるのだ。私は常人の枠に無理やり自分をはめ込もうとするバカらしさに気づき、そんな生き方に嫌気がさした。

経済的に成功すると、周囲から「トップ1%」と見なされる。貧しい家庭で育った私には、「トップ1%」は憧れの的だった。

そして、周囲から孤立しないためだけに、「残り99%」に留まるのは無意味だ。自分が大金持ちにならないのを、人のせいにするのはやめた。自分を束縛する経済的ストーリーを変えなければならなかった。人から好かれるためだけに、自分の能力を隠し、適当なレベルで妥協することを拒否した。

こうした信条の変化によって、今まで見えなかった戦略が私の目の前に姿を現わした。きっと常に目の前にあったのに、私の頑固なストーリーのため、見えなかっただけだろう。

ストーリーを変えれば、人生が変わる。自分を制限するストーリーは捨てて、本当のストーリーを見つければ、全てが変わる。自分を制限するストーリーを捨てて、全身全霊で行動を起こし、効果的戦略を見つければ、奇跡的な結果が出せる。

③状況を変える…肉体の状態を変えれば、精神の状態も変わる

惨めな状況にいる時、ストーリーを変えるのは難しい。今までに、誰かに腹を立てて、その人の欠点を逐一思い出したことがあるか？　怒っていると、脳にスイッチが入り、もっと怒るようなことばかり思い出してしまうものだ。

逆に、誰かと恋に落ちて、世界がバラ色に見えたことはないか。不親切な店員も気にならないし、泣きわめく赤ん坊も可愛く見える。

自分の精神や感情がどんな状態にあるかで、人生で経験すること、人生の解釈が大きく変わる。

相手が誰であれ、私は**相手の状況を最初に変える。**精神のスイッチが入れば、何でも達成で

きる。逆にスイッチが切れていると、何もできない。

本書の目的は、自分の精神や感情の状態を変える方法を教えることではない（この目的に関しては、私の他の著書を読んでほしい）。ただ、自分の精神状況を変えるには、**まず肉体の状態を変えるのが手っ取り早い。**

一番簡単な方法は生理状態を変えることだ。

呼吸法、動作、話し方を使って感情をコントロールする方法を習得すれば、瞬時に自分の精神状況を変えられる。私はこの方法を使って過去40年間に、スポーツ選手や投資トレーダー、ビジネス界や政界のリーダーたちの指導に当たってきた。

昨年、ハーバード大学の研究で、このアプローチの有効性が科学的に証明された。

ハーバード大学社会心理学教授エイミー・カディが２０１２年に、「ボディランゲージが人を作る」という題の有名なＴＥＤ講演で、聴衆に２分間、パワーポーズ（例：両手を腰に置いて胸を張るポーズ、手を頭の後ろで組んで椅子に寄りかかるポーズ）を取ってくれるように頼んだ。

すると、それだけで、体内のホルモン分泌が変わることが証明されたのだ。

テストステロン（男性ホルモン）が20％上がると同時に、コルチゾル（ストレス・ホルモン）が25％下がった。たった2分間姿勢を変えるだけでホルモン分泌が変わり、恐怖感が減少し、リスクを取る自信が強まった。「パワー・ポーズ」を取った被験者の86%が「リスクを取る自信がある」と答えた。

一方、「無力ポーズ（例：手足をきつく組む）」を取るよう指示された被験者では、テストステロンが10%下がり、コルチゾルが15%上がった。無力ポーズグループでは「リスクを取る自信がある」と答えたのは、わずか60%だった。

私が38年間教えてきたことが、この実験により科学的に証明されたのだ。

人は、変われる。偉そうに歩いて、大きな賭けに出て、自分の世界を変革すればいい。たった2分間、あるポーズを取ることで脳が変化し、自信をつけることも、逆にストレスに負けることもある。肉体を変えれば、考え方が変わるのだ。

いくら優れた戦略が周囲に溢れていても、自分が強い決意を持ち、実行に移す状況になければ、戦略は全く見えてこない。

精神と肉体が高揚していれば、「自分は実現できる、実現しなければならない、そして絶対実現する」というストーリーと信条が自動的に生み出される。

すると、効果のある戦略を見つけられ、それを実行に移せば、自分の望む結果を得られる。

「現実」が「理想」を下回っているのであれば、「戦略」か、「ストーリー」か、「精神と肉体の状態」の3要素のうちのいずれかを変える時だ。

自分の「我慢の限界」が現実となるのだから、言い訳や恐怖感、過去の制約的信条にとらわれていてはいけない。自分の肉体を高揚状態に持っていき、強固な意志力、決断力、実行力を身につけるのだ。「夢の実現を阻む障害は、絶対乗り越えられる」と信じて、どんな障害にも立ち向かうこと。そして、何事も厭わぬ大きな行動に出て、自分の歴史を書き換えるのだ。

多数派で満足せず、少数派エリートの一員になる時が来た。努力を惜しまず、経済面も含めて、自分の能力を人生の全分野で開花させてほしい。

高い理想を持ってスタートしても、途中で挫折してしまい、真の能力以下のライフスタイルで妥協して、人生を諦めてしまう人が多い。

目標を高く掲げれば、確かに失望は避けられない。しかし、**失望を飛躍台にして、新しい答えを見つけ出すのだ。**失敗から学ぶことを忘れなければ、必ず成功できる。

以上、読者をこれまで束縛してきた「9つの神話」の全てをめでたく打破できた。

次の章では、具体的な数字（経済的理想を実現するための数字）を挙げながら、投資ゲームに勝つ確率を上げて経済的な夢を早く実現させる方法を考えていく。

3

自分の夢の「実現コスト」はいくらか？

──勝つ可能性のあるゲームにする

MONEY
MASTER
THE GAME

1

「経済的自由」を手にするために必要な金額

「誰でも夢を見るが、夢の大きさは同じではない」
トーマス・エドワード・ロレンス（英国軍人・考古学者）

私は通常、私のファイナンシャル・セミナーを「夢の実現コストはいくらか？」という質問で始める。その後、経済的安定、経済的自立、経済的自由を手にするためのコストを、受講者の何人かに答えてもらう。

答えがわからずにもじもじする人が多いが、手を挙げる人も数人いる。何百回ものセミナーで、全ての階層の何十万人もの出席者の答えを聞いてきた。

ここで、読者に尋ねたい。経済的安定、経済的自立、経済的自由を実現するためには、一体いくらかかるだろうか。別に正解でなくていいから、推測してほしい。100万ドル？　500万ドル？　5億ドル？　自分の直観を信じて、今思いつく数字を紙に書いてほしい。考えるだけでなく、数字を紙に書き留めることで、現実感が強まるからだ。紙に書き終わっただろうか。では、この最初のステップが重要な理由を説明しよう。

私の経験から言って、「今、自分が書いた数字は大きすぎる」と思うだろう。しかし、これから簡単なエクササイズをいくつかやって、この数字を飼い馴らしていきたい。考えているよりも少額にできるから、心配しなくてもいい。**実際には知っておくべき数字は1つではなく、「お金に関する夢」の5つのレベルに合わせて、5つあることをこれから学ぶ。**

貯蓄を始めたばかりでも、退職間近でも、または個人資産の財務諸表が健全でも、危うくても、5つの夢のうちの1つか2つは、きっと実現可能なはずだ。そこで、まずは自分の「本当のニーズ」を理解することから始めよう。

お金は「感情的なゲーム」――自分の〝現在地〟と〝目標額〟を知る

「お金があったら、本当に買いたいものは何か」を考えてみてほしい。

大富豪ドナルド・トランプのような暮らしをしたい人ばかりではない。

世界中を旅して古代遺跡の写真を撮ったり、タンザニアのセレンゲティ国立公園でライオンの写真を撮ったりしたいだろうか。ニューヨークのペントハウスを買ったり、バハマのビーチに別荘を買いたいだろうか。起業して大成功した後、慈善に尽くしたいか。

もっと質素に、子供の大学の学費を払い終えた後、残ったお金で田舎に別荘を買いたいのだろうか。それとも、借金もお金の心配もなしに、心の平安を保って暮らすのが夢か。

読者の夢が何であれ、それを実現する道をお見せしよう。たとえ頂上まで辿り着かなくても、自分の一番大事な夢が実現したら、その都度、その勝利を祝ってほしい。

お金は「感情的なゲーム」だから、「絶対やる！　目標を達成すると誓う！」と言えるような具体的な数字を決めていくのだ。

自分の「経済的な夢」を実現するのに、いくらかかるかを計算したこともない人が多い（ファイナンシャル・プランナーの46％を含む）ので、これから簡単に計算していく。

自分のお金回りに関する現状を知りたくないのはなぜか？　私が世界中で何十万人もの人から聞いた最大の理由は、**「知るのが怖い」**だ。

しかし、経済的な夢を実現するために必要な金額がわからなくては、実現のしようがない。しかし、その前に次の5種類の「経済的な夢」について説明しよう。

1　経済的安定
2　経済的活力
3　経済的自立
4　経済的自由
5　完璧な経済的自由

この夢を全て口に出して言ってみると、それぞれ違った感情が湧いてくるのではないだろうか？　そして各々の夢を実現するコストは、当然違ってくる。

ここで注意してほしいのは、全員がエベレスト山の頂上（完璧な経済的自由）に登る必要はないということだ。「経済的活力」が実現できれば最高で、もし「経済的自立」まで達すれば、それこそ宝くじを当てたくらいに感じる人もいるからだ。全員が頂上まで登りつめる必要は全くない。

これから説明する「5つの経済的な夢」についての文章を全て読み、自分に一番近いところにある夢を3つ（私は**「繁栄の3要素」**と呼ぶ）を選んでほしい。その3つはそれぞれ、短期・中期・長期の目標となる。

最初から大目標を打ち立ててしまうと、「目標が遠すぎる」と感じて諦めてしまい、スタートを切ることさえしない人もいる。だから、短期間で達成できそうなゴールをまず設定する。そうすれば、実行に移し、目標を達成できる。

そして、ゴールを達成する度に、お祝いすることも忘れないでほしい。小さな勝利をお祝いすれば、さらにやる気が出て、さらに前進できるからだ。

1：経済的安定――「生活費の心配」をしなくていいレベル

「経済的安定」とは、あなたにとってどんな意味を持つだろうか。答える代わりに、「生きている間に、次の5つの費用を払わなくてもよかったら、どんなに安心できるか？」と質問してみてほしい。

1 家賃、住宅ローン
2 食費、雑費
3 水道・光熱費、通信費
4 交通費
5 保険料

これらの費用を払わなくてよければ、安心して暮らせるし、生活の質は、きっと向上すると思わないだろうか。そして、これらのコストは実際には意外と少ないのだ。

ここで比較のため、前出の友人アンジェラ（48歳・独身）の数字を挙げる。彼女は「夢実現のコスト」を最初300万ドルと見積もった。具体的な支出額を記入してもらうと、彼女の数字は全米平均とほぼ同じだった。

《経済的安定》

	月額支出	アンジェラの支出
① 家賃・住宅ローン		1060ドル
② 食費・雑費		511ドル
③ 水道・光熱費・通信費		289ドル
④ 交通費		729ドル
⑤ 保険料		300ドル
⑥ 上記①〜⑤の合計		2889ドル
⑦ 経済的安定の必要年額（⑥×12カ月）		3万4668ドル

アンジェラは、必要年額の約3万4000ドルを、働かずに捻出できるだろうか。

アンジェラは所得の10％を自動天引きで、401（k）の低コストのインデックスファンドに拠出し、年率6％で成長させるマネー・マシンをつくった（この年成長率は、ジャック・ボーグルの今後10年間の推定による。過去20年間の株式市場の平均成長率は9・2％だ）。

この数字を基に、老後の経済的安定を得るための必要額を計算すると、アンジェラが最初に言った300万ドルの4分の1以下の64万ドルを貯蓄すればいいことがわかった。

この数字を聞いたアンジェラはショックを受け、「たったそれだけでいいの？　きっと働かないといけないのでしょ？」と聞いた。

私は「働きたければ働いてもいいけど、この5項目の費用を払うためだけなら、働かなくていい」と答えた。この5項目は総支出の平均65

%を占めるので、アンジェラは働かなくともこの費用を払える。

アンジェラにどのように感じるかと聞くと、「この金額なら達成できるわ。この目標額まで貯蓄する方法を見つけてみせる」と確信を持って答えた。

ただし、有意義な活動を続けたい人は、仕事がないと時間を持て余すことが多い。だからパートで働いてもいいし、フルタイムで働いてもいい。そして、働いて得た収入は、生活費として使うのではなく、好きなように使ったらいい。

今必要なのは、経済的安定を実現するために必要な自分の年収を計算することだ。まだやったことがなければ、自分の支出を表に書き出して計算してみてほしい。


さて、次の「経済的活力」に進む前に、夢ではなく、比較的簡単な「現実的必要」について話そう。誰でも持つべきなのに、実際には持つ人が少ない**「非常時用ファンド」**のことだ。2014年のプリンストン大学とシカゴ大学の共同研究によると、「非常時に2000ドルを払えない」と答えた米国人は、40％に上る。これは恐るべき数字だ。

非常時ファンドが必要なのは、なぜか？　収入が前触れもなく突然ストップしたら、どうなるだろうか。病気、解雇、不況などが原因で、これは誰にでも起こり得る。

だから、非常時に備えて、3～12カ月分の収入を蓄える必要がある。3カ月分では少なすぎるが、ここから始めて、徐々に増やしていき、6カ月分か12カ月分まで増やすのがいいだろう。万が一のことがあっても、1年間は住む家があり、食べ物にも困らず、毎月の経費を問題なく

《経済的活力》

	読者の月額支出
① 現在の衣料費の半額	
② 現在の外食費・娯楽費の半額	
③ 現在のプチ贅沢費の半額	
④ 上記①〜③の合計	
⑤ 経済的安定の必要月額	
⑥ 経済的活力の必要月額（④＋⑤）	
⑦ 経済的活力の必要年額（⑥×12カ月）	

払えると思ったら、どんなに安心できるか？

非常時の蓄えは、老後の蓄えではない。一度貯めてしまえば、あとは心配しなくていい。退職するまでの間に万一、非常事態が起こっても、このファンドがあなたの生活を守ってくれる。一体いくら貯める必要があるだろうか。すでに毎月の固定費用を計算したから、その数字をいつでも見られるように、カードに書いて持ち歩いてほしい。

2：経済的活力――「プチ贅沢費」の半分が働かなくても払えるレベル

ここでいう「経済的活力」とは何か。経済的自立、経済的自由に向かう途中の里程標の1つだ。経済的安定の上に、少し贅沢をする余裕がある、ということだ。

毎月の衣料費や娯楽費、外食費を考えてみよう。毎月いくら使っているか？　200ドルかそれとも2000ドルか？　ファミリーレストランに出かけるか、それとも高級レストランに出かけるか？　さらに、ジムの会費、マニキュア代、ゴルフ会費といったプチ贅沢項目はどうか？

どれくらいの金額を使うにしても、この**プチ贅沢費の半分を働かなくても生涯払えるとしたら**、どう感じるだろうか。

「経済的活力」に到達したら、これが可能となるのだから、お祝いするだけの価値がある。

実際に必要な額を、前ページの表で計算してみてほしい。

3：経済的自立――ライフスタイルを維持するために働く必要がないレベル

「経済的自立」まで到達すれば、現在のライフスタイルを維持するのに働く必要はなくなるので、シャンペンのボトルを開けよう！　**貯蓄と投資から得る配当や利子だけで、必要経費を全てまかなえる**ようになる。これは、働く必要が全くない真の経済的自立を意味する。

経済的に自立できれば、自分がお金のために働くのではなく、お金が自分のために働いてくれる。仕事がイヤなら、辞めたらいい。働き続けるのは、あくまで自分が働きたいからで、お金のためではない。

ここで、現在のライフスタイルを維持するために、いくらかかるか計算してみよう。年収を全部使い切る人もいれば、年収より多い額を使う人もいる。たとえば、税込み年収が10万ドルで、全てを使い切っていたら、経済的自立に必要な額は10万ドルだ。

あなたの経済的自立に必要な額はいくらか？
具体的数字を記入すること。（　　　　　　　　　　）

明快さは力だ。脳が「現実的な数字」と認識すると、意識がその数字に到達する方法を探し始める。ここまで、経済的安定、活力、自立のそれぞれに必要な金額を算出してきた。ここで、もっと大きな夢を見たら、どうなるかを考えてみよう。

ロンとミッシェルの夫婦は2人とも30代半ばで、小さな子供が2人いる。コロラド州でビジネスを営み、成功していた。ロンは会社運営には長けていたが、2人とも自分たちの資産状況には、とんと無関心だった。

経済的自立の必要額を私がロンに尋ねると、「2000万ドル」という答えが返ってきた。実際の額はもっと小さいと思った私は、毎月の出費を項目ごとに聞いていった（会社のオーナーなので、平均的な米国人の数字よりは、ずっと多かった）。

すると、経済的安定に必要な年額は、13万7400ドルだった。

ここで話が横道にそれるが、普通のファイナンシャル・プランナーに「老後の蓄え」の必要額を聞くと、「年収の10〜15倍の金額が必要」という答えが返ってくる。

しかし、元本を失う心配のない安全な投資商品の利率がほぼゼロに近い現在、この数字は現実的とは言えない。貯蓄時期には、野心的に投資をすることで7〜10％の利回りを得ることもできるだろうが、老後はもっと利回りの低い安全な商品に投資するので、利回り5％ほどと控えめに仮定するべきだ。つまり10％の利回りで年収の10倍の金額が必要なら、その半分の5％の利回りではその倍、年収の20倍の蓄えが必要となる。


ロンの例に戻ると、経済的安定を実現するには、必要な年額の20倍、つまり、274万8000ドルあれば十分で、2000万ドルと比較すると、はるかに少ない。現在のライフスタイルをそのまま維持できる経済的自立に必要な年額は、35万ドル（ミッシェルは、ルイ・ヴィトンが大好きなのだ）と見積もった。

つまり、経済的自立に必要な蓄えは、700万ドル（35万ドル×20）だ。ロンは最初に考えた2000万ドルの3分の2に満たない額（1300万ドルも少ない！）を貯めればいいことに驚いていた。

4：経済的自由――「理想のライフスタイル」を苦もなく実現できるレベル

生涯働かなくてよくなったのだから、ライフスタイルをもっと自由にしてはどうだろう？

経済的自由とは、現在のライフスタイルを維持した上で、働くことなしに大きな贅沢品をいくつか購入できることを意味する。ここに到達する前に、「自分の理想のライフスタイルを実現するには、年収がいくら必要か?」と自問すべきだ。

何のためにお金が必要なのか? 自由に旅行するためか? 豪邸や別荘を所有したいからか? 高級車や豪華ヨットを買いたいのか? それとも、教会や地域に貢献したいのか?

ロンとミッシェルは、思い通りのライフスタイルを年額35万ドルですでに実現していた。そこで、私は「経済的に自由と感じるために欲しいものは何か?」と聞いた。もっと大きな家? 別荘? 豪華ヨット?

「自分の通う教会に年間10万ドル寄付できたら、経済的に自由と感じる。スティームボート・スプリングスのスキー用マンションと、バス釣り用小型ボートの購入もおまけに付ける」

とロンは答えた。私はこの答えに感動して、2人のゴール達成を少しでも早く助けたくなった。

ロンの現在の年収は約50万ドルで、そのうちの35万ドルしか使っていないので、「教会に10万ドル寄付したければ、今すぐにでもできる」と私は指摘した。しかし、2人が働かずに投資収入だけでこの寄付を実現できたら、どんなにすばらしいか!

マンションとボートの費用、教会への寄付を加えて計算し直すと、前出の経済的自立に必要な額(年額35万ドル)にさらに16万5000ドル加えれば、経済的自由に到達できることがわ

《経済的自由》

	読者の月額支出
① 理想項目No.1	
② 理想項目No.2	
③ 寄付金額	
④ 経済的自立費用	
⑤ 上記①～④の合計	
⑥ 経済的自由の必要年額(⑤×12カ月)	

かった。つまり、1020万ドル（年額51万5000ドル×20年）の蓄えが必要となる。

確かに巨額ではあるが、現在よりもっと自由なライフスタイルを達成できる額で、ロンが最初に言った2000万ドル（より低い経済的自立の必要額）のほぼ半額だ。

ロンとミッシェル夫婦は知らなかっただけで、理想は意外に近かったのだ。自分の夢の「実現コスト」を実際に計算してみると、意外に少なく、より早く目標を達成できることがわかる。

読者が経済的自由を得るためには、いくら要るだろうか。

どんな項目（スポーツカー？　別荘？　巨額の寄付？）を加えていくだろうか。

夢が何であれ、読者も実際に自分の「経済的自立」と「経済的自由」の実現コストを計算してみてほしい。

5：完璧な経済的自由
――いつでも欲しい物が何でも買え、やりたいことが何でもできるレベル

では「完璧な経済的自由」はどうだろうか。**いつでも欲しい物が何でも買え、やりたいことが何でもできたらどう感じるか？**

欲しい物が全て手に入ったら、どう感じるか？　働かなくても、自分の好きなことをやりたい放題で、自由に好きなように生きられたら、どうだろうか。両親に理想の家を買ってあげる、海洋ゴミの清掃を行なう慈善財団を設立して寄付する……何ができるか想像してみてほしい。

ロンとミッシェルの夫婦に「一番大きな夢は何か？　あなたたちにとって完璧な経済的自由とはどんなことか？」と聞くと、ミッシェルは「牧場を購入して、教会用キャンプにつくり替える」と答えた。私はまた感動した。ロンは興奮ぎみに、それにかかる費用を自分なりに見積もった額（牧場購入に200万ドル、改修に100万ドル）を語った。

もし利率4％で、300万ドルの牧場購入ローンを組んだら、年間返済額は12万ドルだから、すでに実現可能な範囲だった。ロンの究極の夢は、自家用飛行機を買うことだった。しかし、プライベートジェットを買って高い維持費を払うより、使う時だけ借りる方が便利だし安いと、私はロンを説得した。

《完璧な経済的自由》

	読者の月額支出
① 理想項目№1	
② 理想項目№2	
③ 理想項目№3	
④ 経済的自由費用	
⑤ 上記①～④の合計	
⑥ 完璧な経済的自由の必要年額(⑤×12カ月)	

こんなふうに考えていくことは、自分や家族が望むライフスタイルを創造してくれる。

ただ夢見るだけの人と、夢を実現する人の違いは、夢の実現コストを計算するかどうかだ。

大きな数字を考えるだけで、実行に移さないのが、夢見るだけの人だ。

夢を絶対実現する覚悟と、実現方法を見つけるだけの想像力を持ち、人を助ける気持ちに溢れた人には、実現できない夢などない。

大半の人にとって、このエクササイズは面白いだろう。常識を超えた大きな夢が見られ、その実現コストを知りたい人にだけ、私はこのエクササイズをやってもらう。

完璧な経済的自由まで到達できる人が稀なのは承知している。しかし、自分の夢や望みを

「実際に口に出して言ってみる」ことに価値がある。

大きな夢を見るだけでも、興奮してもっとやる気が出て、ゴールに速く到達する手助けになるかもしれない。

自分が書き出した数字を見て、どう感じるか。経済的な夢の「実現コスト」は思うよりずっと少ないと理解したこと、そして短期・中期・長期の3ゴールを設定したことを祈る。

そして、この5つの夢のうち、どれがあなたの「繁栄の3要素」だろうか。

最も一般的なのは、「安定、活力、自立」の組み合わせだ。もっと目標の高い人は、「安定、自立、自由」の3つになる。

まだ3つを決めていない人は、今すぐ選んで書き出してほしい。

4

人生において一番大切な「投資」の決断

――何を、どれだけ、いつ買い、売るか

MONEY
MASTER
THE GAME

1

稼いだお金をどう資産配分するか？

「川の深さを測るのに、両足でテストするな」ウォーレン・バフェット

マネー・マシンが本格的に稼働し始めたところで、予想外のボーナス1万ドルが支給されたら、または突然10万ドルの遺産が転がり込んだらどうするだろうか。貯蓄口座に入れるか？　それとも仮想通貨のビットコインに投資するか？　イーベイで希少ワインを買うか？　ラスベガスで賭け事をするか？　アップル株を１００株買うか？

「1カ所にまとめて投資するか、それとも分散して投資するか？」

この質問に対する答えが、将来の経済状態を決めるカギとなる。

投資の決断で最も重要になってくるのは、「資産配分」だ。

どの株式、債券、不動産に投資するかを考えるより、ずっと大事だ。すでに「自動天引きで

給与の一定の割合を貯蓄に回し、複利成長させる」という経済的決断は下した。しかし、それはゲームのスタート地点に立ったに過ぎない。ゲームを始めたら、できるだけ長くプレーしなければならない。注意して投資先を決めないと、全財産を失う危険すらある。**稼いだお金を守り増やしていくために必要なのが資産配分なのだ。**

エール大学財団の機関投資家デイビッド・スウェンセンに、「個人投資家が経済的自由を実現するために、一番重要な要因は何か？」と尋ねた。

彼は「最小リスクで最大報酬を得るには、次の3つが不可欠だ」と答えた。

1　株の選択

2　マーケットのタイミング（短期の市場動向）

3　資産配分（分散投資の長期的戦略）

そして、「この3つの中で、最も重要なのは資産配分だ」とスウェンセンはつけ加えた。

「資産配分」とは、単に分散投資することではない。**投資目標、リスク許容度、ライフステージに合わせて、タイプやクラスの異なる商品（例：株、債券、商品、不動産）にどんな比率で資産を投資するか、事前に決めることだ。**

「資産配分が成功と失敗を分ける重要なカギ」であることは、世界有数の投資家にとっても、同じである。

ここでは、この複雑なテーマについて、常人にも理解できるように簡潔に説明し、実践に移す手助けをする。投資元金が1000ドルでも、100万ドルでも、ここで学ぶ基本的原則は、すぐに応用できる。「資産配分の仕方なんて知っている」と思っている人も、さらに理解を深めることができる。

では、ここで資産配分が投資プランに欠かせない理由について説明しよう。

■〝虎の子〟を失わないための戦略

スーパーで速く進みそうな列に並んだのに、実際には遅かった。交通渋滞で追い越しレーンに車線変更したら、通常レーンの方が速かった。そんな経験はないだろうか。

恋愛相手についてはどうか。自分のことはよくわかっているつもりだったのに、相手選びを間違えたと思ったことがあるだろうか。

決断が「人生の質」に絶大な影響を及ぼすことは、誰でも知っている。

老後用の「虎の子」の運用で大きなミスを犯したら、全財産を失ってしまう。自宅も失い、70歳になってもまだ、仕事を探すことになる。子供の大学資金を失ってしまう。

資産配分は、「その他大勢の投資家」から抜け出すためのカギとなる技術だ。デイビッド・スウェンセンは、「現代ポートフォリオ理論の父」と呼ばれるノーベル賞受賞者ハリー・マーコビッツの言葉「分散投資が、唯一の無料ランチだ」を好んで引用する。
この言葉の意味は、「違うタイプの商品に分散して投資することで、無料で損失リスクを下げ、大きな長期的利益が得られる確率を上げられる」ということだ。

「卵を全部同じカゴに入れるな」という諺があるが、分散投資は大きな経済的ダメージから投資家を守ってくれる。「そんなことはわかっている」と思うかもしれないが、読者の知人に財産を一つの投資先に集中させている人はいないだろうか。

アップルに首ったけの私の友人は、有り金を全部アップル株につぎ込んだ。買ってからしばらくはよかったが、その後の数週間で40％も株価が下落した。

別の友人は、テレビ局の重役だったが30代で仕事を辞め、不動産ブームの絶頂期にロサンゼルスの自宅を高額で売却し、そのお金で、ワイオミングに田舎風レストランをオープンした。そして、「投資からの収入だけで食べていきたい」と考えて、残ったお金を全て高リスク株やジャンク株に投資した。しばらくは思惑通りにいったが、２００８年の株価暴落で、財産を全て失った。彼女はレストランを閉めてロサンゼルスに戻り、以前のわずか何分の1の給与でフリーランスとして働かざるを得なかった。

経済崩壊にまつわる「ホラー・ストーリー」は、誰でも聞いたことがあるだろう。
有り金全部を不動産につぎ込んだベビー・ブーマーが、不動産バブルが弾けて一文なしになったとか、退職を決めた夫婦がその直前に401（k）プランの全額を2008年に満期となるターゲット・デート・ファンド（TDF）に投資したら、直後に大不況となり、総資産の半分近くを失って、その後20年間働かざるを得なくなったとか。

この夫婦は寝泊りできるRV車を選び、ボートも購入して、順繰りに孫を訪ねようと日程まで組んでいたというのに。

私は、こんな悲劇が本書の読者には絶対起こらないようにしたい。しっかり準備し、損失を避けながら、利益を最大にすれば、こんな悲劇は避けられる。

ここで学ぶべきシンプルな投資のレッスンは、**「上がるものは、必ず下がる」**だ。

レイ・ダリオは、「何に投資していようとも、ほぼ確実に生涯に一度は、資産価値が50～70％下落する株価大暴落に遭遇する」と警鐘を鳴らす。つまり、何に投資していても、半分から3分の2の価値を失う可能性があるということだ。

「自分がよく知っている分野だから」とか「今一番ホットな投資先だから」といった理由で、不動産に全資産をつぎ込んだり、株、債券、商品取引に全額投資したり、特定の投資先に集中投資する人が少なくない。

しかし、投資先を分散しなければ、全額を失う危険があるのだ。どんなに緻密《ちみつ》にプランを立てても、どの資産にも落とし穴は必ずある。

だから、よくよく考えた上で分散投資することだ。上手に分散投資できれば、投資で勝てる。

分散投資しないと惨憺《さんたん》たる結果になると理解してもらえたところで、分散投資の効果について話そう。その効果たるや、自分で紙幣を印刷するのと同じくらい信じられないものだ。大袈裟《おおげさ》に聞こえるかもしれないが、経済状況にかかわらず、分散投資のおかげで枕を高くして眠れるとしたら、どんなにいいことかと思わないか？

■「正しいこと」を「間違ったタイミング」で行なわないために

実例を挙げよう。２００８年、株式市場の価値が2兆ドル以上も下落し、債券市場、不動産価格も急落した。この緊急時に、収益率がわずかマイナス３・93％の資産配分をしていたら、どう感じただろうか？　これは決してつくり話ではない。

もし過去30年間（１９８４〜２０１３年）にわずか４回しか損失が出ず、最大の損失を出した年の収益率はマイナス３・93％、損失を出した4年間の平均損失は、年率１・９％の最強の資産配分をしていたら、どう感じるか？　他の投資家は、この時期にインフレとデフレの荒波を繰り返し経験してきたことを覚えておいてほしい。

過去10年間でも、50％近い株式市場の下落を2度経験したが、このポートフォリオの利回りは平均10％を若干下回る程度だ。

これは仮想のポートフォリオではなく、**レイ・ダリオがデザインした特別な資産配分**だ。５章で、このポートフォリオの比率について具体的に論じる。しかし、このポートフォリオを使う前に、この章で中核原則をまず理解してもらわなければならない。

「善良な人が失敗するのは、正しいことを間違ったタイミングでやるからだ」という事実は、いくら強調しても、し足りない。自宅購入は正しいことだが、2006年は間違ったタイミングだった。

また、スポーツの表現を借りると、勝てるチームをつくるには、各選手の「強み」をまずは知らねばならない。長所と短所の両方を知った上で、各々の場面で誰が最適かを決めるのだ。これを投資に置き換えると、チームがポートフォリオで、選手が個々の投資商品だ。

正しいタイミングで、正しいチーム編成ができれば、必ず勝つことができる。

資産配分は、投資家をガイドしてくれる原則だ。

その一番の基本は、自分の貯蓄を「リスク／報酬」比率の異なる2つのバケツに分けて入れることだと考えてほしい。バケツ1「安定／安心バケツ」は損失リスクが低く安全だが、成長が遅いので退屈な投資と言える。ただし、必要とする時には、必ずそこにある。バケツ2「リスク／成長バケツ」は、もっと速く成長するのが魅力だが、リスクは高く、投資した全額を失ってもいい覚悟が必要だ。

この2つのバケツにいくらずつ入れるか？　これは、どれくらい時間をかけて成長させるか、またリスク許容度の高さによって変わってくる。

投資家は「人生のこの時点で、どれだけのリスクを負う余裕があるか？」と自問しなければ

ならない。

分散投資をするのは、自己防衛のためだけでなく、投資利益を上げるためでもある。そのためには、そこそこ満足のいく利益を生む投資比率ではなく、繁栄を実現できる理想的な投資比率を見つけたい。

しかし、正直言って、日常生活はすでに心配事だらけなのに、さらに投資で昼夜心配したくはない。経済的安定、経済的自由の最大の意義は、「お金の心配をしなくていいこと」だ。バケツ1は、この人間の第一の欲求である「安定感」を与えてくれる。だから、私は**「安定／安心バケツ」**と呼んでいるのだ。絶対失いたくない虎の子は、損失が絶対に出ない安全な投資先だけを選んだこのバケツに入れる。

■「負けた時にイヤな思いをする度合」を過小評価するな

「私は賭け事をしない。100ドル儲かってもうれしくもないが、100ドル負けたら悔しくて仕方ないからだ」

アレックス・トレベック（クイズ番組司会者）

投資で損を出すと、財布が軽くなるだけでなく、人生から喜びを奪われる。先に述べた「サルとリンゴ」の実験を覚えているだろうか。

リンゴを1個もらったサルは大喜びしたが、2個もらったリンゴの1個を取り上げられたサルは、怒りまくった。どちらもリンゴを1個持っている事実に変わりはないが、サルの反応は正反対だった。

人間も同じだ。「損をした時にイヤな思いをする度合」を過小評価する人が大半を占めるという研究結果も出ている。勝った時の喜びより、失敗やロスの痛みの方がずっと大きいのだ。だから、損失から自分を守ると同時に、イヤな思いをせずに済むように、「安定／安心バケツ」を準備しなければならない。

安全な投資を学ぶために、ここで**「安定／安心バケツ」に属する8つの基本的資産**について説明しよう。

あくまで概論で、全容をカバーすることはできないが、読み進むうちに「値動き幅が小さい」という共通点に気づくはずだ。将来「安定／安心バケツ」用の投資商品を選ぶ際に、ぜひ参考にしてほしい。

投資する前に、「この投資に損失リスクはあるか？　バケツ2『リスク／成長バケツ』に入れた方がいい投資か？」と自問してほしい。

「安定／安心バケツ」には、どんな投資商品を入れたらいいか？　ウサギとカメの競走にたとえると、遅いが着実に進むカメのような資産を選ぶのだ。

投資知識に明るい読者は、これから論じる投資商品についてすでに知っているだろうから、飛ばし読みしてくれて構わない。しかし一応読んでみると、イマイチわからなかった商品の違いがはっきりするかもしれない。

■「安定／安心バケツ」――8つの基本的資産

1 現金

収入が突然途絶えた時や、緊急時に生活費をカバーできるだけの蓄えは、誰にでも必要だ。所得の多寡《たか》にかかわらず、すぐに引き出せる現金が必要だ。資産が多くても、すぐに使える現金が少なく、「自分は貧乏だ」と感じることはないだろうか。2008年に銀行が貸し渋りを始め、不動産が全く売れなくなった時、現金に困った人は少なくない。

2011年の調査では、「想定外の2000ドルの出費（例：医療費、弁護士料、自宅修理費、車修理費）を強いられた時、現金調達に窮する米国人は半数に上る」という結果が出た。そして、この非常時用のお金は、どこに置くか？　普通は銀行口座に入れるだろう。しかし残念なことに、最近の銀行利率は0・01％と、ほぼゼロに近い。しかし、少なくとも預けた現金は安全で、いつでも引き出せる。

また、地震や台風などの自然災害で、ATMが動かなくなることも想定して、現金をいくらか手元の金庫や安全な場所に保管することも大事だ。

2 債券

借りた元本に利息をつけて償還日に返済する約束をするのが債券だ。購入時に保有期間中、いくら利子を受け取ることができるのかが確定するので、**「確定利付き投資」**とも呼ばれる。債券償還日まで、定期的に利子を受け取ることができる。ただし、リスク度が公開されていない債券もあるので、注意してほしい。

債券は、利率と反対の動きをする。原則的には、利率が上がれば債券価値が下がる。逆に利率が下がれば、債券価値は上がる。

高利率の新しい債券が発売されると、昔の低利率の債券を欲しがる人はいなくなる。債券価格の上下動を心配したくなければ、低コストの債券インデックスファンドを買うのも一案だ。

債券は全て同じではないことは覚えておいてほしい。ギリシャ国債は、ドイツ国債よりずっと弱い。デトロイト市債は、米国債よりずっと弱い。「絶対安全な債券と言えるのは、米国政府が保証する米国債だけだ」と言う投資アドバイザーもいる。消費者物価指数に応じて価格が上がる「米国物価連動国債（TIPS）」を買うこともできる。

3 定期預金（CD）

預金者が預けた現金を、銀行が一定期間運用し、一定の利息をつけて償還日に還付するのが、定期預金（CD、譲渡性預金）だ。FDIC（連邦預金保険公社。加盟している銀行の破綻時に所定の預金を保護するため、預金保険業務を行なう米国政府の独立機関）保証がついており、極めて安全な投資だ。

ちなみに私が21歳だった1981年には、6カ月ものの定期預金の利率は、なんと年率17％だった！

しかし、最近のような低い利率が続いている状況であっても、仕組み預金などを使えば、高いリターンを得ることも可能だ。私の個人的な経験を話すと、**2009年に株式市場動向と連動した利率を払う「市場金利連動型預金」**（訳注：預金に株式指数オプションなどの派生商品を組み合わせた仕組み金融商品の1つ）**を少額購入したが、**この預金の**平均年利回りは8％**だった！

これは例外的な高利回りだったが、「市場金利連動型預金」に投資すれば利回りを上げられる。

現金を保有していることの長所は何だろうか。それは、「適切な投資先」を見つけたら、いつでも投資できることだ。逆に資産のほとんどを現金で保有していると、資産の成長がほとんど見込めず、インフレによって価値が目減りしてしまう。逆に、2008年のようにデフレが起こると、現金の価値は増大する。

2008年の大不況時、十分な現金と買うだけの気概があれば、前年より40％も安く住宅が買えた。

実際、ヘッジファンドの多くがこの行動に出た。何万件もの家を購入し、修繕してしばらく貸した後、2011年から2014年の間に売り払って、巨額の利益を得た。株も同様で、2008年には40％以上も低い価格で買うことができた。

4 自宅

自宅も「安定／安心バケツ」に入る。そして、自宅の価値は、絶対に引き出すべきではない！　頻繁に家を買い替えたり、持ち家を担保にローンを借りまくったりした人は、このことを痛い思いで最近学んだはずだ。自宅をローンの担保と見なしたり、大きな利益を生む投資と考えたりしてはいけない（訳註　米国では住宅ローンにホーム・エクイティ・ローンという使途自由な不動産担保ローンがセットで販売されている。これは購入した住宅の担保価値がローン残高を上回る場合には、その差額を低金利の使途自由なローンとして借りられるもの。住宅ローンの返済が進む、あるいは不動産価格が上がると、利用できるローン金額が増え、この制度が米国人〈持ち家層〉の積極的な購買力のベースになっていると言われている）。

しかし、つい最近まで、「住宅価格は上昇し続けるから、自宅購入がベストの投資だ」と教えられてきたのではないか？

そこで私は、**ノーベル経済学賞を受賞したエール大学ロバート・シラー教授**にインタビューを行なった。シラー教授は不動産市場研究が専門で、全米の一戸建て住宅再販価格の動向を示す指数として、「ケース・シラー住宅価格指数」をつくり上げたことでも知られる。

シラー教授は、「インフレ率調整後の一戸建て住宅価格は、過去100年間、ほぼ横ばい」という画期的な発見をし、「住宅価格は上がり続ける」という最大の経済神話を粉々に打ち砕いた。シラー教授は、「ただし、住宅バブルが起これば別だ」と語ったが、バブル崩壊後に何が起こるかは、今では誰でも知っている。

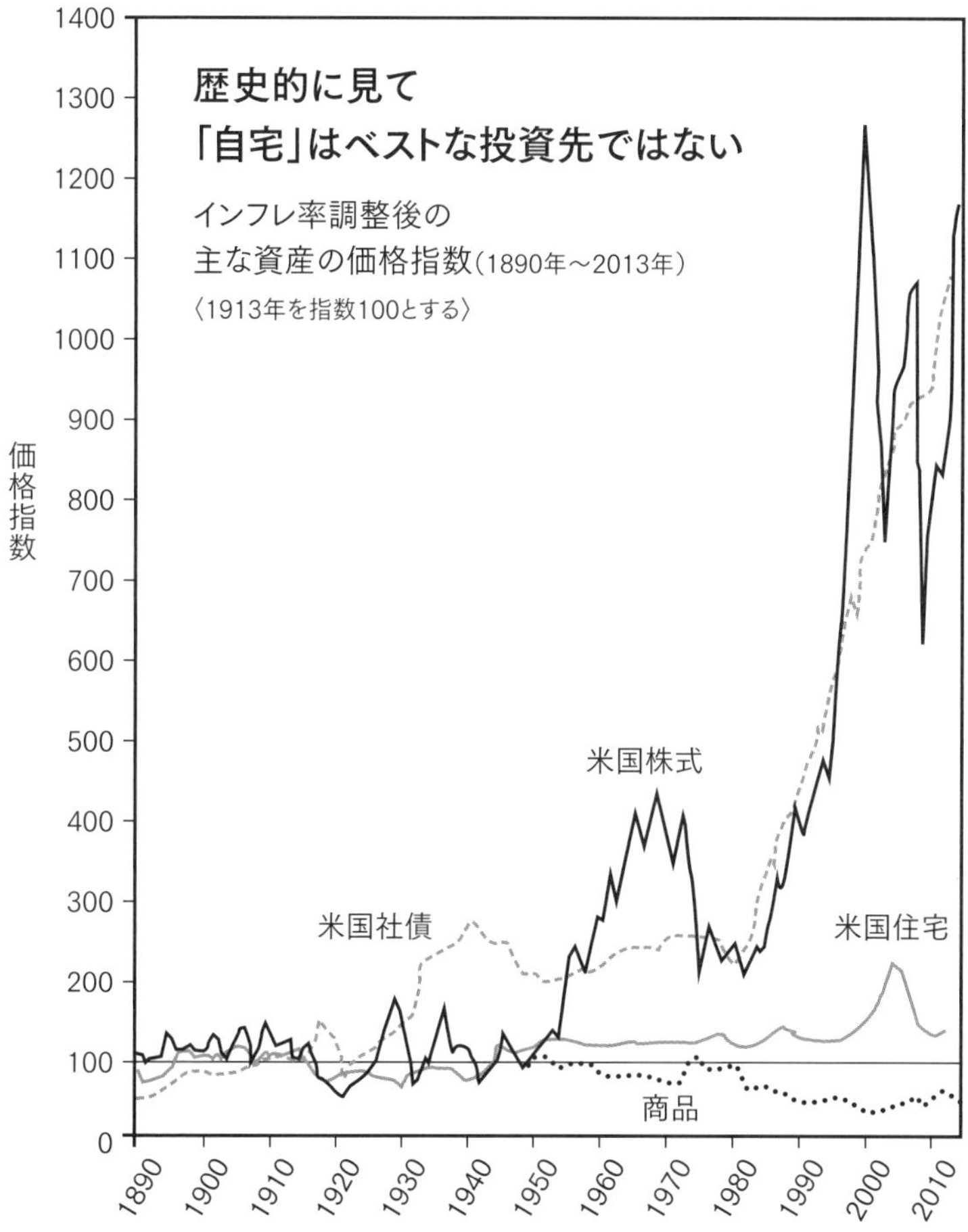

©2008,2014 Elliott Wave International(www.elliottwave.com)
Data Courtesy Bloomberg; Foundation for the Study of Cycles;
Professor Robert Shiller, Yale University; St.Louis Federal Reserve

一方、固定金利の住宅ローンで自宅を購入すれば、インフレに対抗する防衛策となる。住宅ローン完済後に、一部屋、もしくは全体を賃貸に回せば、安全に収入を得られる。

不動産投資については後でもっと詳しく述べるが、バケツ２「リスク／成長バケツ」に入れる方がよいケースを紹介する。

５ 年金

幸運にも確定給付型の企業年金の受給資格を持つ人は、その年金をバケツ１に入れるべきだ。前出のボストン大学アリシア・マネル博士を覚えているか？　連邦準備銀行時代の年金を、「自分で投資した方がいい」と考えて全額引き出したが、結局全部使い果たしてしまった。老後の大切な収入源である年金を、危機に晒《さら》すことは極力避けるべきだ。

６ 年金保険

若者は「年金保険」と聞いても、その価値がわからないかもしれない。過去の年金保険は極めて高額で、引き出し開始年齢にも制約が多かった。しかし、最近、新タイプの商品が市場に登場した。年金保険は生涯ずっと一定額の支払いが保証される保険商品で、うまく活用すれば、私的年金として使える（訳註　日本では、民間保険会社が発売する個人年金保険に一生涯支払いを受けられる商品はない）。

前にも述べたが、年金保険については劣悪な商品が数多く出回っている。特に変動金利型の商品は危険なものが多い。しかし、注意深く選べば、バケツ1の元本保証を確保しながら、バケツ2の高い利回りを実現できる。

7 生命保険

生命保険を、最低1本は「安定／安心バケツ」用に購入することを勧める。万一自分が死んでも、家族が経済的補償を受けられるからだ。

8 仕組み債

これは市場金利連動型預金と似ているが、FDIC（連邦預金保険公社）保証はつかない。仕組み債を世界最大手の銀行から購入すると、一定保有期間後に元本プラス特定インデックス（例：S&P500〈配当金は除く〉、先物取引、金、不動産投資信託〈REIT〉）の利回り分が還付される。

本書執筆時の実例としては、**JPモルガンが「7年満期、100%元本保証、S&P500インデックスの利回り90%還付」という条件の仕組み債を販売していた。**超富裕層がこれに投資するのは当然だ。損失リスクを負わずに、株価上昇分の利益の一部を手に入れられるので、最適の投資商品と言える。

JPモルガン・アセット・マネジメント社長のメアリー・キャラハン・アードスは、こう語る。

「2008年の大不況に懲りて、どんな商品に投資するのも怖がる投資家には、最適の投資商品だ。『仕組み債は条件がよすぎる、詐欺ではないか』と考える人も多いが、商品の一から十まで理解してほしい。**まやかしでも、仕掛けでもなく、市場の数字に基づいた商品だ。長く引き出さずにおけば、利回りが高くなる。**7年間もお金を手つかずのままにしておくのだから、それに見合った利回りを得るべきだ」

仕組み債の安全度は、発行する金融機関の安全度に依存している。

だから、世界最大手銀行のJPモルガンや、世界で一番安全という評価を受けているロイヤル・バンク・オブ・カナダを筆頭とするカナダ国内の銀行なら、高い安全度を確保できる（米国では、世界大恐慌後の1930年代に9400の銀行が、2008年の大不況後には500の銀行が倒産したのに対し、カナダの銀行は世界大恐慌でも2008年の大不況でも、倒産した銀行は1行もなかった）。

なお、投資する前に、必ず「リスク／報酬バランス」を考慮してから決断すること。また、料金と複雑な契約書にも注意してほしい。

アクティブ運用ファンド同様、実質的な手数料が多くかかる仕組み債であれば、手を出さない方がいい。安全な金融機関が発行者なら、損失は出ないだろうが、投資のタイミングによっては利益が全く出ないこともあり得る。

最終決断を下す前に、投資助言者と必ず相談するべきだ。

■資産を成長させるために「時間」を味方につける

さまざまなタイプの資産を紹介してきたので、よく理解できないところもあっただろうが、資産配分をする前に、各資産の特徴を理解していれば、自分の資産をどこに投資するかを決断する際の大きな助けとなる。「安全な投資にどれだけ回し、リスクのある投資にどれだけ回すか？」を考えるのが、ゲームに勝つコツだ。

投資業界が大きく変わり、銀行利息がほぼゼロの今、保守的な人であっても、よりリスクの高い商品へと移行せざるを得ない。特に株価が上昇基調だと、つい高利回りを追いかけたくなるのは人情だ。「自分の経済的目標に絶対到達できない」と悲観的に考えずに、長期的展望に立ってゲームをプレーする覚悟があれば、必ず目標に到達できる。

ローリング・ストーンズの歌詞にもあるように、資産を成長させるには「時間を自分の味方につけること」だ。特にバケツ1「安定／安心バケツ」では、時間は大切な要素だ。

たとえ出遅れたとしても、80代、90代まで長生きする人が増えているので、投資期間も当然長くなる。まして若い世代は、たとえ少額で始めても、時間を味方につけて複利運用で成長させれば、比較的容易に目標に到達できる。

バケツ1「安定／安心バケツ」では、賭博師がゴルフコースで使うようなトリックに似たことが起こる。この賭博師は「自分は初心者で、ゴルフが下手だ。1ホールに10セントずつ賭けないか？」と、相手のゴルファーに持ちかけた。すると、相手は「いいよ！」と快諾《かいだく》してくれた。

1番ホールに向かう途中に、賭博師は「10セントじゃつまらないから、掛け金を各ホールごとに倍にしないか？」と持ちかける。一番ホールは10セント、2番は20セントと倍々にする。5番は1・60ドル、6番は3・20ドルとまだ少額だが、18番ホールではなんと、掛け金は1万3107ドルに膨れ上がる。

賭博師は実はかなりの腕前で、終盤になると、実力を見せるのだが、18番ホールの掛け金は大富豪にさえ、かなりの大金だ。これこそ、複利計算のマジックだ。

これと同じことが、「安定／安心バケツ」の中でも起こる。利益を再投資し続けているのに、いつまで経っても、ちっとも増えないように見えるかもしれない。ところが終盤の14番、15番、16番ホールに差し掛かると、一気に爆発的に増加する。

若い世代にとっては、何もせずに待ち続けるのは確かに辛い。「安定／安心バケツ」が大きく育つのを待つのは、確かにしびれがきれる。だから、つい「リスク／成長バケツ」に、もっと多額を投資したくなるのだ。有能で博識な投資助言者なら、もっと利回りを上げる方法を教えてくれるはずだ。

■私が経験した「1年で10万ドル儲かるすごい投資」

ここで、私の投資助言者が、私のために見つけてきた投資の話をしよう（通常なら「安定／安心バケツ」に入れない種類の話だ）。

カリフォルニア州インディアンウェルズの住宅建築業者が資金繰りに困って、投資家グループに身売りすることになった。このインディアンウェルズは、ビバリーヒルズ同様、全米有数の高額所得者が居住する地域で、温暖な気候と美しい街並みを誇り、ゴルフコースやリゾートに囲まれたすばらしい町だ。

このインディアンウェルズの建築業者を買い取った投資会社は、何十軒もの住宅を買うため、巨額の投資資金を必要とした。ただし、買った住宅は修繕が終わり次第、次々と転売するため、長期投資は必要なかった。

投資会社は、自己が保有する不動産に対する第一順位の抵当権証書と引き換えに、つなぎ融資としての短期ローンを供与してくれる投資家を必要としていた。

「第一順位抵当権証書」とは、ローンで住宅を購入した所有者のローン返済が滞った場合、信託証書を所有する金融機関が、住宅売却を所有者に強制できる権利書だ。新しい買い手が決まるまでの間も、ローンの貸し手に利息は支払われる。安全で最大報酬を探し求める投資家にとっては、第一順位抵当権証書のついた不動産物件は優良な投資先だ。

私のアドバイザーが見つけたのは、100万ドルのローン担保となった「第一順位抵当権証書」つきの不動産物件で、年率10％の利息がつく投資だった。投資家1人で100万ドルを投資してもいいし、最高25人で4万ドルずつに分けて投資してもよかった。私は1人で100万ドルを投資することに決めた。

「1年で10万ドル儲かるなら、すごい投資だ。でもリスクはどのくらいか？」と読者は思うだろう。もちろん、それはリサーチ済みだ。不動産鑑定を2度行なった結果、「この住宅の現評価額は200万ドル」と鑑定された。

つまり、100万ドルは、住宅評価額の50％に当たる。たとえ投資会社が倒産しても、200万ドルの住宅の所有権が手に入るのだから、私の100万ドルは安全だ。

しかし、私が安全な投資と判断した理由は、最悪の2008年大不況の時でさえ、住宅評価額の平均下落幅は、30～40％に留まったことだ。例外として、ラスベガス、フェニックス、マイアミといった地域では、下落幅が50％を超えた。

ちなみに、2008年から2010年にかけてのインディアンウェルズの住宅評価額の下落幅は31％（50％よりずっと低い）で、2008年から2009年にかけての最大下落幅も、13・6％に留まった。そしてローン償還がわずか1年後なので、その1年で価格が50％も下落することはまずあり得ない。

だから、私はこのローン投資を「安定／安心バケツ」に入れたのだ。これは確かに注意して投資すべき分野だが、リスクを全部避けて通る必要はない。しっかりリサーチして探せば、1〜4％の通常の利回りではなく、8〜10％の高利回りを得ることが可能となる。

「私は、イソップはカメのために寓話を書いたと思う。ウサギには本を読む時間はない」
アニタ・ブルックナー（小説家）

ここで、数字を変えてみよう。200万ドルの物件の投資ローン額を100万ドルから150万ドルに変えて、利回りを12％としよう。すると、投資額150万ドルは、住宅評価額の75％に当たる。つまり、不動産価格が25％以上、下落すれば、元金を失う可能性が出てくることになる。リスクが上がった分、利回りも12％と上がったので、高リスクを承知した上で高利回りを求めるなら、投資を考えるかもしれない。

ただし、この場合「安定／安心バケツ」ではなく、「リスク／成長バケツ」に入れる。

こうした投資はアプローチを一歩間違えると、大損を被る危険があるから、注意に注意を重ねて行動することが不可欠だ。しかし、効果的に取り扱えば、経済的自由に向かうスピードが大幅に上がる。

ここまで読んでくると、「資産配分は科学ではなく、芸術だ」と言われる所以《ゆえん》がわかるだろう。安全の概念が極めて主観的なのだ。

「安定／安心バケツ」と「リスク／成長バケツ」の比率は、いくらにすべきだろうか。3対1？　半々？　3対2？

「安定／安心バケツ」に入れる額が十分でないと、経済的崩壊をもたらす危険がある。逆に、あまりたくさん入れすぎると、成長が遅れてしまう。どうやって、適切なバランスを見つけたらいいか？

次に、リスクが高い分、利回りも高い「リスク／成長バケツ」について詳しく論じよう。

2 自分の「リスク許容度」はどれくらいか？

「勝者は一番速い車のドライバーではなく、負けを拒むドライバーだ」
デイル・アーンハート・シニア（レーシングカー・ドライバー）

「リスク／成長バケツ」は、高利回りが可能でセクシーに見えるので、誰でも資産を入れたがる。ここでカギとなるのは**「可能性」**という言葉だ。「リスク／成長バケツ」では、今まで貯めて投資した全財産を失う可能性もある。だからこそ、「守る」手段を講じなければならない。

人生に満ち引きがあるように、投資にも必ず上がり下がりがある。不動産であれ、株、債券、先物取引であれ、「今回だけは別で」永遠に上がり続けると考える投資家には、大きな驚きが待っている。

ジャック・ボーグルが唱えるスローガンは「市場は必ず平均値に回帰する（上がったら必ず下がり、下がったら必ず上がる）」だ。レイ・ダリオも、「どんな資産タイプでも、一生に一度は50～70％の価格下落に必ず遭遇する」と語る。

つまり、「リスク／成長バケツ」では、儲ける可能性は無限だが、損失を出す可能性も無限なのだ。成長は保証されないが、リスクは保証されるのが、「リスク／成長バケツ」なのだ。

■「リスク／成長バケツ」――〝可能性〟は無限

このバケツに入れる7種類の資産タイプについて、詳しく論じよう。

1 株式

どこかの企業の株式を購入してもいい。また、アクティブ運用ファンド、インデックスファンド、上場投資信託（ＥＴＦ）を購入すれば、複数の企業の株式を同時に所有できる。

ＥＴＦの人気が最近、上昇している。２００１年から２０１４年の間に、その市場は20倍以上に拡大した。複数の企業の株を所有する点では投資信託と同じだが、個別株と同様に売買できる点が異なる。

ＥＴＦの多くは、特定のテーマ（例：小型株、地方債、金）か、インデックスに従う。アクティブ運用ファンドやインデックスファンドを売買するには、市場が閉まるまで待たないといけないが、ＥＴＦなら1日中いつでも売買できる。だから、デイトレーダーには向いている。しかし、これは取引のタイミングを計る短時間勝負のトレーディングで、特別なリスクがある。

少額投資でも非常に多岐にわたる資産配分ができるため、ＥＴＦを好む投資家は多い。ＥＴＦは通常のインデックスファンドよりも、最低投資額と手数料が低いことも多い。また、株式を頻繁に売買しないので、資産売却益が出ず、譲渡益課税が発生する可能性も低い。

ＥＴＦに投資すべきか？　ジャック・ボーグルは、「広範囲をカバーするインデックスＥＴＦに投資するのは構わない。しかし中には、特定の国、業種に偏りすぎたＥＴＦもあり、こういうものは個人投資家には向かないので注意が必要だ」と警告する。

デイビッド・スウェンセンは、個人投資家がＥＴＦに投資する意義自体を疑う。「私は、資産を長期保有するので、頻繁にトレードするのが目的でＥＴＦを購入することを個人的には好まない」と語った。

2　ハイイールド債

以前は「ジャンク債」とも呼ばれた債券で、信用格付けランクが低く、リスクが高い分、利回りは高くなる。

3　不動産

不動産は、特に高い利回りが期待できることは誰でも知っているが、その投資法はたくさんある。家賃収入を得るために賃貸住宅に投資してもいいし、買った物件を改修後、すぐ転売してもいい。アパートか商用物件を購入するのも一案だ。

私のお気に入りは、定期収入と将来の価格上昇を見込める高齢者用介護マンションだ。

不動産投資信託（ＲＥＩＴ）に投資してもいい。ＲＥＩＴは株式と同様に売買されるが、ＲＥＩＴインデックスファンドを買えば、ＲＥＩＴの中でも広範囲に資産配分できる。

ノーベル経済学賞を受賞したロバート・シラー教授は、「賃貸物件を求める人が多い現在、成長を望むなら、自宅を所有するよりアパート物件ＲＥＩＴに投資する方が成長を見込みやすい」と語る。もちろん、この状況はいつ変わってもおかしくない。

どんな投資でも、必ず立ち止まって「自分は、一体何にお金を賭けているのか？」と自問すること。たとえば、「不動産価格が上昇する」という想定に基づいて投資すると、この想定が正しければ大儲けできるが、正しいという保証はなく、全額を失う危険もある。だからこそ、不動産を「リスク／成長バケツ」に入れたのだ。

自宅を購入した場合、将来の価格上昇を想定しているということだ。賃貸物件を購入した場合は、定期的に入る「家賃収入」と、将来、価格が上昇して売却した時に得られる「売却益」とで、２回儲けるチャンスがあるということだ。

4 商品取引

このカテゴリーには、金、銀、石油、綿などが含まれる。

伝統的に、金は「安定／安心バケツ」に入れるべき「最も安全な資産」と考えられ、不安定な状況では必ず価値が上がると考えられてきた（しかし、2013年には金の価値が25%以上も下落した！）。もし紙幣が消滅しても、金を持っていれば安心だからという理由で少量の金を所有する価値はあるかもしれない。国や政府が崩壊しても、金や銀は価値を失わないと考えられてきた。

そうでなければ、金は「リスク／成長バケツ」に入れるべきだ。インフレに備えて、またはバランスの取れたポートフォリオの一部として金に投資するなら、リスクを覚悟しなければならない。

将来、価格が上がると考えるから、金を買うのだ。収入（例：株の配当金、債券の利子、賃貸物件の家賃）を生む他の資産とは違い、金は収入を生まない。リスクの大小にかかわらず、金は「リスク／成長バケツ」に入れるべきだ。

金への投資を非難しているわけでは決してない。正しい経済的理由で、少量の金をポートフォリオに加える利点については、次の5章でもっと詳しく論じる。

5 為替取引

外貨に投資する為替取引は、純然たる投機に過ぎない。ぼろ儲けする人がいる反面、全財産を失う人もいる。為替取引は、素人が手をつけるものではない。

6 収集品

芸術品、ワイン、コイン、自動車や骨董品《こっとう》などがこのカテゴリーに含まれる。正しい価値を査定できる専門的知識が必要とされる。

7 仕組み債

仕組み債が両方のバケツに出てくるのは、異なるタイプが存在するからだ。定評のある金融機関が発行した元本100%保証つきであれば「安定/安心バケツ」に入れる。しかし、もっと高い利回りを提供するが、元本の保証率が下がるものであれば、損失を出すリスクも高くなるので「リスク/成長バケツ」に入れる。

ここまでカバーしてきた「リスク/成長バケツ」に入れる資産タイプに、もっと複雑な金融商品（例：コール/プット・オプションや債務担保保証券〈CDO〉）は含めていない。資産額が大きくなれば、自分の投資助言者にこれらの選択肢を検討してもらう価値も出てくるだろう。

しかし、こういった複雑な金融商品を購入することは、一歩間違えると全財産額を超える損失を被る危険があるので、これ以上、言及しないことにする。

「資産の種類」と「償還時期」を多様化させる

これまで、両方のバケツに入れるさまざまな資産のタイプを学んできたが、とにかく、2つのバケツ内のそれぞれで資産を**多様化させる**ことが重要だ。

『ウォール街のランダム・ウォーカー』の著者バートン・マルキールは、資産の内容だけでなく**「償還時期も多様化すべきだ」**と語った。そして多様なタイプの株、債券に投資するだけでなく、異なる地域と異なる市場からも選ぶようにすべきだという。

「個人投資家向けの究極の多様化手段は、低コストなインデックスファンドを買うことだ」と言う専門家が多い。

デイビッド・スウェンセンも、「低料金で資産内容を多様化させる最良の手段は、インデックスファンドを買うことだ。所有株が滅多に変わらないので、株式譲渡益課税がかからず、節税効果もある」と言っている。

"高利回り商品"に集中投資しない

すでにマネー・マシンがフル稼働しているなら、「リスク／成長バケツ」の中から少額を特定銘柄株に投資したり、日計り商い（訳注　買った銘柄をその日のうちに売ったり、信用取引で売った銘柄をその日のうちに買い戻す取引のこと）をしたりして遊んでみても構わない。

バートン・マルキールは、「大切なお金をインデックスファンドに入れたら、少額を遊びで投資しても構わない。競馬場に行くよりずっとマシだ。ただし、この遊びに使う金額は、総資産、ポートフォリオの5％以下に抑えるべきだ」と言う。

ベストな資産配分を決める前に、人は高利回りを提供する投資先に、つい集中投資してしまう傾向がある。たとえば、「不動産が高騰していれば、不動産に投資するのが天才」で、「株が上昇していれば、株に投資しない手はない」といった具合だ。もし、それで儲けられたとしても、偶然かもしれず、決して自信過剰になってはいけない。

賢い投資家は、「自分は必ず間違う」と宣言して、たとえ短期では損を出しても、長期的には必ず儲かるような資産配分をするものだ。

以下に、偉大な投資家の資産配分の具体例を紹介しよう。

最初は、**エール大学財団のデイビッド・スウェンセン**の具体例だ。

私はデイビッドに、**「子供に遺産は残せず、ポートフォリオと投資原則だけを遺言として残せるとしたら、何を伝えるか？」**と尋ねた。

彼が個人投資家に勧める資産配分は、いつの時代も変わらないオーソドックスなもので、ファイナンシャル・アナリストを雇う余裕などない中小企業にも向いている。

デイビッドのリストは、今まで学んできた15の資産タイプのうち、6つしか使わないシンプルで優雅なものだった。次のポートフォリオにある1～6は、どちらのバケツに入れるべきか、該当する方の□をチェックしてほしい。

「デイビッド・スウェンセンのポートフォリオ」

資産クラス（インデックスファンド）	比率	リスク／成長	安定／安心
1 米国内株	20％	□	□
2 外国株	20％	□	□
3 エマージング・マーケット	10％	□	□
4 不動産投資信託（REIT）	20％	□	□
5 長期米国債	15％	□	□
6 米国物価連動国債（TIPS）	15％	□	□

もっと詳しく説明を加えて、正解を示そう。

1 米国内株

米国内株インデックスファンド（例：バンガード500インデックス、ウィルシャー5000

0トータル・マーケット・インデックス）はリスクもあるし、利回りの保証はない。2013年までの過去86年間に、S&Pが損失を出した年が24年あった。だから、米国内株は「リスク／成長バケツ」に入れるのが正解だ。

2　外国株

デイビッド・スウェンセンは、ポートフォリオの多様性を確保するために、外国株の比重を高める。米国は不況でも、アジアやヨーロッパは好況かもしれないからだ。ただし、外国株に投資することに賛同しない専門家もいる。外国株に投資する際、どうしても避けて通れない為替リスクがつきものだからだ。

ジャック・ボーグルは、「米国銘柄株を所有すれば、外国株を所有することになる。マクドナルド、IBM、マイクロソフトやゼネラルモーターズといった大企業は、米国内だけでなく、世界中でビジネスをしているので、外国株の特徴も兼ね備えている」と語る。外国株も「リスク／成長バケツ」に入れるのが正解だ。

3　エマージング・マーケット

デイビッドは、ブラジル、ベトナム、南アフリカ、インドネシアといった値動きの激しい発展途上国の株に最低いくらかは投資することを好む。大きな利回りも可能だが、投資全額を失う危険もある。これも「リスク／成長バケツ」に入れるのが正解だ。

4 不動産投資信託（REIT）

デイビッドは、繁華街にある大手オフィスビル、大手ショッピングモール、工場ビルを所有するREITを好む。高利回りを生む可能性が高く、インデックスファンドでも高利回りが望めるが、商業用不動産市場の価格変動に大きく影響される点は注意が必要だ。これも「リスク／成長バケツ」に入れるのが正解だ。

5 長期米国債

元本が保証される代わり、利回りは低い。これは、「安定／安心バケツ」に入れる。

6 米国物価連動国債（TIPS）

これも、「安定／安心バケツ」に入れる。

さて、ここでデイビッドの資産配分をもう少し深く掘り下げてみよう。「安定／安心バケツ」の中身を見ると、長期米国債と米国物価連動国債（TIPS）を半分ずつ組み合わせて入れているが、その理由は何か？

「安全を確保するためには、インフレとデフレの両方から自分を守るべきだと言っているのか？」

と私が聞くと、

「その通り！　債券インデックスファンドの運営者ですら、この2つの債券を混ぜこぜにすることが多い。長期米国債はデフレから守ってくれ、一方、米国物価連動国債（TIPS）はインフレから守ってくれるのだ」

とデイビッドは答えた。

デイビッド・スウェンセンのような偉大な機関投資家ですら、インフレとデフレのどちらが起こるかは予想できないことを知っているので、どちらに転んでも大丈夫なように、両方のシナリオに備えて準備するのだ。

「インフレ対策とデフレ対策に50％ずつ投資したら、損得なしのトントンになるのではないか？」と尋ねる読者もいるだろう。その問いには確かに一理あるが、そんなに単純ではない。デイビッドはあくまでも、「リスク／成長バケツ」の株式・不動産投資のリスクを下げるために、「安定／安心バケツ」に投資しているのだ。「安定／安心バケツ」では絶対に元本割れは出ず、いくらかの投資利益は必ず出る。そして、インフレ・デフレのどちらが起こっても、余分に利益が出ることを見込める手堅い投資と言える。

ただし、「リスク／成長バケツ」に70％も入れたのに、「安定／安心バケツ」にはわずか30％しか入れなかったことには、いささか驚いた。極めて野心的な比率だと思ったので、私が「平均的投資家にも向いているか？」と聞くとデイビッドは、

実質リターン指数

1802年に投資した1ドルの
2002年における価値(ドル)

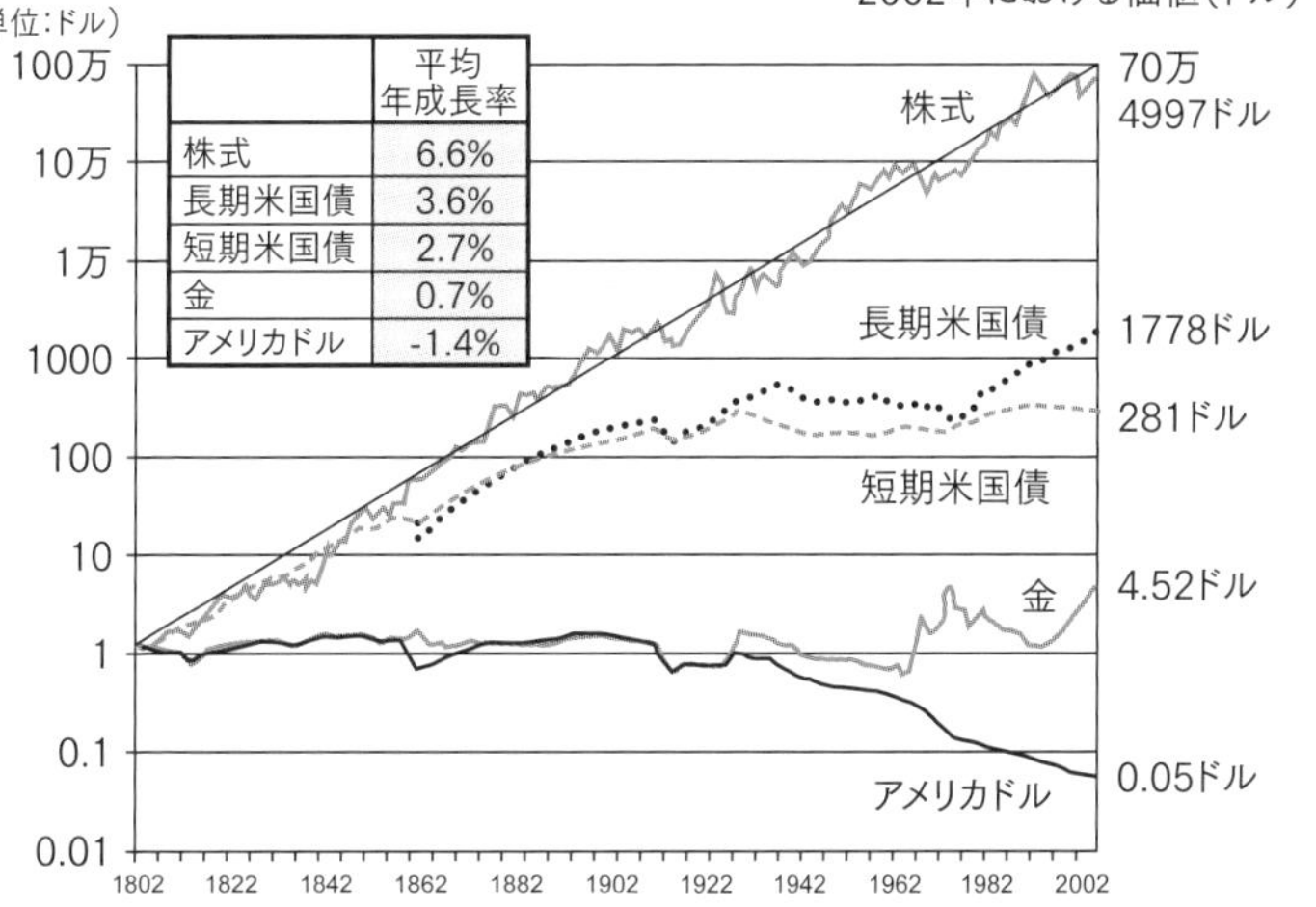

「長期的な視野に立つポートフォリオの中核を成すのは、株式だ。10年、20年、50年、100年と長期的に見ると、株式の利回りは債券のそれを大きく上回ってきた」

と答えた。

歴史データからも、デイビッドの発言の正当性が証明される。1802年に各種資産に投資した1ドルが、過去200年間（1802〜2002年）で、どれだけ成長したかを表わした上のグラフを見てほしい。年複利収益率では、歴史的に米国株が債券を大きく上回っている。

デイビッド・スウェンセンは長期的視野に立って、たとえ一時的に株価が下落しても回復する時間があると仮定して、理想的ポートフォリオをデザインした。

この資産配分で、1997年4月1日（米

国物価連動国債の初発売日）から２０１４年3月31日までの17年間、投資していたら、どんな結果を生んだかを、私は知りたくなった。

この時期、Ｓ＆Ｐインデックスはロデオのように上下し、51％もの価値を失った。経済専門家に依頼して、この資産配分の同時期の業績を分析してもらったところ、**スウェンセンの資産配分は、年平均利回りが7・86％で、市場平均を大きく上回った。**

２０００年から２００２年にかけて「Ｓ＆Ｐ５００」がほぼ50％下落した時も、スウェンセンのポートフォリオは比較的安定しており、この３年間でわずか４・５７２％しか下落しなかった。

２００８年の大不況時には、株式比率が高いスウェンセンのポートフォリオも下落したが、「Ｓ＆Ｐ５００」の37％と比較すると、31％と下落幅が６％も小さく、しかも、その後に回復した。

スウェンセンのポートフォリオは、確かに市場平均より安定していて、利回りも高いが、野心的ポートフォリオであることに変わりはない。

たとえ市場が35％下落しても、売り急がないだけの肝《きも》の据《す》わった投資家でなければ、不向きかもしれない。そして、損失を回復する時間のある若者には向いているが、退職が目前の人にはリスクが大きすぎるかもしれない。

しかし、他のポートフォリオの具体例も紹介するので、心配は要らない。次の5章で紹介するレイ・ダリオの資産配分は、平均を上回る利回りでありながら価格変動幅が小さく、ポートフォリオの聖杯と言ってもいいだろう。

■資産配分をする前に考えておきたい「3つのこと」

さて、自分の資産を「安定／安心バケツ」と「リスク／成長バケツ」のそれぞれに、どのような比率で入れるかを決める前に、ここで次の3要素を考慮してほしい。

1 人生のステージ
2 リスク許容度
3 資産の流動性

まず、ミスを犯しながらも投資で富を築き上げ、資産から引き出しを開始するまで、どれだけの時間が残されているか？ まだ若ければ、損失を回復するだけの時間があるので、野心的でも全く構わない。また、収入の多寡も関わってくる。投資資産に手をつけなくてもいいだけの収入があれば、ミスを犯しても回復を待つ余裕があるからだ。

リスク許容度の定義は、人によって大きく異なる。安定志向の強い人もいれば、リスク志向の人もいる。だから、投資する前に自分の性格を知る必要がある。

たとえば、次のような賞金をもらえるゲームショーに出演するとしたら、次の選択肢のうち、どれを選ぶか？

- 現金1000ドル
- 5000ドルを勝ち取る50％の確率
- 1万ドルを勝ち取る25％の確率
- 10万ドルを勝ち取る5％の確率

または、人生一度の豪華な休暇用の資金をやっと貯め終わった。ところが、休暇出発の3週間前に仕事を失った。次の選択肢から、どれを選ぶか？

- 休暇をキャンセルする
- もっと安い休暇プランに切り替える
- 就職活動の準備に休暇を使うという理由で、予定通り休暇に出かける
- これがファーストクラスに乗る最後のチャンスなので、休暇をさらに延長する

ラトガーズ大学が「リスク許容度」を測定するためのオンライン・クイズ（5分間で20の質

問に答える）を開発したので、興味があればトライしてほしい。

http://niacs.rutgers.edu/money/riskquiz
しかし、真の答えは自分の直観が知っている。

過去30年間、私は「ウェルス・マスタリー・セミナー」（４日間完全集中コース）を通して、世界１００カ国以上で、多くの受講者の経済面を革新してきた。

私がそこでよく使う「マネー・パス」というゲームを紹介しよう。ステージから観客に向かって、単に「お金を交換しなさい」とだけ言う。最初は皆、戸惑っているが、しばらくすると現金を交換し始める。１ドル札を出す人もいれば、20ドル札、１００ドル札を出す人もいる。

出席者はあちこち動き回りながら、相手を見定めて交換方法を決めていく。金額を交渉する人もいれば、所持金全部をばらまく人、１００ドル札を1ドル札と交換する人もいた。驚いた顔があちこちに見える。これを3～4分した後、私は「座ってください」と言って、次のトピックに進む。

すると、必ず誰かが「自分の１００ドル札を返してほしい！」と叫ぶ。そこで、私は「自分の１００ドル札と言ったのは誰か？」と聞き直すと、「ゲームをプレーしただけだ」と答えるので、私は「誰もゲームが終わったとは言っていない」と答える。すると、その人は当惑顔のまま席につくが、まだ１００ドルを失ったことに納得がいかない様子だ。

しばらくすると、自分の考える「抽象的なリスク許容度」と、「実際のリスク許容度」は全く異なることに気づく。

「自分のリスク許容度は高い」と思っていたのに、わずか1００ドルを失っただけで、ひどく憤慨してしまうことがわかるからだ。もし損失額が1万ドル、10万ドル、50万ドルだったらどうなるか？

野心的な投資家は、比較的短期間に50万ドルの損失を被ることもあり得る。しかし、実際に損失を経験するまでは、自分の「真のリスク許容度」を知ることはできないものだ。

■「自信過剰」に要注意

私も若い頃、全財産を超える何百万ドルもの手痛い損失を被ったことがある。損失の痛みは、額とは関係ない。たった1００ドル、1０００ドルでも、苦痛を感じるという意味では同じだ。負ける苦痛の方が、勝利の喜びよりずっと大きいのだ。だからこそ、巨額損失を避けるために、「全天候型資産配分」を構築する重要性が高まるのだ。

人は負けを嫌うが、その一方で自分の勝つ確率を客観的に評価できない。投資で何回か成功が続くと、「自分は投資の天才で、何をしても儲かる」と、市場を負かせられるような気になる。これを心理学では「動機的バイアス」と呼ぶ。

特に大金がかかっている場合、自分の予測能力や運の強さを過大評価してしまう傾向がある。宝くじを買う人が多いのも、まさにこの理由による。

1981年のストックホルム大学の調査によると、米国人ドライバーの93％が「自分の運転能力は平均以上」と考えている。「自分は平均以上」と考えない人などいない！

しかし投資では、「自分は平均以上」という驕《おご》りのために全財産を失うことすらある。

男性は、特にこの偏見に陥りやすい。男性ホルモンのテストステロンが自信過剰を生むからだ。「僕はスーパーマン！　空を飛ぶから見て！」と宣言して高いところから飛び降りる男の子のように、自信過剰はケガのもとだ。

「自分の将来予測能力を過信しない女性の方が、投資家として優れている」という事実は、研究で繰り返し証明されてきた。

市場の上昇基調が続くと、投資家はつい高利回りに魅了されてしまう。成長の可能性に誘惑され、成長は確実と過信してしまう。それでつまずくことになるのだ。具体的には、80％から100％の資産を、「リスク／成長バケツ」に投資したり、将来の儲けを見込んで借金をしてまで投資したりする人さえ出る始末だ。

多様な投資配分をせず、1つの資産タイプに集中投資すると、失敗すれば全財産を失ったり、負債まで負ったりして窮地に陥ってしまう。個人投資家が「株式（金・不動産など、どの資産でもいい）市場で、大儲けができる」という話を耳にする頃には、その市場はすでにバブルが弾ける直前で、その後、大損をすることは少なからずあるのだ。

だからこそ、「リスク／成長バケツ」だけに投資したり、1つの投資先に集中投資したりする誘惑に負けないよう、自己チェック機能を働かせることだ。

■〝ぼろ儲け〟の後の「手痛い敗北」

自分を洗練された投資家と考え、「こんな話は素人向け」と相手にしない人でも、つい高利回りの投資に魅了されてしまい、投資の基本原則を忘れてしまうことはありがちだ。不幸な結果を生んだ話を、私は身近でたくさん耳にしてきた。

ビジネスで大儲けしたジョナサン（仮名）は全財産を現金に換え、ラスベガスの不動産に投資した。当初は、ぼろ儲けが続いた。そこで、大金を借りてさらにマンション建設に投資した。ジョナサンは、私のセミナーに出席していて、その都度「今どんなに高利回りの投資があっても、全財産を決して1つのバケツに入れずに、必ず一部を『安定／安心バケツ』に資産配分する」ことの重要性について聞いていた。

ビジネスを10倍以上に急成長させたジョナサンは私に、「あなたのビジネス・マスタリー講座のお陰で、1億5000万ドルで会社を売却できた」と語った。

しかし、「資産の一部を『安定／安心バケツ』に入れる」話は耳を素通りしていた。そのため、膨大な代価を支払う羽目に陥った。

億万長者になるのが夢で、その夢まであと一歩というところまできていたジョナサンはうぬぼれてしまい、「安定／安心バケツ」の話に全く耳を傾けなかったのだ。
その後2007年から2012年の間に、ラスベガスの不動産価格は61％も暴落した。ジョナサンは全財産を失っただけでなく、5億ドルもの負債を背負い込んだ。

「全財産を『リスク／成長バケツ』に入れるのは、命取りだ」ということを読者が学んでくれたことを私は切に願う。

「10年間で損失を出す投資家は、全体の95％に達する」というのが、専門家の共通した見解だ。市場（例：不動産、株式、金）が急騰してぼろ儲けした投資家は、市場の暴落と共に底に沈み、経済的損失に打ちのめされる。人のアドバイスに聞く耳を持たない人は、自分の手痛い失敗を通してしか学べないのだ。

こんな苦痛を避けるためにも、利益相反のない独立した投資助言者のアドバイスが必要だ。プロスポーツ選手は最高のレベルを維持するために、必ずコーチを雇う。うまくプレーできない時、コーチがミスに気づいて微調整をしてくれ、ベスト・コンディションに戻してくれるからだ。

個人の資産運用についても、同じことが言える。

高利回りだけを追いかけたり、愚かな投資決断を下そうとしたりする投資家を説得して、正道に戻してくれるのが、偉大な投資助言者なのだ。

■「株式」と「債券」のベストな比率とは

読者が1万ドルのボーナスをもらったとする。あるいは、今まで貯めてきた10～100万ドルのお金を投資することに決めたと仮定する。今まで学んできた知識を使って、読者はどう資産配分するだろうか。

そして、**伝統的に使われてきた旧来の方法は、「自分の年齢と同じ割合を債券に投資する」だ。**

　そして、100から自分の年齢を差し引いた数字の割合を、株式に投資する。

　たとえば、40歳だったら、40％を債券（「安定／安心バケツ」）に、60％を株式（「リスク／成長バケツ」）に投資する。これが60歳だと逆転して、60％を債券、40％を株式となる。

しかし、今では株式、債券とも値動きが激しいし、平均寿命が延びた現在では、この比率は必ずしも現実にそぐわない。

では、どうしたらいいのだろうか。デイビッド・スウェンセンの野心的ポートフォリオ（30％債券・70％株式）をマネするか？　しかしこんな高リスクを取る余裕があるか？　それだけの資産や時間があるか？　それとも、もっと保守的に60％・40％とか50％・50％にするか？　それとも、退職目前なので、80％・20％にするか？

他人の戦略は全く気にしなくていい。自分の「経済的ニーズ」と「感情的ニーズ」を満たすことだけ考えてほしい。

■大切なのは「心の平安」を維持できること

これは極めて個人的な選択なので、経済界のスターでも真剣に自分の戦略を考えなければならない。たとえば、私はJPモルガンのメアリー・キャラハン・アードスに「資産配分を決める基準は何か？　自分の子供のためにポートフォリオを構築するとしたら、どんな配分にするか？」を聞いた。

メアリーはこう答えた。

「私には3人の娘がいて、年齢も性格も違う。得意な分野もこれから変わるだろうし、お金の使い方も変わるだろう。高給の職業につくか、薄給の職業につくかもわからない。結婚するか、子供を産むかもわからない。

時間の経過と共に、全ての要因が変化していく。生まれた日に資産配分をしたとしても、将来、変えなければならなくなるのは目に見えている。資産配分の仕方は、本人のリスク許容度によっても変わってくる。

完璧な資産配分は、人によってそれぞれ異なる。もし本人が『心配するのがイヤだから、短期米国債だけでいい』というのなら、それが正解となるわね」

ここで、私が、

「最終的にはお金の問題ではなく、本人の感情的ニーズを満たすのが目的だからか？」

と聞くと、メアリーは、

「トニー、その通りよ。もしポートフォリオの半分を株に投資したために心配に苛まれて幸福になれないのなら、本末転倒だわ」

と答えた。私が、

「投資の目的とは何か？　自分と家族の経済的自由を確保するのが目的ではないか？」

と尋ねると、メアリーは、

「確かに、自分のやりたいことができる経済力を確保することは重要ね。でも、市場が急落して大きなストレスや苦痛を感じるのであれば、これを目的にする価値はない」

と答えた。つまり、**心の平安を保つ方が、富を築くことよりずっと大事**だというのだ。


心の平安を維持できる、自分の性格に合った配分比率を、じっくり時間をかけて考えてほしい。どんな数字を選ぶか？

この比率を決めることは、人生最大の投資決断となる。一度決めたら、人生の違うステージに至るか、状況が大きく変わるまでは変えない方がいい。そしてポートフォリオを定期的に調整し、この比率を維持していくのだ。比率の選択に自信がなければ、投資助言者に助けを求めればいい。

投資原則を理解した上で、自己資産配分比率を決めた読者には、吉報がある。

世界トップ投資家50人とのインタビューを通して、「安定／安心バケツ」の安心を維持しながら、「リスク／成長バケツ」並みの利回りを得る方法を、私が見つけた。

インタビューに応じた投資家のアドバイスで共通することは「損をしない！」ということだ。大きなリスクなしに大きな利回りを確保できる方法が、間違いなく現実に存在するのだ。

さて、次に、今まで言及しなかった3つめのバケツ、「夢バケツ」について説明しよう。

これは将来の心配のためではなく、今の人生を楽しむためのバケツだ。きっと読者を奮い立たせるはずだ。

3

「楽しみ」のためのお金も準備しておく

「夢を見なくなったら、死んだも同然だ」　マルコム・フォーブス（『フォーブス』誌元発行人）

「夢バケツ」とは何か？

それは、一生懸命に財産を築きながらも、自分と家族が人生をエンジョイするための貯金だ。明日のためのお金ではなく、今使うお金だ。自分を元気づけ、やる気にしてくれるのが「夢バケツ」だ。

「夢バケツ」の中身とは「戦略的贅沢」だ。

今、一番欲しいもの、やりたいことは何だろうか。高価な靴？　スポーツ観戦の最前列チケット？　子供と一緒にディズニーランド旅行？　スキー旅行やビーチでの休暇？　高級スポーツカーや別荘はどうか？

お金はあっても質素で、飛行機の座席はエコノミークラス席しか買わない百万長者がいた。妻は「今あるお金で、もっと人生をエンジョイしたい！」といつも文句を言った。出張が多いこの夫婦は、それがいつものケンカの種だった。

私の「ウェルス・マスタリー・セミナー」を受講した後、夫は家族旅行の飛行機の座席をビジネスクラスにアップグレードするために、「夢バケツ」のお金を使うことにした。アップグレードで旅行が快適になっただけでなく、夫婦関係も驚くほど改善した。将来はチャーター機を試してみると、考えているほど高くはないことがわかるだろう。

お金はあっても、それをエンジョイしようとしない人が多い。銀行口座の数字が増えるのだけが楽しみで、お金を使って家族と一緒に貴重な思い出をつくることを忘れている。

「リスク／成長バケツ」で最初に儲かった頃の私の夢は、ディスカウント店でスーツを2着新調することか、休暇でハワイに行くことだった。当時の私にとって、これは最高の贅沢だった！

私が実現したもっと大きな夢は、フィジー島の高級リゾート施設を手に入れたことだ。24歳の時、南太平洋の紺碧《こんぺき》の海の虜《とりこ》になった私は、自分と家族が現実から癒される別荘が欲しかったのだ。何年もかけて「ナマレ・リゾート」をフィジー屈指の高級リゾートにアップグレードし、拡大してきたが、今では巨額の資産に成長した。自分の夢が実現できた上に、こんな経済的恩恵がついてきたのは幸運だった。

夢は経済的恩恵のためではなく、人生の質を高めるためにある。

前出の2つのバケツを満たそうとするのも、最終的にはこれが目的だ。しかし、ここで全財産を「夢バケツ」につぎ込んでしまうと、文なしの余生を送る羽目に陥るので、自制力とバランスを取ることが必要だ。また自己利益のためではなく、人のためにお金を使うと、その見返りは、もっと大きい。

「夢は人格の試金石だ」ヘンリー・デイビッド・ソロー（思想家）

ここで、私の個人的体験を話そう。私の母は貧困家庭に育ち、大人になってからも私が子供の頃は食べ物にさえ事欠く日が多かった。私がビジネスで成功し始めた後、ビーチ沿いの高級マンションを買おうと考えて、母と一緒に見に行った。

海が見えるマンションの内部を見て回った後、ビーチに出て、母と話した。私はこのマンションが非常に気に入ったが、母に「どう思うか？」と尋ねた。母は「貧乏家庭で育ったお前が、こんな高級マンションを買って住めるなんて、まるで夢のようだわ！」と言った。

「じゃあ、本当に気に入ったんだね？」と確認した後、私はマンションのカギを母に渡して、「お母さんの家だよ」と言った。この時の母のビックリした顔と喜びの涙は、今でも私の脳裏に焼きついている。母はすでに他界したが、私の貴重な思い出の1つだ。

■「社会に貢献する」と決意すれば天の恵みが受けられる

この後しばらくして、ヒューストンの貧困地区にある小学校に通う5年生100人と出会った。この子たちは大学に進学するようなタイプからは程遠かった。

そこで私は、「もし非行に走らず、平均Bの成績を維持できたら、私が4年制大学の授業料を全額払う」という契約を、彼らと結ぶことを決意した。

「集中して努力すれば、誰でも平均以上の成績が収められる。そして私がよき指導者の役割を果たす」と明言した。

契約に加えた条件は、「刑務所に入らない」「高校卒業前に妊娠しない」、そして「地域の慈善団体で、毎年ボランティア活動を20時間する」だった。

この時点では、どうやって100人分もの授業料を払うか見当もつかなかったが、それでも、「必要な金額を払う」という法的拘束力を持つ契約書に署名した。もう前に進むしかない窮地に追い込まれると、やる気がこんこんと湧き出てくるから不思議だ。

「島を占領するつもりなら、乗ってきた船は燃やしてしまえ」という格言があるが、この契約書に署名した時の私の思いは、正にそうだった。

小学5年生から大学まで私と一緒に前進したのは、このグループのうち23人だった。中には、大学院に進学した子も、弁護士になった子もいる。私は彼らを「マイ・チャンピオン」と呼ぶ。彼らは現在、ソーシャル・ワーカーや会社のオーナーとなり、結婚して親となった。

数年前の同窓会の場で、「若い頃に経験したボランティアのお陰で、その後の人生でも社会奉仕ができるようになった」というすばらしい経験談を聞くことができた。この経験のおかげで、彼らは人生の「真の意味」を見出し、喜んで社会奉仕し、また自分の子供にも、その喜びを教えているのだ。

私がこの逸話を語るのは、「夢を実現するための準備が完了するまで待つ必要はない」ことを言いたかったからだ。とにかく実行してみると、実現方法を見つけるための「天の恵み」を受けられる。

自分のためではなく、社会に奉仕すると決意すると、「天の恵み」を受けられるはずだ。これを単に「偶然の一致」「幸運」と呼ぶ人もいるが、純粋な動機に基づいて全力を傾けて努力すれば、その見返りは無限だ。

富を築くカギは、自分の創造性を解放することだ。

誰よりも人のためになる「付加価値」を見つけられれば、裕福になる方法も必ず見つかるはずだ。

社会への貢献度が高まれば、自分自身の価値も高まって、大きな富が舞い込んでくるはずだ。

■「夢バケツ」を満たす「3分の1原則」

どうやって「夢バケツ」を満たせばよいか。よく使われるのは、「3分の1原則」だ。

たとえば、想定外の大金（例：1万ドルのボーナス）が転がり込んだり、「リスク／成長バケツ」で大儲けしたりした時には、3等分してそれぞれを、「安定／安心バケツ」「リスク／成長バケツ」「夢バケツ」に入れる。

つまり1万ドルのボーナスなら、3333ドルを「夢バケツ」に入れる。

「リスク／成長バケツ」に入れた3分の1は、その成長が期待できるし、「安定／安心バケツ」に移した3分の1は、心の平安を与えてくれる。

そして「夢バケツ」に入れた3分の1は、自分を刺激し、夢の実現へと後押ししてくれる。今すぐ見返りがあれば、「もっと稼ごう！　もっと貯めよう！　もっと効率よく投資しよう！」という気持ちになる。

「夢バケツ」を満たす別な方法は、目標額に達するまで、毎回の給与から一定率を貯蓄する方法だ。ただし、絶対手をつけない聖なる「フリーダム・ファンド」への拠出額を減らしてはいけない。両方への拠出額を増やす方法を見つけることが大事だ。

「夢バケツ」に入れるお金を確保する戦略をどう立てればよいだろうか。ボーナスが出る、株で儲けるのを待つか？　それとも毎回の給与から一定割合を積み立てるか？

友人のアンジェラは、本書のプロセスを踏むうちに、税金の高いカリフォルニア州からフロリダ州に引っ越して支払う税金を節約した分で、「フリーダム・ファンド」に10％、「夢バケツ」に８％を回せることに気づいた。

住む場所を替えることで、州税の負担を減らし、その分を、「夢バケツ」に回したのだ。

アンジェラは、さらに節税項目を見つけて、「フリーダム・ファンド」への拠出率をさらに２％上げて12％にできたので、「夢バケツ」の８％と合計すると、所得の20％を貯蓄する勘定となった。

本書を読む前のアンジェラに、「所得の20％を貯蓄できる」と言ったら、「そんなこと、絶対無理！」と相手にされなかっただろう。しかし、アンジェラは、安定した老後と自分の夢の両方を実現するために、所得の20％を実際に貯めている。

彼女の夢は、有名な古生物学者ルイーズ・リーキーと一緒に、ケニアで化石を発掘することだが、「夢バケツ」が一杯になれば、この夢を実現できる日がきっとやって来る。老後の心配がなく、経済的に自立した上で、こんな大冒険ができたら、人生は実に最高だ。

一番の秘訣は、夢のリストをつくることだ。

つくったら、重要度、大きさ、実現までにかかる時間で優先順位を決める。そして、実現したい理由を書き出すのだ。

もし貯金する理由がわからなければ、貯蓄率を決めることなど、できっこない。自分が本当に欲しいものと欲しい理由を明確にして、情熱に火をつけるのがカギだ。

そうすれば、創造性がかき立てられ、もっと収入を増やし、もっと貯蓄し、もっと付加価値を高め、もっと節税して、もっと上手に投資して、将来ではなく、今の自分のライフスタイルを向上させて、夢を実現する新しい方法を見つけられる。

さあ、自分の夢リストをつくろう。書き出すことで、現実感が醸《かも》し出される。この夢のためにいくら貯める意欲があるか？　興奮が冷めないうちに始めてほしい。

■自分の人生を「本当に豊かにするもの」

最終的には、全資産の何％を「夢バケツ」に入れるべきか？　多額である必要はなく、わずか5～10％で十分だ。ただし、自分にご褒美をあげることは、決して忘れないでほしい。

資産を安全に成長させることも確かに大事だが、人生を楽しみ、社会に貢献して、経済的自由までの人生の道のりを精一杯生きることを忘れてはいけない。夢には、それなりの大切な役割があるのだ。

あまり節約ばかりに執着しすぎるのもよくない。

ここで、知人夫婦の逸話を紹介しよう。

この夫婦は一生涯、節約に節約を重ねたつましい生活をしてきたが、やっとカリブ海クルーズに出かけるだけの余裕ができたと思い、初めて予約した。プールやディスコも備えた豪華客船で、1週間かけてあちこちの島をめぐるクルーズだ。

夫婦はこのクルーズに興奮したが、旅費だけでも高額だったので、豪華な食事に余分なお金をかけたくなかった。そこで、スーツケース一杯にチーズとクラッカーを詰めて、豪華な食事は避ける覚悟でいた。よい天気に恵まれ、船上アクティビティを存分に楽しんだ。

ところが、昼食と夕食の時間になると、飲み放題・食べ放題の贅沢三昧ビュッフェを楽しむ他の乗客を横目で見ながら、自分の部屋に戻って、持参したチーズとクラッカーを毎食食べ続けた。人生一度の豪華旅行を楽しみながらも、食費を節約していると考えて満足だった。

ただ、最終日の夕飯だけは贅沢することにして、船内レストランで人生で最高のごちそうを食べたいだけ食べ、ワインも飲みたいだけ飲んだ。

デザートを何種類も食べた後、ウェイターに会計を頼むと、「会計?」とあきれ顔をされた。夫婦が「この豪華なディナーとワイン、デザートのお会計よ」とさらに催促すると、「クルーズ料は全食事込みと知らなかったのですか?」と、信じられないという顔で聞き返された。

「旅費は全食事込み」という比喩は人生にも通じる。節約だけの人生ではなく、人生で遭遇するものは何でも存分に楽しもう。

そして、もう1つ、「自分の人生を豊かにするのは、お金のかからないものが多い」ということも忘れないでほしい。ジョン・テンプルトン卿の**「豊かさの秘密は感謝の念」**という格言を思い出してほしい。

自分の愛する人や子供の興奮した眼差しにも、喜びと冒険を見つけられるし、人生の美しさに注意を払えば、人生を豊かにしてくれる宝物はそこかしこにある。

愛する人、喜び、チャンス、健康、そして友人と家族に恵まれた自分が、いかにラッキーかを再認識してほしい。

「いつか豊かになりたい」と言わずに、「今という時が豊かだ」と言ってスタートしよう。「裕福になる」のではなく、「裕福である」からスタートするのだ。

4

投資の成果は「タイミング」で決まるのか?

「敵に直面してみたら、自分だった」ポゴ（音楽家）

投資家とコメディアンに共通する「成功の秘訣」とは何か？　それは「タイミング」である。一流のコメディアンは、人を笑わせる絶妙なタイミングを知っている。**賢い投資家は、投資の絶妙なタイミングを知っている。しかし、絶妙なタイミングを逃してしまう時もある。**つまり、ベスト投資家でも毎回正しい決断ができるわけではないのだ。

コメディアンはタイミングをはずすと、観客がシーンと静まり返って恥ずかしい思いをする。**投資家がタイミングを逃すと、虎の子が破壊される。だから、未来予知能力を必要としない解決策が必要だ。**

変動の激しい経済から投資家を守ってくれるのは、幅広く資産配分することだと学んだ。しかし、「正しい場所で正しいことをしたのに、タイミングがずれていた」という経験が誰にでもあるだろう。「資産配分の効用はわかったが、タイミングがずれていたらどうするか？」と聞く読者もいるだろう。

私も同じ問いを自問してきた。株を株価が最高値の時に買って、その後下落したらどうするか？　債券市場に投資した後、利率が上がったらどうするか？　市場の変動を正確に予知できる投資家は誰もいない。市場の変動から自分を守り、成功するにはどうしたらいいか。

大半の投資家は、「勝者を追いかけ、敗者から逃げる」という群集心理に駆られる。ファンド・マネジャーも同じだが、「群れに追従して、チャンスを見逃さない」ようにしたいと願うのは人の習性だ。

プリンストン大学経済学部教授バートン・マルキールは「感情に左右されて、投資家は実に愚かな行動を取る。最悪のタイミングで市場に投資したり、市場から資金を引き上げたりする」と語る。

■ITバブル、不動産バブル――人々はどう行動したか？

ここで、2000年代初頭にテクノロジー・バブルが弾けた時を思い出してみよう。

2000年の第1四半期に、史上最高額の資金が市場に流入し、ITバブルの最高値がついた。２００２年の第３四半期には、株価が大きく下落して、投資家はこぞって市場から資金を引き上げた。

このタイミングで株を売り払った投資家は、この直後の史上稀な株価急上昇の波に乗り損ねた。

２００８年の第３四半期に大不況がどん底に達した時にも、株式市場から史上最大の資金が流失した。投資家たちは恐怖に駆られて行動したのだ。確かに、こんなに激しい株価の暴落に恐怖感を持つのは、ちっとも不思議ではない。２００９年10月には、市場全体評価額が２兆ドル以上も下落し、毎月何十万人もの失業者が出た。

この時、私はＮＢＣの朝の番組『トゥデイ』から、「視聴者がこの経済危機を乗り切る対策を論じるために出演してほしい」と依頼された。

翌朝スタジオに着くと、プロデューサーから「全国の視聴者を、４分間で鼓舞してほしい」と言われ、正直言って戸惑った。「私の使命は、聴衆を鼓舞することではなく、真実を語ることだ」と答えた。

番組では「株式市場のメルトダウンはまだ終結していない。これから状況はさらに悪化する」と切り出した後、私はこう話を続けた。

「以前は50ドルで取引されていた株が現在５～10ドルで取引され、さらに１ドルまで下がる株もあるだろう。恐怖に駆られるのを拒んで、不況時を好機と捉《とら》えた先人の経験から学ぶべきだ。世界大恐慌で株価が大暴落した時に、底値で株を買い占めて大儲けしたジョン・テンプルトン卿がよい例だ。

歴史をひもとくと、1930年代と1970年代に、一時的に株価が1ドルまで下落したことがあった。株価はすぐには50ドルまで回復しないかもしれないが、数カ月すれば必ず5ドルまで戻るはずだ。1ドルで買った株が6カ月で5ドルまで上がれば、利益率は400%になる。パニックに陥らずに賢い選択をして、その後、株式市場が順調に回復すれば、短期間に投資額を何十倍にも増やすことが可能だ。今こそが生涯絶好の投資チャンスだ」

■「最高のチャンス」は絶望の極みに訪れる

「株価が下落し続ける」と私が予測できたのはなぜか?

私が天才だったからではない。友人のポール・チューダー・ジョーンズから、経済危機が起こる1年前に知らされていたからだ。ポールは市場動向を常に正確に予測できる極めて稀な投資家で、1987年のブラック・マンデーの時も、顧客の投資額をわずか1年で2倍に増やすことができた。

2008年初頭に、ポールから「株式市場と不動産市場の暴落が近づいている」という警告を受けた。そこで、私が年に3~4回トレーニングを続けている少数のエリートグループ「プラチナ・パートナーズ」のメンバーに、経済危機が近づいていると警告するため、２００８年4月にドバイで緊急ミーティングを招集した。

予知はまさに力なりだ。４～6カ月の時間的余裕があったので、このエリート・グループは、市場最悪に近いこの経済危機で実際に儲けることができた。

２００８年の第4四半期を通して、株価は下がり続けた。２００９年3月には私が予言した通り、シティグループ株は最高値の57ドルから、1ドル以下の97セントまで下落した。文字通り、シティバンクのＡＴＭからの現金引き出し手数料の1ドルで、1株が買える勘定だった。

こんな異常な状況で、投資家はどうしたらいいのか？

ジョン・テンプルトン卿の**「最高のチャンスは、絶望の極みに訪れる」**というモットーや、ウォーレン・バフェットの**「人が金儲けする時は恐れて、人が恐れる時は金儲けしなさい」**という格言に従えば、不況は株をバーゲン価格で買う絶好のチャンスだ。

賢い長期投資家は、市場の潮流が必ず変わることを知っている。投資の冬こそお買い得の時季であり、２００９年初頭はまさに最高にお買い得の冬だった！　しばらく時間はかかるかもしれないが、必ず春が来て金儲けができる。

もし恐怖に駆られて、あるいは必要に迫られて、株価の暴落時に株を売らなければならなかったら、どうするか？（例：２００８年に解雇されて、他の収入源がなかった。子供の学費を

払わなければならないのに、銀行がローンの貸出を渋った、など）

2008年に株を売却しなければならなかった読者には、私は深い同情の意を表明する。できれば、他の財源を何とか見つけてほしかった。

市場暴落時に株を売却した個人投資家は、手痛い教訓を得たはずだ。株を保有し続けた投資家は最終的には損失を回復できたのに、売却した投資家は損失を回復できなかった。株式にもう一度投資しようと考える頃には、株価はすでに急上昇しており、高い買い物になっていた。

こんな短期間に、こんなに多くの投資家が、こんな巨額の損失を被り、こんな苦境に立たされたことで、私は「重要な投資知識を広く一般に伝えたい」という願望に駆られた。

本書の執筆を私が決意したのは、まさに、この大不況のせいだった。HFT（超高速・高頻度の株式取引）をつくり出した、絶対損失を出さない経済的知識と同レベルの専門知識を、一般投資家に伝授する方法を探求することにしたのもそうだ。

ここでは、通常の投資形態で、投資リスクを最低限に抑え、利益を最大限にする3つの手段を紹介しよう。

■「マーケットのタイミングを計れる」は大きな間違い？

2009年3月2日に、ポール・チューダー・ジョーンズが私に「株式市場は底を打った」と教えてくれた。これから株価は上がり始め、春がやってくる、と。そこで、私は次のようにツイートした。
「悪名高いトレーダーのジェシー・リバモアの言葉『市場は決して間違わないが、人の意見は間違える』マーケット・タイミング戦略を私は取らない。幸運を祈る！　トニー」
「投資を勉強して、自分の許容範囲内の金額を、自分で決断して投資しなさい。投資アドバイスは出さないが、客観的に判断することを望む」
「私は17年間、世界最強トレーダーをコーチしてきた。アドバイスではないが、株価は底値に近づいているかもしれない。もっと勉強してほしい」

株式市場の動向について私がツイートしたのはこれが初めてだったが、**そのわずか7日後の3月9日に、米国株式インデックスはついに底値に達した。**その後、最初は緩やかに、しばらくすると急激に上昇を始めた。２００９年3月9日には1・05ドルだったシティグループの株が、５カ月後の8月27日には、４倍以上の5ドルにまで上がった。

パニックに陥らずに底値でこの株を購入していれば、信じられないような利回りを実現できたはずだ。

過去の投資実績は必ずしも将来の動向を示唆しないし、ポールのような天才的投資家でも、予測が常に的中するわけではない。２０１０年に私は、専門家の分析を基に、投資家が多大な損失を被るのを避けられるように、「市場が買われすぎており、反転して調整局面に入る可能性あり」というビデオ警告を発したが、その判断は間違っていた。

米国政府が、前代未聞の対策を講じるとは誰も予想していなかった。4兆ドルもの現金を市場に注入して株価を下支えする超金融緩和策を、経済が回復するまで無期限で続行することを宣言したのだ。

連邦準備制度理事会（FRB）は、傘下の地区連邦準備銀行を通じて、大手銀行が保有する不動産担保債権を買い取ることで、巨額資金を市場に注入した。このため利率が異常に低く抑えられ、少しでも高い利回りを求める人は株式市場に目を向けざるを得なかった。この政策が何年も続けられてきた結果、株価は調整局面には入らなかった。

だから、マーケットのタイミングを計れると考えるのは、大きな間違いだ。想定外の要因が働くこともあり、たとえ世界トップの投資家でさえ間違えることがある。マーケットのタイミングを計るのは、ポールのように、多くのアナリストを抱え、多岐にわたる資産配分のお陰で、たとえ間違えても損失を補うことができる専門家に任せておくべきだ。

ところで、私はマーケットのタイミングを裏付ける概念を全面的に否定しているわけではない。シンプルかつ強力な「自動化」原則に従って投資すれば、個人投資家でもこの概念を活用できる。バートン・マルキールは「市場はコントロールできないが、自分がいくらで株を買うかはコントロールできる。感情に左右されないように、オート・パイロットに切り替えることだ」と語った。

■「タイミングのジレンマ」の解決策

天才投資家ウォーレン・バフェットの「育ての親」と目されたコロンビア大学教授ベンジャミン・グレアムは、**「ドル・コスト平均法」**という投資手法を推奨した。これは長期間にわたり、一定額を定期的に投資する手法で、マーケットのタイミングを計ることによる「最悪のミス」を回避できる。資産配分の2つのカギは、**「資産クラス」と「市場」を多様化すること**だと書いた。

そして3つめのカギは**「時間」を多様化すること**だが、ここで「ドル・コスト平均法」が役に立つ。「ドル・コスト平均法」は、感情に左右されて、自分の資産配分プランを台なしにするミスを避けられる。「株価が高すぎる」と考えて投資の時期を遅らせたり、一時的に利回りが下がったのでイラついて売り払うといったミスを、だ。

ジャック・ボーグルやバートン・マルキールをはじめ、「ドル・コスト平均法」のファンは多い。この手法を用いれば、どんな経済下でも、浮き沈みの激しい市場を生き延びるだけでなく、長期的な成長が望めるので心の平安が保てる。単に、一定額を同じ間隔（毎月とか、3カ月ごととか）で投資し続ければいいだけなのだ。欲望であれ恐怖であれ、**投資で損失を被る最大の原因となる「感情」を排除する**のが「ドル・コスト平均法」の目的だ。

資産配分プランに従って、一定のスケジュールで毎月または毎週同じ額を投資し続けると、市場の変動が利益を減らすのではなく、増やす効果を発揮する。

たとえば、毎月1000ドルを投資することにして、株価動向に関係なく、「リスク／成長バケツ」に60％（600ドル）、「安定／安心バケツ」に40％（400ドル）の割合で配分して投資する。その場合、**市場の変動は投資家の味方になる。**直観に反するかもしれないので、バートン・マルキールが語った実例を使って説明しよう。

毎年1000ドルを、5年間にわたって、2つのインデックスファンドに投資したとする。ファンド1は、1年目に100ドル、2年目に60ドル、3年目に60ドル、4年目に140ドル、そして5年目には元の100ドルに戻った。

一方、ファンド2は、1年目に100ドル、2年目に110ドル、3年目に120ドル、4年目に130ドル、5年目に140ドルと、着実に値上がりした。

5年後に儲けの大きいファンドはどちらか？　直観的には、着実に株価が上昇し続けたファンド2の方がよさそうな気がするが、そうではない。**変動の激しい株式市場に定期的に投資する方が、実際の利回りは上がるのだ。**5年間株価が上昇し続けたファンド2では、5000ドルの投資が5915ドルに成長した。ところが、株価が上下したファンド1では、利益が14・5％増えて、6048ドルに成長した。

同じ額を投資したとしても、ファンド1では株価が60ドルに下がった時に、より多くの株数が買えた。したがって株価が上がれば、利益も自動的に上がる。

利益が大きいのはどちらか？　（2000年～2009年　初期投資10万ドル）

広範囲の資産に投資 vs 米国株100％

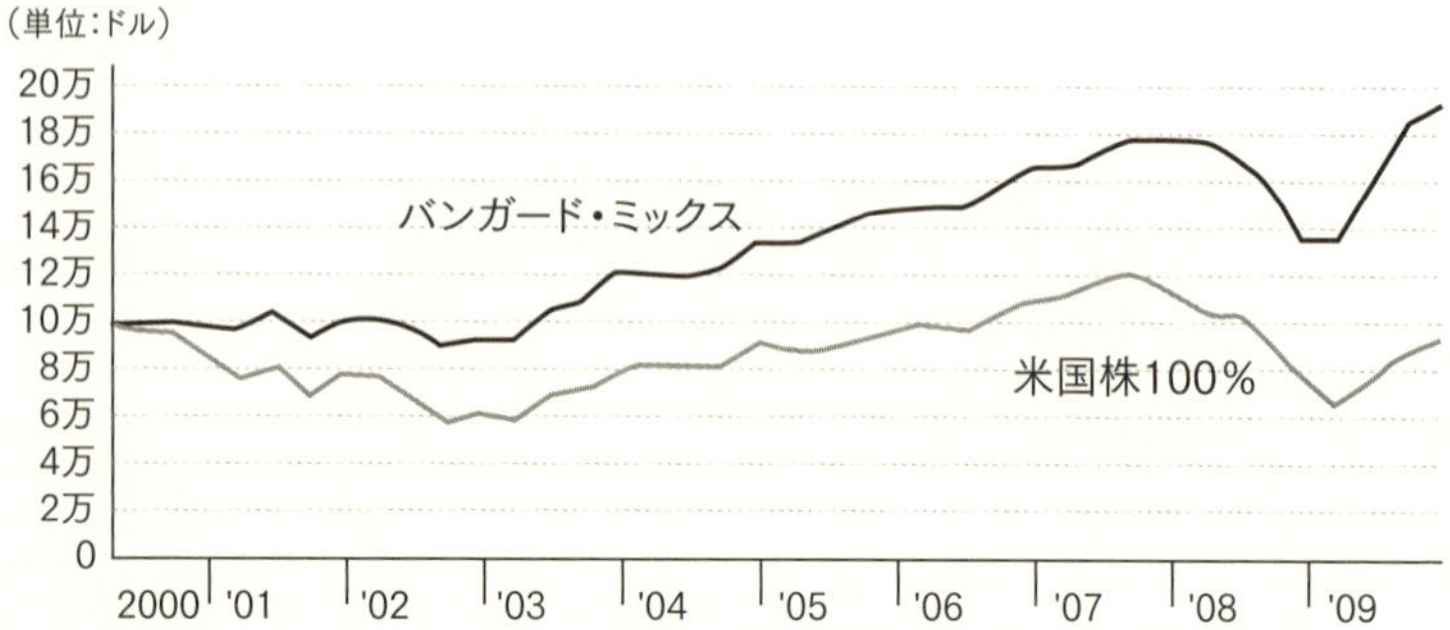

33％：確定利付債（VBMFX）、27％：米国株式（VTSMX）、14％：外国株式（VDMIX）、
14％：エマージング・マーケット（VEIEX）、12％：リート（不動産投資信託／VGSIX）
出典：バンガード、モーニングスター

バートン・マルキールは「変動する株式市場の恩恵を避けて通る投資家が多いのが問題だ。株価が下落するとパニックに陥り、安値で株を売り払ってしまう。冷静に構えて、長期的プランに忠実に従う覚悟が必要だ」と語った。

2000年から2009年のいわゆる「失われた10年」に、米国株式に100％投資した投資家は大きな打撃を受け、手痛い教訓を学んだ。1999年12月31日に投資した1ドルは、2009年の年末には90セントに目減りした。

ところが、同時期に「ドル・コスト平均法」で着実に投資していれば、逆に利益が出たはずだ。

2010年にマルキールは、『ウォール・ストリート・ジャーナル』紙に「長期保有戦略（バイ＆ホールド）はまだ健全」と題した記事を投稿し、その中で、こう書いている。

「前出グラフ（上図）が示す通り、2000年初頭に10万ドルを、確定利付債（33％）、米国株式（27％）、外国株式（14％）、エマージング・マーケット（14％）、リート（不動産投資信託）（12％）の資産配分で投資して、そのまま10年間保有していれば、2009年末には、19万1859ドルに成長したはずだ。これは『失われた10年』に、利回りが年率6・7％を超える計算となる」

マルキールは私に**「ドル・コスト平均法こそが、株式市場の変動から恩恵を受ける方法なのだ」**と語った。他の天才投資家や有名な研究者も、ドル・コスト平均法の効用について同意見である。

ただし、一括投資できるまとまった金額が手元にあれば、この方法が必ずしもベストとは限らない。

ドル・コスト平均法は、単に株式だけでなく、ポートフォリオ全体に一定額を定期的に投資し続けることを意味する。この方法を使えば、市場の変動は投資家の味方となる。自分の投資配分に忠実に投資するためのもう1つの方法は「リバランス（決めた配分率に戻すこと）」だが、これは後でもっと詳しく説明する。

勤務先で401（k）プランに加入している人は、毎回の給与から自動的に一定額を天引き、拠出しているので、ドル・コスト平均法の恩恵をすでに受けている。自分で天引き自動システムを設定するのも簡単だ。

自営業を営む私の友人は、毎月1000ドルが自動的に銀行口座から年金用口座に天引きされるよう手続きした。以降は何もしなくても自動的に投資され、投資タイミングの心配は不要となった。

■一定間隔でポートフォリオを「リバランス」する

私がインタビューした投資家は、皆が皆、必ずしも同じ主張をするわけではないが、全員が同意したことがある。それは、**「投資家として成功するためには、一定の間隔でポートフォリオをリバランスする」**ことだ。

自分の投資バケツ全部を見て、資産配分が正しいかを一定間隔でチェックしなければならない。時には、利回りが非常に高いファンドの比率が上がり過ぎて、全体の資産配分比率が狂ってしまうこともある。

たとえば、「リスク／成長バケツ」が60％、「安定／安心バケツ」が40％でスタートしたとする。その6カ月後に、「リスク／成長バケツ」内のファンドの利回りがよくて、75％まで成長したので、「安定／安心バケツ」比率は25％に下がってしまった。この時点で配分比率を当初の「60％：40％」に戻すべく、リバランスしなければならない。

ドル・コスト平均法と同じく、リバランスも一見簡単に見えるが、実際にやるとなると、強い自制力が必要とされる。利回りのよいファンドの比率を減らすのは、容易なことではない。

「リバランスが損失から資産を守ってくれ、利益を最大化する」と頭ではわかっていても、「今ホットな投資商品（例：株、不動産、債券、商品）の価格は、永久に上昇し続ける」という幻想にとらわれやすいからだ。

一度成功の味をしめると、その商品を手放したがらない投資家の感情と心理が、大きな損失を招くのだ。価格上昇中の商品を売って、価格が下落した商品に再投資するには、強い意志の力が必要となる。

■偉大な投資家カール・アイカーンの実例

ここで、偉大な投資家**カール・アイカーン**の強力な実例を話そう。

カールは最近**「ネットフリックス株で8億ドルの利益を上げた」**と発表した。1株58ドルで購入したネットフリックス株を、その1年後に1株341ドルで売却したのだ。

この株の購入を勧めたカールの息子ブレットは、「ネットフリックスの株価は必ずもっと上がる」と主張して、この売却に反対した。カールは息子に同意したが、「ポートフォリオをリバランスする必要がある」と言って売却したという。もし、この時点で売却していなかったら、売却益はもっと縮小していただろう。

カールは持ち株を2％だけ手元に残して、98％の株を売却して得た48・7倍の利益（2兆3800億ドル）をポートフォリオの他の資産に再投資した。

カールは、当時「アップル株は過小評価されている」と判断して、アップル株にも再投資した。株を安値で購入し、高値で売却するには、ポートフォリオをリバランスすることが不可欠なのだ。億万長者がすることを、一般投資家もマネすべきだ！

では、どうやってリバランスしたらいいか？

たとえば、「リスク／成長バケツ」が60％、「安定／安心バケツ」が40％という資産配分比率が、株価高騰の結果、「75％：25％」になったとする。この場合、当初の「60％：40％」の比率になるまで、毎回の拠出額から「安定／安心バケツ」に回す比率を増やすか、株価上昇による利益分を売却して他の商品に再投資するかする。

しかし、特に価格上昇中の資産を売却する時は大きな苦痛が伴う。だが、特定の投資タイプの損失リスクを下げ、含み益の一部を確定させるためにはリバランスが必要だ。

ドル・コスト平均法と同じく、リバランスする時にも自分の感情を排除せねばならない。ポートフォリオのリバランスは感情にとらわれた投資家の行動とは正反対なので、正しい行動と言える。

■「洗練された投資家」が必ずしていること

ここで実例を紹介しよう。２０１３年夏には、Ｓ＆Ｐ５００インデックスが史上最高値に近づいていたが、債券の利回りはまだ低いままだった。この時点で、「株を売却して、債券を買おう」と考える投資家はまずいないだろう。しかし、当初の資産配分比率を維持する目的でリバランスする時期にきていたなら、そうしなければならない。

リバランスで利益が常に保証されるわけではないが、利益を出して成功する確率を上げてくれるのは確かだ。洗練された投資家は、**長期投資で利益を出す確率を上げる**ために、たとえどんなに苦痛であっても、市場内や資産クラス内でも必ずリバランスする。

たとえば、2012年7月に、アップル株を多数保有していたとする。アップル株は1～6月の6カ月間で44%も株価が上昇し、1株が614ドルを超えた。そんな株を売却するのは、とても正気の沙汰とは思えない。しかし、半年で44%も上昇したアップル株のポートフォリオ比率が上がりすぎたら、どんなに苦痛でも、リバランスのルールに従って売却し、その比率を下げなければならない。

そうしていたら、2013年の夏には、「あの時イヤでも、リバランスしておいてよかった」と思っただろう。というのは、アップル株の価格はその後激しく上下したからだ。2012年9月に最高値の705ドルをつけたが、2013年4月には最安値の385ドルまで下がり、同年7月には414ドルまで戻した。リバランスしたおかげで、41%もの株価下落を避けられたのだ。ちなみに、リバランスは、年に1～2回行なうのが普通だ。

メアリー・キャラハン・アードスは、リバランスの効用を固く信じており、常にリバランスしているという。

「当初の資産配当比率から外れる度に、そして経済状況が変わる度にリバランスすべきで、その間隔を固定すべきではない。常に市場の変化に注意を払い、評価し直すのは大事だが、再評価に凝り固まってはいけない」

とも言っている。

一方、バートン・マルキールは、上昇基調の波に乗ることを好む。

「リバランスは年1回だけでよい。価格が上昇したからといって、売る必要はない。好調の資産クラスには、最低でも1年間の価格上昇のチャンスを与えるべきだ」

とアドバイスする。

回数はともかく、リバランスはリスクを下げるだけでなく、利回りを高める効果もある。ドル・コスト平均法と同じく、価格が下落した時にはもっと多く買えるため、価格が上昇した時には、その利益も当然大きくなる。

「リバランスが複雑すぎる」と考える読者は、投資助言者に依頼すれば、自動処理してくれるはずだ。節税効果も考慮に入れて、適切にリバランスしてくれるだろう。

ここまで「資産配分」「ドル・コスト平均法」「リバランス」など、かなりテクニカルな話題ばかり論じてきたが、これは全て自動化できることだけは覚えておいてほしい。

自動化する前に、どんな戦略があり、その戦略を用いればどんな恩恵があるかを、読者に理解してほしかったのだ。

1　資産配分が全て

「リスク／成長バケツ」と「安定／安心バケツ」に分けて投資する。資産クラス、市場、時間も分散させる。

2　マーケットのタイミングを計る必要はない

「ドル・コスト平均法」を使うと、市場変動は投資家の味方となる。価格が下落した時に、株を安価で多く購入できるため、価格が上昇した時にはポートフォリオの価値がそれだけ上がる。

3　人生の質を高めるために「夢バケツ」をつくる

4　リバランスで、損失を最小に抑えて利回りを最大にする

本書執筆の意図を友人に明かした時、「概念が複雑すぎて、一般投資家には理解できない。そんな投資本を読む時間もない」と大反対されたが、私は「口先だけでなく、実践に移す少数派を私は支持する」と宣言した。新しいことをマスターするには多大な努力を必要とするが、投資原則を学べば、その見返りは本当に大きい。

経済的独立を何年も早く実現できるかもしれないし、そうなれば心の平安が得られ、自分の力をもっと信じることができる。本章の内容は最初難しいと思うかもしれないが、車の運転と同じで、慣れさえすれば、考えなくても実行できるようになる。

さて、次の5章は、本書の本領が発揮される箇所だ。投資インサイダー（事情通）と同じように考え、行動するようになった読者に、インサイダーと同じように投資する方法を紹介しよう。

5

どんな経済下でも確実に利益を出せる「黄金のポートフォリオ」

――「想定外の事態」に負けない資産配分とリスク管理

1 最大利回りにして最小リスク
——絶対不敗の「オール・シーズンズ戦略」

「守りに徹すれば、負け知らず」『孫子の兵法』

人生には、残りの人生を大きく変える出来事が起こる。そんな出来事を経験した後は意識する・しないにかかわらず、世界観が変わり、それが生涯を通して行動・決断に大きな影響を与える。

狂騒の1920年代に育った世代は、『華麗なるギャツビー』に代表される繁栄と豪華さが人生を形成した。ところが1930年代の大恐慌を経験した世代を形成したのは不安と苦悩で、経済の厳冬に育ったこの世代は、生き残ることを身につけた。

そして、今現在を生きている世代に影響を与えていることは何か。今の世代は、上位1%に属さなくとも、目ざましい繁栄の中で育ち、欲しいものを欲しい時にいつでも手に入れられるオンデマンドの世界の恩恵を受けてきた。食料品が玄関まで配達される、小切手を自宅で預金口座に入金できる、いつでもどこでも好きなチャンネルの番組を見られる。

私の孫娘（4歳）はまだ靴ひもは結べないが、iPadは自由自在に操れるし、グーグルがどんな質問にもすぐ答えてくれることは知っている。スマートフォン向けインスタントメッセンジャー・アプリを開発した「WhatsApp（ワッツアップ）」では、わずか50人ほどの従業員で190億ドルの売上げを上げるなど、無限の可能性を秘めた時代でもある。

自分の育った時代や経験した出来事が、人生を形成するのは間違いない。そして、その出来事にどんな意味を持たせるかで、その後の人生行路が決まるのだ。

■高失業率と高インフレが襲った1970年代

レイ・ダリオは、1970年代に成人した。世界大恐慌以来と言われる不景気に見舞われ、物事が根本から揺さぶられた激動の時代だった。高失業率と高インフレ率が重なり、金利は19%に迫るほどだった。私の最初の住宅ローンの金利は、なんと18%だった！

1973年には、OPEC（石油輸出国機構）が予告もなく、タンカーの出入港を禁止したため石油危機が起こり、ガソリン価格は1バレル2・10ドルから、10・40ドルに急騰した。こんな事態は誰も想定していなかった。その後2〜3年はガソリンスタンドに車の長い行列ができ、政府が車のナンバープレートで、ガソリンを買える日を奇数日か偶数日に分ける措置を取るまでに至った。政治に目を転ずれば、ベトナム戦争やウォーターゲート事件が起きて、政府への信頼が大きく揺らいだ時期でもあった。1974年にはニクソン大統領が辞任に追い込まれ、副大統領だったジェラルド・フォードが大統領に任命された。その後フォードは、ニクソン元大統領の犯した可能性のある全ての犯罪行為に大統領特別恩赦を与えた。

大学を卒業したばかりのレイ・ダリオは、1971年にニューヨーク証券取引所に就職した。そして、強気相場、弱気相場がコロコロと入れ替わり、さまざまな資産クラスで価格が大幅に変動する乱調市場を目の当たりにした。

レイは、市場には大儲けのチャンスがあるが、大損のリスクもあることに気づき、さまざまなシナリオと市場動向の関連性を理解することに全力を傾けた。マクロ経済マシンがどう動くかを理解し、それによってついに破壊的損失を避ける方法を考案した。

この間に起きた出来事全てが若いレイ・ダリオの人生形成に役立ち、彼を世界最大のヘッジファンド・マネジャーに成長させたのだ。

中でも、レイの投資哲学の形成に最も大きく影響し、彼の人生を変えたのは、1971年8月のある晩の出来事だった。ニクソン大統領がこの日、経済界を大きく揺るがす演説をした。

■ニクソンの演説――ドルが「固定相場制」から「変動相場制」へ

3大ネットワーク・チャンネルは、通常番組枠を外して大統領演説を放映した。ニクソンは真剣な顔で「米国ドルの金への交換を一時的に停止するよう、コナリー財務長官に指示した」と語った。この短い言葉で、ドルが固定相場制から変動相場制へと移行した。

それまでは、造幣された米国紙幣総額と同価値の金塊が米国金銀塊保管所フォート・ノックスに貯蔵されてきたが、ドル貨幣はもはや金本位制ではなくなった。このニクソンの演説以降、ドル紙幣は金本位制に裏打ちされない、単なる紙の貨幣となった。

つまり、金の保有量ではなく、その市場価値がドルの貨幣価値を決めることになったのだ。「いつでも金と交換できる」と信じて巨額のドル貨幣を保有してきた外国政府にとっても、この大統領演説は大きなショックだった。一晩でドルが金本位制から変動相場制に移行されたのだ。加えて、米国の国際競争力を強めるため、一律10％の輸入課徴金制度が設立された。このニクソン演説は、その後の経済を激変させるきっかけとなった。

レイは自分のアパートでこの演説を聞き、自分の耳を疑った。米国ドルが金本位制でなくなることで、どんな影響が出るか？　株式市場はどう反応するか？　米国ドルの国際市場での立場はどう変わるか？

この時、レイは「ドル貨幣の定義がこれから大きく変わるので、大きな危機が訪れる」と考えた。そして、「株式市場は明日、大暴落するだろう」と予測したが、これは大間違いだった。

ダウ平均株価は翌日4％近く上昇し、史上最高の1日上げ幅を記録して、金価格も急騰した。これは専門家の直観とは正反対の動きだった。金本位制から変動相場制にドルが移行したのだから、米国経済、米国政府への信頼が増したとは言えず、納得の行かない値動きだった。この株価急上昇は、後日「ニクソン・ラリー」と呼ばれるようになった。

しかし、全てがうまくいったわけではない。ドルの貨幣価値を市場が決めることになったため、その後に激しいインフレの嵐を生む結果となった。

「これが1973年の第1次石油危機の要因となった。それ以前には石油危機など存在しなかったし、高インフレも存在しなかった。だから、両方が同時に起こった時には、皆がビックリしたのだ。この時までに、私は『想定外の事態が起きるのは当然』という前提で運用する方法を開発した」

とレイは語った。

想定外の要因を考慮に入れないですむ余裕などない。2008年の大不況が必ず繰り返されると思って、間違いない。この「ニクソン・ラリー」が、レイに変化を促す触媒となった。「たとえ何が起きても大丈夫なように準備する」ことが、レイの生涯を通じての目標となった。考えられるありとあらゆる市場状況と、それが特定投資商品に与える影響を徹底的に研究した結果、世界最大ヘッジファンドの運用にまで到達したのだ。

レイは、自分が知らない新情報に飢えている。「周知の事実」は明らかに間違っている。世間一般の考えも、通常間違っている。常に変貌し続ける世界では、レイの新たな知識探求に終わりはないのだ。

■株式市場が50％下落した時、3・93％しか下落しなかったポートフォリオ

「最大利回りと最小リスクを目指す、世界で有名なレイ・ダリオの戦略を超える戦略はない」と私は固く信じている。これから紹介するレイのポートフォリオが提供してくれるのは、次のような恩恵だ。

1 通常のポートフォリオを大きく上回る利回り

1974年から2013年の40年間の年平均利回りは、9・88％（運用手数料控除後）。

2 通常のポートフォリオを大きく上回る安心

過去40年間のうち、85％の年に利益を出した。収益率がマイナスだったのは6年で、その6年の平均損失は、年率1・47％だ。そのうちの2年の損失率は0・03％以下なので、損失と言うほどのものではない。つまり40年間のうち、実質的な損失を出したのは、たった4年だけだ。

3 通常のポートフォリオを大きく下回る変動幅

過去40年間で最大の損失を出した年の収益率は、わずかマイナス3・93％だ。

損失をほとんど出さないのが、レイの強みだ。過去を振り返って、「あの時、大きなリスクを負っていれば、大きな報酬を得られただろう」と指摘することは誰にでもできる。「市場が50～60％下落した時でも売却せずに保有し続けていれば、最終的には儲かったはずだ」というアドバイスは、セールス広告には適していても、一般大衆には向いていない。

信じ難いことだが、株式市場と同様の利益を実現しつつ、どんな経済下でも損失の頻度と度合を最低限に抑える一般投資家向けの戦略はある。２００８年に株式市場が50％も下落した時に、３・93％しか下落しなかったポートフォリオがそれだ。４０１（k）プランの口座の価値が何兆ドルも下落した時でさえ、心配しなくてもいいポートフォリオだ。

レイ推奨のポートフォリオを紹介する前に、レイの経験談を紹介しよう。

■マクドナルドが「利益の最大化・リスクの最小化の天才」に相談したこと

１９８３年は鶏にとって災難な年だった。マクドナルドが、現在でも好評の「チキンマックナゲット」を発売したのだ。大人気を博したため、マクドナルドは最初の数年はチキンの必要量が確保しきれなかった。ここで、レイ・ダリオが助っ人として現われなければ、「チキンマックナゲット」は店頭から消えていただろう。

投資業界とファストフードチェーンがどう関係したのか？　マクドナルドは鶏肉価格の高騰のため、チキンマックナゲットの値上げを余儀なくされるのではないかと心配していた。一方で、養鶏業者は、鶏肉を固定価格で卸すことには同意しなかった。もし固定価格にすると、餌となるコーンや大豆の価格が上がった時に、養鶏業者がその値上げ分を負担せざるを得なくなるからだ。

マクドナルドはここで、「利益の最大化・リスクの最小化の天才」であるレイに相談し、レイは解決策を考案した。将来の値上げを避けるため、マクドナルド専用の先物契約を作成し、それによってコーンと大豆の価格を固定することで、養鶏業者が固定価格で鶏肉を供給することに同意させたのだ。

レイの専門知識が役立てられるのは、大企業の取締役室だけに限られない。１９９７年に財務省が米国物価連動国債（ＴＩＰＳ）の概念を考案した時にも、どんな形態にしたらいいかを役人がレイに相談しに来た。レイが率いるブリッジウォーター社の推奨案が、現在のＴＩＰＳの形態を決めたのだ。

また、レイは市場と投資のリスクについても熟知している。つまり、高利回りを実現する方法を熟知しているのだ。これから、レイがどうやってこの技術をマスターしたかを学ぼう。

知的ネイビー・シールズ集団

レイが使ったジャングルの比喩を覚えているだろうか。

人生で欲しいものを手に入れるためには、ジャングルを通り抜けて向こう側まで行かなければばならない。どこにどんな危険が待っているかわからないジャングルでは、自分の周囲を優秀な人材で固めねばならない。

レイの会社ブリッジウォーターは、1500人以上の優秀な従業員「ジャングル・マスター」を集めた頭脳集団だ。ブリッジウォーターは、1600億ドルの資産を運用する世界最大のヘッジファンドだ（大手ヘッジファンドの運用平均額が約150億ドルであることを考えると、いかに大きいかがわかる）。

一般投資家はレイの名前を聞いたことがないかもしれないが、超富裕層、政府官僚の間では有名だ。レイが発行する日報、意見書には、経済界、政界、外国政府高官、そして米国大統領も必ず目を通す。

世界中の超富裕層、政府、年金基金がレイに投資を任せるのは、レイが通常の概念を打ち砕く、独創的な考え方ができるからだ。ブリッジウォーターの従業員は、非常に過酷な訓練で有名な米国海軍特殊部隊（ネイビー・シールズ）になぞらえて、**「知的ネイビー・シールズ集団」**とも呼ばれる。

彼らは誰から批判、攻撃を受けても、自分の創造的な洞察や意見を弁護できるだけの能力が求められる。論理、事実に欠陥があれば、問い詰められ、批判されることもある。真実を追求して最良の対処法を考案することが使命なのだ。

この「過激なオープンさ、過激な真実性、そして過激な透明性」が、ブリッジウォーターの存続と成功を保証しているのだ。

■年利回り21%、脅威の実績を誇るファンド「ピュア・アルファ」とは

「ピュア・アルファ」の驚異的な成功で、レイ・ダリオは投資業界で一躍有名になった。**1991年に公開されたこのファンドは、800億ドルの資産を抱え、比較的低いリスクで、年利回り21%（手数料控除前）という驚異的な実績を上げてきた。**

このファンドに投資するのは、超富裕層や政府、年金基金などだ。それこそ、上位0・001%のみが加入できるクラブで、そのドアは新規投資家に長らく閉ざされてきた。

「ピュア・アルファ」はアクティブ運用され、レイのチームが金儲けのチャンスを常に探し続ける。レイは正しいタイミングで購入し、正しいタイミングで売却することを狙っている。

2008年の大不況時には、他のヘッジファンドが引き出し制限をかける中で、年利回り17%（手数料控除前）の実績を上げたことからもわかる通り、単に市場の波に乗っているのではない。

「ピュア・アルファ」の驚異的な成功のお陰で、レイ自身の資産も大きく成長した。1990年代半ばに、レイは自分が後世に残す遺産について考え始めた。そして遺産の運用についても**「自分がアクティブ運用できないのなら、遺産をどんなポートフォリオ構成にしたらいいか?」**と考えた。自分の死後、何十年経っても、自分の子供とチャリティ活動を経済的に支援できる

ポートフォリオは、どういう構成にしたらいいのか、と。

レイは、伝統的理論に則った典型的ポートフォリオ運用法では、不況に陥った時に生き残れないことを知っていた。そのため、「どんな経済下でも高い実績を上げられる資産配分はないか」と探求し始めた。今から5年後の経済状態さえわからないのに、20年後、30年後に、いつ不況、恐慌が起こるか、わかるはずもないからだ。

そこで、資産配分を全く新しい観点から見直し、新しいポートフォリオを考案した。そして1925年まで遡って、この新ポートフォリオの仮想実績を検証し、どんな経済状況下でも高実績を上げられることを証明した後で初めて、最低投資額1億ドルの要件を満たす超エリート顧客に限って提供し始めた。

「オール・ウェザー（全天候型）」と呼ばれる新ファンドが1996年に公開された。そのわずか4年後に株価が大きく反落した際にも、この新ファンドは利益を上げた。

■「制約の世界」から「求めれば、与えられる」世界へ

「求めよ、さらば与えられん」という格言は誰でも聞いたことがあるはずだ。そして、よりよい答えを求めてよりよい質問をすれば、望んだ通りの回答が得られる。そして成功した人の共通点とは、よりよい答えを求めて、自身によい質問を投げかけていたことだ。

ビル・ゲイツは、「世界最高のソフトをどうやって構築するか?」ではなく、「全てのコンピ

ュータをコントロールできるオペレーティング・システムをどうやって構築するか?」と自問した。この自問こそが、マイクロソフトがソフトウェア会社として成功しただけでなく、PC業界最大手にのし上がった理由だ。世界中のPCのほぼ90%を、今でもマイクロソフトがコントロールしている。

ところが、ビル・ゲイツはPC内部のソフトにのみ集中して、インターネットをマスターするのは遅かった。そこに、グーグルの創始者ラリー・ペイジとセルゲイ・ブリンが登場する。この2人は「有用な情報を簡単に検索するためには、世界中の情報をどう整理したらいいか?」と自問した。この結果、グーグルはテクノロジー業界で、マイクロソフトよりもさらに地位を強固にした。

高レベルの質問が高レベルの回答を引き出し、大きな報酬を生むのだ。結果を生むには、一度質問しただけでは足りず、常によりよい答えを探求し続ける熱意が必要だ。

常人は「どうやって生計を立てるか?」「なぜ自分ばかりがバカを見るのか?」と自問する。こんな自分の力を削《そ》ぐような問いかけをしていると、解決策ではなく障害にばかり注意が向いてしまう。「何をしても減量できないのはなぜか?」「手元にちっともお金が残らないのはなぜか?」と自問していれば、人生が制約の世界に入り込んでいく。

私が自問してきたのは、「どうすれば物事を改善できるか?」「人が人生を改革するのをどうすれば助けられるか？」ということだ。過去38年間、私はこれらへの答えを探求し続け、即効果の出る戦略やツールを探求し続けてきた。

読者が最も頻繁《ひんぱん》に自問しているのは、どんなことだろうか。一番集中してきたことは何か？生涯を通してこだわり続けたことは何か？　恋人？　世の役に立つ？　学ぶこと？　お金を稼ぐ？　人を喜ばす？　苦痛を避ける？　世の中を変える？

自分が一番集中すること、最も頻繁に自問することが、その後の人生を形づくり、導いていく。

なぜ、レイ・ダリオは2008年の大不況を正しく予測できたか

本書は**「最も成果を上げている投資家は、常に成功するために何をするか？」**という質問に答える。無一文で出発しても、財産をつくり、自分の家族の経済的自由を確保する人は、どんな決断をして行動するのか？

投資業界では、レイ・ダリオが高レベルの質問を続けた結果、「オール・ウェザー・ポートフォリオ」がつくり出された。このポートフォリオは、今後の投資生活を大きく改良する可能性を持つ。

どんな経済下でも、絶対確実に利益を出せる投資ポートフォリオとは、一体どんなものか？

「自分がデザインした資産配分は、どんな経済下でも損失を出さない」と主張する専門家やフ

ァイナンシャル・アドバイザーは多いが、２００８年には多くの人の資産価値が30～50％も下落した。

退職年齢が近づくにつれて、保守的配分になっているはずのターゲット・デート・ファンド（ＴＤＦ）も、大きく下落した。１５８年の歴史を誇るリーマン・ブラザーズがほんの数日で倒産した。それこそ、机の下に隠れて、顧客からの電話に出ないファイナンシャル・アドバイザーが山ほどいた。

「自分の４０１（ｋ）は、２０１（ｋ）に減った」という冗談を飛ばした友人すらいた。

あらゆる経済状況を考慮に入れて作製したはずだった投資業界の洗練されたソフトウェアを使っても、１９８７年、２０００年、そして２００８年の株価大暴落を誰も予想できなかったし、投資家を損失から守ることもできなかった。

２００８年当時の典型的な言い訳は、「こんなことは以前、起こったことがなかった」「未知の領域に突入した」「今回は特別なケースだ」だった。

レイはこんな言い訳を信じない**（だからこそ、２００８年の世界大不況を正しく予測して、２００８年にも利益を出せたのだ）**。

経済危機（例：世界大恐慌、１９７３年の石油危機、70年代の高インフレ、１９７６年の英国ポンド危機、１９８７年のブラックマンデー、２０００年のＩＴバブル崩壊、２００８年のサブプライム住宅ローン危機、そして２０１３年の金価格28％下落）は数え上げたらきりがないが、全く想定していなかった投資専門家がほとんどだ。彼らが将来の経済危機を予測する能力がないことは間違いない。

２００９年に株価が上昇し始めると、それこそ「喉元《のど》過ぎれば熱さを忘れる」の格言の通りで、自分の資産配分やリスク管理に落ち度がなかったかについて、改めて検証したマネー・マネジャーは、ほとんどいなかった。過去はキッパリ忘れて、以前のセールス・モードに戻り、経済が回復してくれるよう祈るだけだった。

レイの「想定外の事態に備えよ」という信条と、「自分が知らないことは何か?」と自問し続ける態度を覚えておいてほしい。**自問すべきは、「次の経済危機が襲来するかどうか」ではなく、「襲来時期はいつか」なのだ。**

■革新的「利益最大化」の秘密

ハリー・マーコビッツは、「現代ポートフォリオ理論の父」と呼ばれ、１９９０年にはそのポートフォリオ選択の基本的理論の重要性が認められ、ノーベル経済学賞を受賞した。「ポートフォリオ内の投資商品を個別に見るのではなく、グループとして考えること」「リスクと報酬も商品ごとではなく、グループ全体として評価すること」を推奨した。

現代では、この理論は、シンプルで自明のことのように聞こえるが、発表された１９５２年当時は、常識を打ち破る革新的理論で、世界中のポートフォリオ・マネジャーに大きな影響を与えた。レイは、マーコビッツ教授の理論に基づいてポートフォリオをデザインし、資産配分してきたと言える。

しかし、レイはこれをさらに高いレベルに上げたかった。自分の40年間にわたる投資経験と優秀な頭脳集団を総結集して長年研究し、ついにリスクを最小化し、報酬を最大化する全く革新的な資産配分法に辿り着いた。

今まで超富裕層や政府機関、退職基金などにアクセスが限定されてきた、このレイの画期的な戦略に、一般投資家にも本書を通して初めてアクセスが許されるのだ。過去85年の経済史を全て考慮に入れて考案されたこの戦略は「世界一のベスト投資戦略」と呼んでもいい。

レイとのインタビュー

レイとのインタビューは私の長年の夢だったので、私は事前準備に15時間以上を費やした。レイがダボス会議で世界の指導者を前に行なったスピーチから、経済白書、新聞記事など、見つけられる情報の全てに目を通した。30分間のアニメビデオ「経済マシンがどう動くか（www.economicprinciples.org）」も見たし（訳註　日本語対応あり）、レイが自分の生涯と投資原則を論じた有名な著書『プリンシプルズ』も、全ページを読み通した。

インタビューは1時間の予定が、3時間に大幅に延長された。インタビューを通して、レイが私の大ファンで、私のオーディオプログラムを過去20年間、聴講してきたことも知った。投資から世界経済の行方まで広範な議論を交わしたが、私の最初の質問は**「個人投資家でも、投資で勝つことができるか？」**だった。

レイは「絶対勝てる！」と強調した。ただし、ブローカーの意見にやみくもに従うだけではダメだし、マーケットのタイミングを計ろうとしてもダメだ。

マーケットのタイミングを計るのは、無限の資金力を持ち、1日24時間投資し続けるプロの投資家を相手に、ポーカーでギャンブルするようなものだ。テーブル上のチップの枚数には限りがあるゼロサムゲームなのだ。

レイのようなプロの投資家から、一般投資家がチップを奪うことは、現実には起こり得ない幻想だ。世界中の投資家が競う中で、実際に金儲けができる人はごくわずかしかいないし、彼らは弱者のチップを奪うことで、金儲けしているのだ。ポーカー・テーブルでしばらく賭けていて、誰が敗者かわからない人が、実は敗者なのだ。マーケットのタイミングを計ることについては、レイは断固反対の立場を取った。

ここで私は、質問した。

「マーケットのタイミングを計ろうとするのは絶対ダメだとわかった。本書のためにインタビューした人全員にした質問をここで繰り返す。もし自分の遺産として子供に残せるのが、資産配分率と投資原則だけだとしたら、何を残すか？」

レイはしばらく考えた後、こう答えた。

「トニー、その質問への答えは複雑すぎる。常に要因が変化し続ける中で、平均的個人投資家に短時間で伝えるのは非常に難しい」

確かに、47年間の投資経験を3時間のインタビューに凝縮するのは至難の業《わざ》だ。

私はここで諦めずに、食い下がった。

「レイ、難しいのはわかるが、普通のブローカーを使っていては、一般投資家は成功できないと言ったじゃないか。成功に一番重要なのは資産配分だから、**リスク最小・報酬最大の資産配分をつくるための原則だけでも教えてくれないか？**」

ここで、レイは率直に「通常のバランス型ポートフォリオは、実は全くバランスが取れていない」と教えてくれた。

■そのポートフォリオでは「リスク」と「安全」のバランスが取れていない

「全勝利の秘密は、明白でない事実をどう整理できるかだ」
マルクス・アウレリウス（第16代ローマ皇帝）

「バランス型ポートフォリオ」はリスクと安全のバランスがうまく取れているとして、多くのアドバイザーが勧める。

しかし、**株価暴落時に、通常のバランス型ポートフォリオの価値が25～40％も下落するのはなぜか？** バランス型ポートフォリオは普通、株50％、債券50％（もっと野心的な60％：40％や、70％：30％の組み合わせも可能）に配分される。たとえば、1万ドルの投資資金を株式に

5000ドル、債券に5000ドル配分する。この戦略が望むのは、次の3点だ。

1 株価が上がってほしい
2 債券価格が上がってほしい
3 次の経済危機で、両方の価格が同時に下落しないでほしい

この3点が単なる願望に過ぎないことに気づいただろうか？ 投資インサイダー（事情通）であるレイは、願望には決して頼らない。

■株式は債券の「3倍のリスク」がある

資産を株式50％、債券50％（もっと野心的な比率でもいい）に配分すれば、リスクを分散したと考える人が多い。ところが、実際のリスクは考えるよりずっと高く、**株式は債券の3倍のリスクがある**のだ。レイは、会話の中で何度も強調した。

「トニー、株式50％、債券50％の資産配分だと、実際のリスクは株式95％、債券5％になる！」

株式と債券で50％ずつの配分は、一見バランスが取れているように見えるが、株価の値動きは激しいため、実際のリスクは95％以上になる。だから株価が下落すれば、ポートフォリオ全体が下落してしまい、バランスが取れているとは言えない。

ここで、この理論を現実と照合してみよう。1973年から2013年の間に、S&P500は9回損失を出し、その累積損失は134％に上る！　同期間に債券は3回損失を出し、累積損失はわずか6％だ。つまり株式50％、債券50％のポートフォリオでは、S&P500の損失が損失の95％以上を占める。

レイは、語った。

「トニー、ポートフォリオの大半は好況では利益が出るが、不況になると損失が出るようにデザインされている」

つまり、「株価が上がってほしいと望む」のが事実上の戦略で、資産配分は、全く多様化されていないのだ。

私は今まで、「資産配分とリスク配分」という概念を、こんなにシンプルに比較・説明してもらったことがなかった。自分の投資を思い返して、間違った仮定を基に資産配分をしていたかもしれないと思った。

この説明を読んだ後に、「バランスの取れたポートフォリオ」と聞いてどう感じるか？

「投資の多様化」についての概念が変わったことを祈る。

大半の投資家は、「投資額を配分することで資産を守れる」と考える。「高リスクの株式に50％、安全な債券に50％と投資額を分けたから、自分の身を守れる」と考えるのだ。

しかし、同じ金額を投資していたとしても、投資リスクが違っていれば、資産配分のバランスは取れていないことになる。実際のところは、投資額のほとんどをリスクに晒しているのだ。それぞれの資産のリスク率に合わせて、金額を配分すべきだ。一般投資家だけでなく、機関投資家でも、この事実を知らないことが多い！

■「相関関係」と「因果関係」を見誤るな

私が今まで学んできた投資知識を、レイはさらに検証し始めた。

「トニー、『バランス型ポートフォリオ理論』が、間違った一大仮定に基づいているのも大きな問題だ。相関関係と因果関係が混同されているからだ」

相関関係とは、複数の要因が単に同調することを指す。たとえば、雨乞いダンスをして雨が降れば、「雨乞いダンスは効果がある」と原始社会では考えただろう。しかし、これは、相関関係と因果関係を混同している。原始人は「雨乞いダンスが雨を降らせた」と考えただろうが、実際には偶然の一致に過ぎない。しかし、この偶然の一致が何度も繰り返されると、「ダンスをすれば雨が降る」という相関関係を、誤って因果関係と錯覚し始めるのだ。

投資のプロも、これと同じ神話に魅了されてしまう。「相関関係の強い投資商品もあれば、相関関係のない投資商品もある」と主張するが、雨乞い師の雨乞いダンスと同様、単なる偶然の一致に過ぎないことが多いのだ。

歴史的に見ると、「ほとんどの投資商品に相関関係はなく、無作為に変動している」事実を、レイの専門家チームが実証した。２００８年の大不況では、投資のプロの「株と債券は逆方向に動く」という相関関係の神話を打ち破って、全ての投資商品が同時に暴落した。しかし、バランス型ポートフォリオ理論を信じている投資のプロは今でもいる。

レイは、伝統的な資産配分モデル理論に大きな風穴を開けた。レイが有名大学教授でこの理論を学術誌に発表したら、それこそノーベル賞ものだろうが、レイは投資ジャングルに留まる方を好む。

■どんな投資商品も「理想的な環境」が整うと大きな利益が生まれる

エール大学基金のデイビッド・スウェンセンは、「常識を打ち破る概念こそが、成功する唯一の道」と語った。群れの後を追うようでは、成功はおぼつかない。同じアドバイスや理論を何度も繰り返し聞くうちに、それが真実と錯覚してしまう。「常識を超えた英知」こそが真実を見つける役に立ち、真実を見つけることで競争で優位に立てる。

レイは「常識を超えた英知」をもう１つ教えてくれた。

「トニー、**歴史を振り返ると、確実に言えることが１つある。どんな投資商品でも、理想的環境が整うと必ず大きな利益を生む。何事にも季節があるのだ**」

たとえば、不動産市場を例に挙げると、2000年代初頭に誰も彼もが手あたり次第に家を買いまくった時期があった。金利が低かったから、家を購入したのではない（2009年には金利がさらに下がったが、家を購入する人はほとんどいなかった）。家の値段が急上昇していたから、購入に走ったのだ。毎月価格が上昇している中で、買い遅れたくない心理が働いたのだ。

億万長者の投資家ジョージ・ソロスは、「2001年から2007年の6年間に組まれた住宅ローン総額（5兆5000億ドル）の方が、100年以上の住宅ローン史を通したローン総計額より多い」と指摘した。

マイアミを中心とするフロリダ州南部では急激なインフレが起こり、頭金を支払ったマンションの建築が終わる前に、購入価格より高価格で転売できた。住宅持ち分はどうしたか？まるでATMのように現金を引き出して、浪費しまくったこの出費増のおかげで、法人利益は上昇して経済成長が続いた。大統領経済諮問委員会の元委員長マーティン・フェルドシュタインは、**「1997年から2006年の10年間に、消費者は（自宅のホーム・エクイティ・ローンで）自宅持ち分から9兆ドル以上を現金として引き出した」**と推定した。

この期間の住宅ローン負債は5兆5000億ドルまで増加した。当然ながら、この「借りては使いまくる」方式は持続可能なライフスタイルではない。

インフレが住宅価格を押し上げたが、2009年には逆にデフレとなった。価格は低迷し、住宅評価額も下落して住宅ローン残高より低くなる「水面下の住宅」が急増した。デフレが、不動産価格を大きく下落させたのだ。

株価はどうか？　インフレ時には株価は上昇するし、物価も上がる。物価が上がれば、企業が儲けるチャンスが増える。企業収益が上がれば、さらに株価が上がる。これは歴史的に見ても真実と言える。一方、債券は違う動きをする。長期米国債を例に取ると、利率低下を伴うデフレが起こると、債券価格は上がる。

ここで、レイが教えてくれた**「資産価格の変動要因」は4つだけ**という事実を紹介しよう。

1　インフレ
2　デフレ
3　経済成長
4　経済下降

レイは、経済を4種類の季節に分けて、その組み合わせで投資価格が上下すると考える。

資産価格の変動要因

	成長	インフレ
上昇	想定成長率より高い	想定インフレ率より高い
下降	想定成長率より低い	想定インフレ率より低い

自然の原理とは違い、経済の季節が訪れる順番は決まっていない。

1 想定インフレ率より高い（価格上昇）
2 想定インフレ率より低い（デフレ）
3 想定成長率より高い（価格上昇）
4 想定成長率より低い（デフレ）

現在の株価や債券価格には、すでに市場が想定する将来が織り込まれている。レイは「現在の価格を見るだけで、文字通り、その将来像が見える」と言う。たとえば、アップル株の現在価格には、「これからも一定率で成長し続ける」という投資家の想定が含まれている。これは「将来の成長率が、想定していたより下がる」と発表した企業の株価が下がることからもわかる。

どの資産クラスの価格が上昇するかを最終的に決定するのは、「想定外のサプライズ」だ。成長率が想定を超える「よいサプライズ」の場合、株価は上がるが、債券価格は下がる。インフレ率が下がるのは、債券にとってよいサプライズとなる。

「経済の季節は4つしかないから、各季節に適した資産配分に25％ずつ投資して、リスクを分散すればいい。どの資産クラスにも好環境と悪環境がある。一生のうちには、どの資産クラスにも必ず壊滅的な状況に陥ることがあるのは、歴史的に証明されている」

とレイは語る。レイがこのアプローチを**「オール・ウェザー（全天候型）」**と呼ぶのは、4つの季節のうち次に何が訪れるか、誰にもわからないからだ。この手法を使えば、次にどの季節が到来しても、ポートフォリオは常に守られる。

レイは**「リスクが同量の4つのポートフォリオを組み合わせれば、どんな経済的環境からも守られる」**と続けた。

誰も将来を予測できないのだから、予測などしなくていい。経済の季節が4つ存在することを知り、リスクが同量の4つのポートフォリオを組み合わせれば、どの季節が来ても資産は守られて成長する。

ブリッジウォーター最高投資責任者を務めるボブ・プリンスは、「オール・ウェザー」のユニークなアプローチを、**「2022年に世界がどうなっているかはわからないが、2022年に利益を上げるポートフォリオを構築することはできる」**と表現した。

こんなにシンプルで優雅な解決策があったのかと、私は驚嘆した。リスクを同量に分けて、どんな経済の季節が到来しても利益の出るポートフォリオを構築するのは、完璧な解決策だ。

さて、経済に4つの季節があるのはわかったが、どんな投資がどの季節で利益を上げるのか？　レイは、資産を季節ごとにまとめた表（331ページ）を見せてくれた。

レイが教えてくれた原則は理解できても、まだ資産配分は複雑と考えるかもしれない。

実行する時に、複雑さは敵だ。読者がレイのアドバイスを実行してその報酬を得るには、もっとシンプルにしなければならない。

私はレイにこう問いかけた。

「資産配分を全く異なった視点から考えることを教えてもらい、非常にありがたい。しかし、一般投資家がこの原則を基に、ポートフォリオを実際に構築できるかどうかは疑問だ。99％の読者にとっては複雑すぎる。できれば、4つの季節ごとに、どんな資産クラスにどんな比率で投資すべきか教えてもらえないか？」

「トニー、そんなに単純ではない。オール・ウェザー戦略では非常に洗練された投資商品を使ったり、資金を借りて投資するレバレッジ手法も使ったりしているからだ」

とレイは答えた。

私はそれでも諦めずに、さらにたたみかけた。

「レバレッジなど使わずに、一般投資家向けの資産配分率を教えてくれないか？　事前に頼んでいたわけではないから、完璧でなくてもいい。レイ・ダリオの推定は、他の人のベストプランに勝るはずだ。**読者が自分でも実行できる全天候型のポートフォリオの具体例**をぜひ教えてくれないか？」

レイは過去10年間に新規顧客をほとんど受け入れていないし、受け入れた機関投資家にも、「投資可能資産50億ドルの機関投資家、または最低初期投資額が1億ドル」という制約がついていた。だから、私の頼みは確かに常識外れだったが、レイが一般投資家を心配していること

	成長	インフレ
上昇 ↑	株式　社債 商品取引　金	商品取引 金 米国物価連動国債(TIPS)
下降 ↓	長期米国債 米国物価連動国債(TIPS)	長期米国債 株式

を知っていた。レイはニューヨーク市クイーンズの中流家庭で育った自分のルーツを忘れてはいないはずだ。

私は精一杯の笑顔で頼み込んだ。

「レイ、人を助けたい思いが強いのはわかっているから、成功のレシピを一般投資家に教えてほしい。どうせ今は新規顧客を受けつけていないのだから、人助けだと思って教えてくれないだろうか」

この言葉にレイは微笑んで、答えてくれた。

「トニー、わかったよ。正確でも完璧でもないが、一般投資家が実行できるポートフォリオの例を教えよう」

■これが天才投資家レイ・ダリオの「個人投資家向けポートフォリオ」

天才投資家レイ・ダリオのポートフォリオの

例をついに紹介する時が来た。彼は資産クラスだけでなく、配分率まで教えてくれた。

これまでにレイが受けてきた数々のインタビューの内容に基づいて、「リスク均等運用法」と呼ばれる投資の新カテゴリーが生まれた。しかし、これらの新商品は、あくまでレイの理論をマネしただけで、実際の配分資産、配分率をレイ自身から聞いたわけではない。そして、これらのコピー商品は、２００８年の大不況時には価格が最高30％まで下落したので、私に言わせると、とても「全天候型」と呼べる代物ではない。

ここで注意しておきたいのは、これから紹介する戦略は、レイの「オール・ウェザー戦略」と同一ではないことだ。しかし、レバレッジや、より洗練された商品は使っていないものの、中核となる原則は同じで、配分率も直接レイ自身から聞いた数字を使っている。だから、この2つを区別するために、こちらは**「オール・シーズンズ戦略」**と呼ぶことにする。

債券比率が高いのは、株式の変動リスク（債券の約3倍）を軽減するためだ。金額を均等にするのではなく、リスクを均等にするのだ。長期国債の投資比率を高めることで、利回りを高められる可能性がある。

金と商品取引は、インフレが加速した時に価格が上昇しやすい。両方とも変動幅は極めて大きいが、インフレ加速時には下落しやすい株式、債券のリスク軽減に役立つ。

また、最低でも必ず年1回はリバランスしなければならない。成長が大きかった分野の一部を売却し、オリジナルの配分比率に戻すのだ。適切に処理すれば、節税効果もあるはずだ。信

レイ・ダリオの「黄金のポートフォリオ」（オール・シーズンズ戦略）

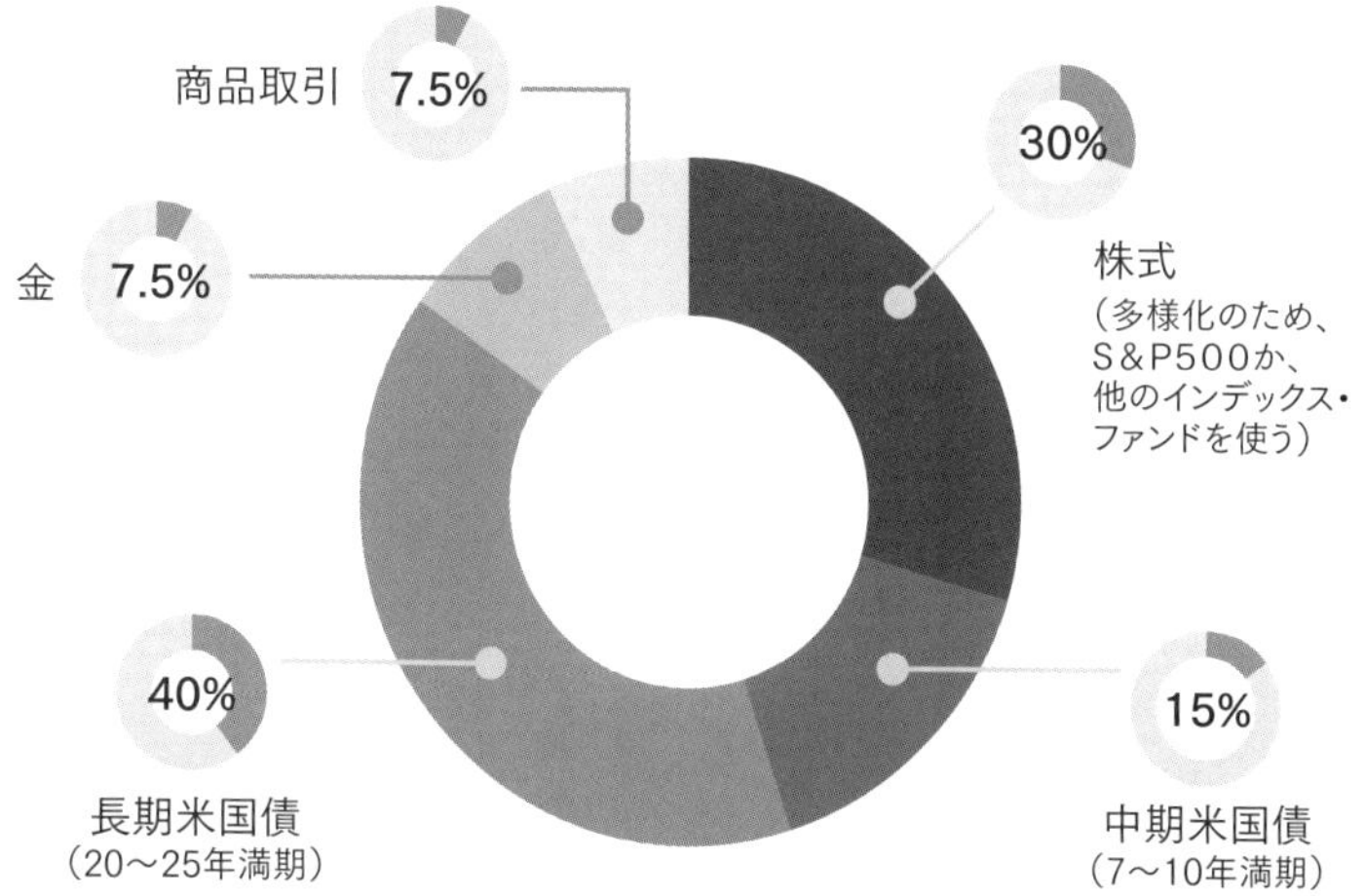

頼できる投資助言者に、この不可欠なプロセスを実施・管理してもらうことをお勧めする。

レイが教えてくれたこの具体的資産配分率は、何百万人もの一般投資家にとって、投資ゲームの大変革となるだろう。レイの気前のよさには心の底から感謝している。

だから、ビル・ゲイツとウォーレン・バフェットが始めた「ギビング・プレッジ（大富豪に財産の大半を社会貢献活動に寄付するよう啓蒙する運動）」に賛同して、レイと夫人のバーバラがすでにサインしたと聞いた時も、私はちっとも驚かなかった。

この**「オール・シーズンズ・ポートフォリオ」の仮想実績を歴史を遡って検証**するように、私は自社チームに依頼していた。

すると、夕方には滅多に連絡してこない私の

ファイナンシャル・アドバイザー、アジェイ・グプタが、

「レイ・ダリオのポートフォリオの信じられないような仮想実績をメールで送ったが、見てくれたか?」

と連絡してきた。そこで、このポートフォリオの仮想実績について、もっと詳しく論じよう。

2

嵐に負けない「利回り」と「無敵の結果」を手にする

「失敗しないのに負けるようなら、ゲームを変えるべきだ」
ヨーダ（映画『スター・ウォーズ』キャラクター）

過去80年以上の間に、１９３０年代の大恐慌から２００８年の大不況まで、想定外のサプライズが起こったことは何度もあった。「オール・シーズンズ戦略」の仮想実績を私のファイナンシャル・チームが１９２５年まで遡って検証したが、その結果は驚くべきものだった。

前項で過去40年間の仮想実績を論じたが、ここでは、**１９８４年から２０１３年にわたる最近30年の仮想実績**をもっと詳しく論じていこう。

このポートフォリオは、非常に強固だ（ポートフォリオを年1回リバランスしたと仮定した。過去の実績は、将来の実績を予測するものではない。ポートフォリオ配分比率を歴史的データと照合して、仮想実績を検証した）。

年利回りは、9・72％（手数料控除後）

これは「実質利回り」で、過大評価されやすい「平均利回り」ではない点が重要だ。

86％以上の期間で利益を上げた

損失が出たのは4年だけで、損失を出した4年間の平均損失は、年率1・9％だ。そのうち1年の損失は0・03％と極めて低く、過去30年間で損失が出たのは3年だけと言ってもいいくらいだ。

最も損失を出した年の収益率は、2008年のマイナス3・93％だ。（注：同年のS&P500の損失は、マイナス37％！）

統計数値のばらつき具合を示す標準偏差は、わずか7・63％（低リスク・低変動幅を示唆する）

なぜ1984年からの30年間を選んだのか？　それは、この時期に401（k）プランが始まり、個人投資家も株式市場に投資できるようになったからだ。1984年にはインターネットなど存在しなかったし、1台4000ドルもするレンガ大のモトローラ携帯電話が初めて発売されたばかりだった。若い世代から見ると、大昔としか言いようがない。

経済的に最悪な時期に、このポートフォリオがどう反応したかを検証しよう。投資業界では、不利な状況下の金融機関の健全性を試すこのテストを「ストレステスト」と呼ぶ。

1939年から2013年までの75年間の統計値を、S&P500とオール・シーズンズ戦略で比較した表を見てほしい（注：1983年以前に存在しなかったインデックスもあるので、比較するために異なるインデックスを使わざるを得なかった）。

さらに1927年まで遡って、世界大恐慌を含む、経済的に最悪だった10年も含めて検証し

S＆P500 vs. オール・シーズンズ戦略（75年間）

	S＆P500	オール・シーズンズ戦略
損失の出た回数	18回	10回
最大損失	-43.3％	-3.93％
平均損失	-11.40％	-1.63％

・配当金再投資分を含む
・オール・シーズンズ戦略の10回の損失のうち、2回は0.03％の損失に過ぎず、実質的には8回の損失と考えてもよい

S＆P500 vs. オール・シーズンズ戦略（1928年以降）

	S＆P500	オール・シーズンズ戦略
損失回数	87年間で24回（全体の約27％）	14回（全体の約16％）
最大損失	世界恐慌下、4年連続で64％の損失（1929〜1932）	S＆Pと同じ4年間で合計20.55％の損失（1929〜1932）
平均損失	13.66％	3.65％

・配当金再投資分を含む

株価が大暴落した7年（1935年以降）

	S＆P500	オール・シーズンズ戦略
1937年	-35.03％	-9.00％
1941年	-11.59％	-1.69％
1973年	-14.69％	3.67％
1974年	-26.47％	-1.16％
2001年	-11.89％	-1.91％
2002年	-22.10％	7.87％
2008年	-37.00％	-3.93％

・配当金再投資分を含む　　出典：Jemstep

よう。

住宅の嵐耐久性を検証するには、長期間にわたって最悪の嵐に耐えてきた事実を確認することだ。ポートフォリオが大きく下落した年の下落率を比較してみよう。

オール・シーズンズ戦略では、7年のうち2年で利益を出しているのがわかるだろう。株式市場全体の損失と比較すると、損失幅がずっと少ないこともわかるだろう。

より最近の約14年間（2000年1月1日〜2014年3月31日）の成長率を表わした次ページの表を見れば、その差はより顕著に見て取れる。

この14年間に、レイが「サプライズ」と呼ぶ想定外の事態（例：ITバブル崩壊、信用危機、欧州債務危機、そして2013年の金価格最大下落〈28％〉）が数多く起こった。2000年から２００９年にかけての10年間は、Ｓ＆Ｐ５００は基本的に横ばい状況が続き、専門家は「失われた10年」とさえ呼ぶ。

■「損失幅」は常に最小限に抑える

「業界ベスト」と見なされる人をこっぴどく批判して引きずり落とそうとする最近のメディアの姿勢は悲しい。新人を「パーフェクト」と祭り上げた後、引きずり落とすのを今か今かと待ち構えているようだ。

経営者、スポーツ選手、マネー・マネジャーなど、誰であれ、少しでも誤ると全面攻撃に遭い、テレビとインターネットで投石刑に処される。

30年以上にわたり、輝かしい実績を残してきたレイの「オール・ウェザー」ファンドでさえ、２０１３年に４％の損失を出した時には、激し

2000～2014年の成長率

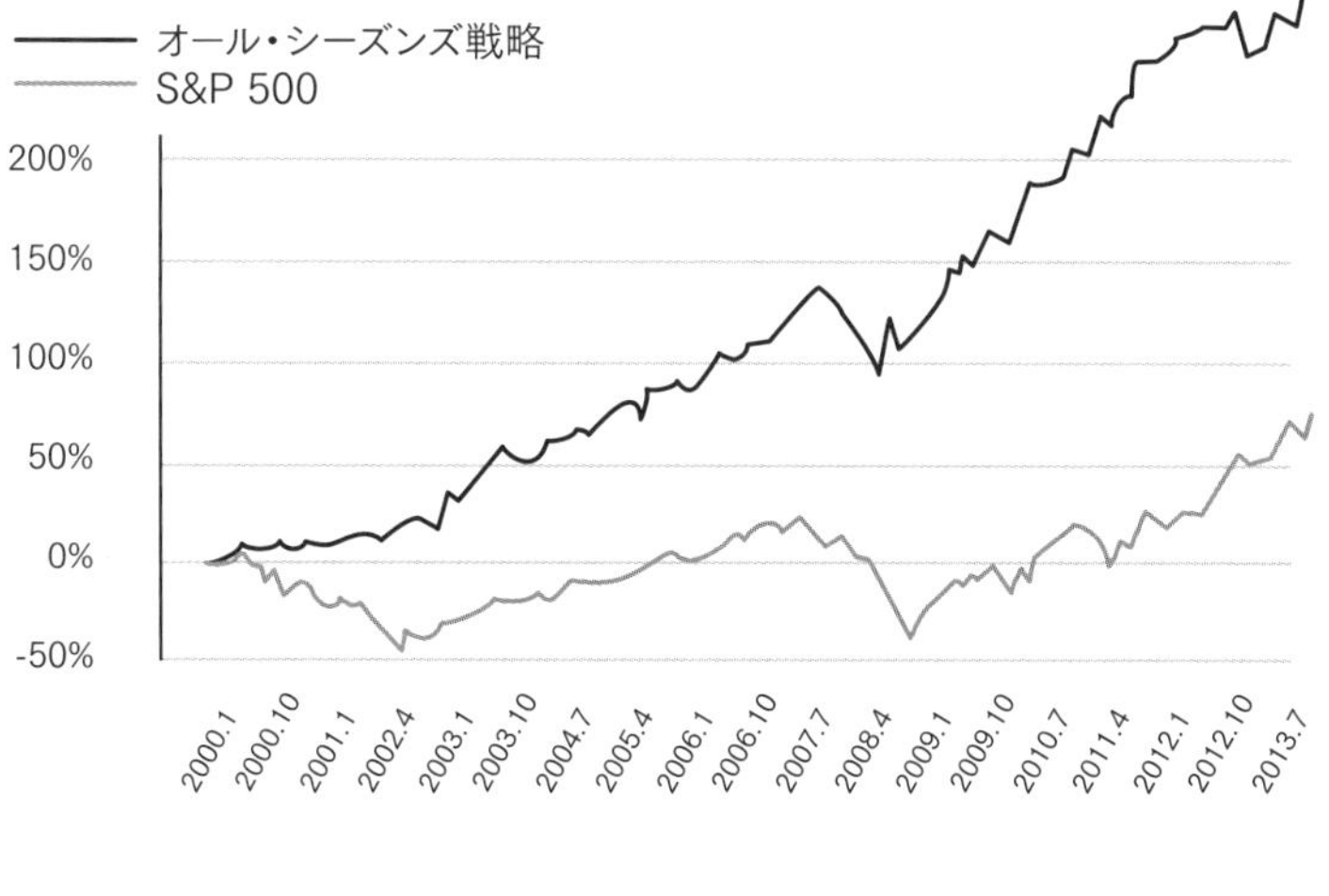

い批判を浴びた。

どんなファンドを購入しても、最初の年に損失が出ることはある。ファンドは1年単位で評価するのではなく、長期的視野に立って評価すべきだ。本書執筆時（2014年後半）には、「オール・ウェザー」ファンドはすでに11%上昇しており、レイに対する批判はすでに賞賛の声に変わっていた。

4%の損失を出した2013年を含めても、2009年から2013年の5年間の年平均成長率は11%だったのに、メディアはこの4%の損失をこっぴどく批判した。これは、「レイは絶対に損失を出さない」とメディアが高い期待を寄せていることの証左でもある。

ここで、2011年に『ニューヨーカー』誌に掲載されたブリッジウォーターについて書かれた「投資マシンをマスターする」という題の記事を紹介しよう。

「2007年に、ダリオは『住宅ローンブームは惨憺たる終末を迎える』と予告した。2007年後半には、『世界最大銀行が倒産の危機に瀕している』とブッシュ政権に警告を発した。ブリッジウォーターのライバルにとって破壊的だった2008年には、旗艦《きかん》ファンドのピュア・アルファの価格が9・5%（手数料控除後）も上昇した。2010年には、ピュア・アルファは大手ヘッジファンドの中で最高の45%も上昇した」

どんな戦略を使っても、自分は何もせずに人を批判するだけの業界識者はたくさんいる。デイビッド・バベル教授の言葉を引用すると、「批判したい人には勝手にさせて、自分は安らかに眠る」だ。

■「利率が上がって債券が下落したらどうなるのか？」

「もし利率が上がったら、どうなるのか」。「オール・ウェザー」ファンドについて、最も頻繁に出される質問は「もし利率が上がったら、債券の比率が高いので、国債価格が下落して損失が出るのではないか、というわけだ。

これは投資のプロに尋ねるのに値する質問だ。確かに債券への配分比率は高いが、債券のみに賭けているわけではない。このポートフォリオは、経済の4つの季節の全てに対応した配分なのだ。

現在も史上最低利率が続いているので、利率引き上げを求めることで、次にやって来る経済の季節を予測しようと試みる人は数多くいる。しかし『ダウの犬投資法―プロにも株価指数にも勝つ「単純」戦略』（パンローリング）の著者マイケル・オヒギンズは、こう語った。

「連邦政府は今までにも、借入コスト抑制のため長期間にわたって利率を低く抑えてきた歴史があり、利率大幅引き上げまでには、まだ時間がかかる。2014年中に利率が引き上げられると信じる多くの投資家は、**米国政府が22年間もの間（1934～1956年）、利率を3％以下に抑えてきたことを思い出してほしい**」

連邦政府は2008年以来、超低利率を維持しているが、この金利政策がどれだけ長く続くかは誰にもわからないし、この政策が転換される時期を確信を持って断言できる人もいない。

2014年初めに、金利引き上げが広く期待されていたにもかかわらず、金利はさらに下がり、米国債価格は上昇した。

■金利引き上げ環境での「オール・シーズンズ戦略」

ここで、歴史的に急激な金利引き上げが起こった時の「オール・シーズンズ戦略」（ポートフォリオ）の実績を検証しよう。金利引き下げが何十年も続いた後、1970年代には急激なインフレが生じた。

急激な金利引き上げにもかかわらず、オール・シーズンズ戦略は1970年以来、損失を出したのはわずか1年だけで、1970年代の10年間の平均利回りは9・68％だった。

1973年（マイナス14・31％）、1974年（マイナス25・90％）と2年続けて株価が大幅下落し、累計損失率がマイナス40・21％に上った中、打ち立てた実績だ。

だから、「経済動向が予測できる」とホラを吹く偽物アドバイザーなど信じずに、何が起こっても大丈夫なオール・シーズンズ戦略を取ることで、将来に備えよう。

■自分の「リスク耐性」は考えるほど高くない

最後に、オール・シーズンズ戦略の感情的アドバンテージについて述べよう。「リスクに耐えられるなら、オール・シーズンズ戦略を負かす投資実績を出せる」と主張する評論家は多い。確かにこの議論には一理あるが、**この戦略の目的は、利益を最大化すると同時に、リスク・変動幅を最小化することにある。**

まだ若くて時間がたっぷりある人、または高リスクを取る覚悟がある人は、株式への配分率をもっと増やして、高利回りを狙うこともできる。債券比率を下げて、株式比率を上げることは、リスク・変動幅が拡大し、株価上昇の季節に賭けることを意味する。

配分率を試験的にいろいろ変えてみると、興味深い事実が判明した。通常のバランス型ポートフォリオ（株式60％、債券40％）と比較すると、株式比率を上げたオール・シーズンズ戦略の利回りの方がかなり高く、この高利回りに近づけるためには、「60％：40％」の通常の配分比率のファンドは、標準偏差で80％以上、高いリスクを負わなければならないのだ。

ここで自分に正直に、「自分のリスク耐性は自分が思っているほど高くない」事実を認めてほしい。市場調査会社ダルバーが、消費者のリスク耐性に関する下記の調査結果を公表した。

１９９３年末から２０１３年末の20年間に、Ｓ＆Ｐ５００の平均利回りは９・２％だったが、アクティブ運用ファンド投資家の平均利回りは２・５％をやっと超えるくらいだった。現金を持っているのとほぼ同じ「３カ月満期短期米国債」に投資して株式市場の変動を一切避けた方が、２・５％より高い平均利回りを得られたはずだ。

■「平均的投資家」の利回りがこんなに低いのはなぜか？

ダルバー社長ルイス・ハービーは、「投資家は最悪のタイミングで、株式市場にお金を出し入れする。有頂天になったり、パニックになったりして、大損をするのだ」と語る。

フィデリティ社の旗艦ファンド「マゼラン」の業績研究結果は、もっと衝撃的だ。

マゼラン・ファンドは、伝説的投資家ピーター・リンチが運用して、1977年から1990年までに、驚異的な29％の年平均利回りを達成したファンドだ。ところが、このファンドに投資した平均的投資家は、実際には損失を出しているのだ!!!

一体なぜだ？

価格が下落すると、恐怖に駆られて資金を引き出し、価格が上昇すると、また慌ててファンドに投資し直すという行動を繰り返したからだ。「大半の投資家は、2008年の大不況時のような株価暴落に耐えきれず、投資額の一部、または全額を売却する」のが、現実なのだ。これは人の習性だから、「何事にも動じず、高利回りを実現する投資家」など絵空事に過ぎない。

もう1つ証拠を挙げよう。ある時、金融情報サイト『マーケットウォッチ』を読んでいると、投資コラムニストのマーク・ハルバートの記事があった。マークは、有料投資ニューズレターの実績を追跡する『ハルバート・ファイナンシャル・ダイジェスト』を発行している。

過去20年間で最高実績を上げたニューズレターは、平均年利回りが16・3%だ。確かに高利回りではあるが、価格の変動が非常に激しい。2000年以降、株価暴落が3回起こったが、この高利回りファンドは、下落する時は半端ではない。2007年から2009年の下降基調の時は、このファンドはほぼ3分の2に相当する66%の価値を失った。

初期投資額10万ドルが、3万3000ドルまで目減りするのを想像できるか？

もし投資額が100万ドルなら、33万ドルに減少したとしても、命がけでこのファンドにしがみついているだけの度胸があるか？

「この投資ジェットコースターに、投資家が実際につかまり続けるか？」と、マークがニューズレター発行者に質問したところ、「下落の心配がある度に売却を考えるような投資家には、私のアプローチは不向きだ」という〝控え目な〟回答がメールで返ってきた。

私なら、66%もの暴落に「心配」という言葉は絶対使わない。この発行者は、投資家が単に過剰反応しただけのような言い方をしているが、**66%の損失を出した後は、ただ元に回復するだけ、つまり一生かけて貯め込んだ虎の子を暴落前の価格に戻すだけで、約200%も成長しなければならないのだ。**

私がインタビューした「マネー・マスター」たちは、「損失を出さないこと」に例外なく固執していた。損失を出してしまうと、損失を取り戻すだけでも、ずっと大きな利益率が必要となることを知っているからだ。

損失率	損失分を取り戻すために必要な成長率
5%	5%
10%	11%
15%	18%
20%	25%
25%	33%
30%	43%
35%	54%
40%	67%
45%	82%
50%	100%
75%	300%
90%	900%

自分に正直になれば、誰でも感情的に投資決断を下していることがわかる。人間は感情的動物だから、世界のトップ・トレーダーでさえ、常に心中の恐怖と戦っているのだ。だから、レイ・ダリオのオール・シーズンズ戦略は、経済の季節の移り変わりからだけでなく、自分自身からも守ってくれる。感情に駆られて、つい最悪の決断を下してしまうことから守ってくれるのだ。

過去75年間で最悪の損失が3・93%なら、恐怖に駆られて売り急ぐことはまずないだろう。2008年に世界中が経済パニックに陥った時でさえ、損失がわずか3・93%だったら、余計な心配から解放されて心の平安が保てただろう。

レイ・ダリオのオール・シーズンズ戦略の配分率を、本書の価格で入手できたのは、絶対にお買い得だった。

オール・シーズンズ戦略では、レバレッジやアクティブ運用の要素は取り除かれ、パッシブ運用形式に簡素化されている。

このポートフォリオを自分の手で構築するのは構わないが、ここで注意点をいくつか挙げておく。

- 低コストのインデックスファンドやETF(上場投資信託)の業績は常に変動する。ファンド・タイプごとに最も効率がよく、経費の低いファンドを選択することが非常に重要だ。
- ポートフォリオを常にモニターして、年に1度は必ずリバランスすること。
- ポートフォリオの節税効果は必ずしも高くない。非課税口座の節税効果を最大限に活用することが大事だ。低コストの利率変動型個人年金を活用するのも一案だ。専門家が「コスト効果が高い」と推奨するのは、バンガードとTIAA-CREF(全米教職員退職年金基金)の2社だけだ。

自分で資産配分をしても、投資助言者を活用しても構わないが、「実行に移すこと」が一番大事だ。必要な情報を入手できたのだから、実践するのは今だ。

■401(k)プランはどうか?

今、読者が拠出している401(k)プランに、本書で推奨したファンドが含まれていれば、オール・シーズンズ戦略に基づいた資産配分をすることは可能だ。自分で配分し直してもいいし、投資助言者に助けてもらってもいい。

本書で手にしたのは、誰にも負けない業績を誇り、変動幅が極めて小さい投資プランだ。もう市場の値動きに一喜一憂しなくてもいい。将来何が起こっても損失から守られ、利益が出せる資産配分が現実となったのだ。エベレスト登頂にたとえると、オール・シーズンズ戦略を使うことで、スムーズに着実に山頂を目指して登り続けられる。途中で想定外の事態が起こっても、長期的には絶対成功できる。

そして、貯蓄額が臨界質量に達し、経済的自由を実現することが可能になったら、最終的にはこの投資を「生涯続く収入源」に変える必要がある。

そこで次に、この3要素を含む人生の方程式**「オール・シーズンズ戦略 + 生涯続く所得 = 経済的自由」**について学ぼう。

3

「一生続く所得」を確保する方法

「一生続く所得が老後の幸福のカギ」『タイム』誌(2012年7月31日号)

1953年に登山家エドモンド・ヒラリーが、それまで不可能と考えられてきたエベレスト登頂に人類で初めて成功した。英国エリザベス女王は、早速、騎士号を授けてその業績を称《たた》えた。

しかし、「エドモンド・ヒラリー卿が、最初のエベレスト登頂成功者ではない」と信じる人も多い。その約30年前に、ジョージ・マロリーがエベレストに初登頂したと広く信じられているのだ。

もし30年前にジョージ・マロリーがエベレスト山頂に到達したのなら、エドモンド・ヒラリー卿が、エベレスト初登頂の栄誉と騎士号まで授けられたのは、なぜか?

それは、ヒラリーがエベレスト登頂後、無事に下山したからだ。マロリーは登頂には成功したものの、下山途中で遭難死した。エベレスト山で遭難死するのは、下山途中が圧倒的に多いのだ。

■「収入」＝「自由な人生」

私は「何のために投資するのか？」といろいろな人に聞く。答えは、人それぞれだ。「利回り」「成長」「資産」「自由」「スリル」。

一番重要な答え「収入！！！！！」が返ってくることは、非常に稀だ。

誰でも頼りになる収入が必要だ。毎月、銀行口座に必ず入る収入だ。**経費の支払いやお金を使い果たす心配をしなくてよければ、どう感じるか？** 好きな時にどこにでも出かけられる自由はどうだ？

「収入は自由」という真実は、誰でも直観的に知っている。逆に収入がないと、ストレスや苦難が待ち受けている。「自分と家族にとって、収入がないことは絶対に受け入れられない」と宣言してほしい。

大統領アドバイザーを務める老後経済の専門家、ジェフリー・ブラウン博士が最近、『フォーブス』誌の記事の中で「老後の生活安定に一番重要なものは、収入だ」と述べていた。

富裕層は、自分の資産評価額が常に変動することを知っている。しかし、資産では物は買えない。2008年には、資産（特に不動産）価値が暴落して、売却できない人がたくさん出た。いくら資産がたくさんあっても、手元に現金がなくて困ったからだ。こうなると、破産申告せざるを得なくなる。だからこそ、「収入がカギ」と覚えておいてほしい。

何度も繰り返してきたが、老後のプランニングはエベレスト山登頂に似ている。臨界質量に達するまで何十年も貯蓄し続けるだけでは、まだ道半ばだ。たとえ貯蓄が臨界質量に達しても、それを一生続く所得に変換する戦略がなければ、登頂には成功したものの、下山途中で遭難死したジョージ・マロリーと同じだ。

年金はもはや「絶滅した恐竜」と同じ？

私たちが「未知の領域」を旅しているのは間違いない。過去30年間に、「退職」や「老後」の概念は激変した。80年代後半でも、62％の従業員が企業年金の恩恵にあずかっていた。退職日には、永年勤続賞の金時計と、最初の年金小切手を受け取ったものだった。

現在は、政府機関で働く人以外にとって、年金は絶滅した恐竜と同じだ。よくも悪くも、自分で経済の舵取りをしなければならない。「自分の蓄え」が一生続くようにするのは、最終的に本人の責任だ。

これだけでも大変な重荷なのに、市場の大幅変動、法外な手数料、インフレ、想定外の医療費などが加わる。老後の巨大危機に瀕している人が多いのも理解できるだろう。特に平均寿命が上昇する今、老後用の蓄えを生きているうちに使い果たしてしまう可能性が高い。

■「今の80代」は「昔の50代」?

「長く実りの多い老後生活」という概念が生まれたのは、ほんの2~3世代前である。前述したが、フランクリン・ルーズベルト大統領が年金制度を制定した1935年には、平均寿命は62歳だった。だから支給開始年齢の65歳まで生きて、実際に年金の支払いを受ける人は少なかった。当時は退職者1人を労働者40人で支えていたが、2010年には退職者1人を労働者2・9人で支えなければならない。これでは、制度として立ち行かないのは明らかだ。

現在の米国人の平均寿命は、男性が79歳、女性は81歳だ。夫婦のどちらかが97歳まで生きる確率は25%だ。

そして、この平均寿命よりずっと長生きする可能性もある。過去30年間でテクノロジーがどれだけ進歩したか、考えてほしい。3Dプリンターで臓器をつくろうとする科学者もいれば、採取した皮膚細胞から、耳、膀胱《ぼうこう》、気管などをつくる研究をする科学者もいる。もはや、これはSFではなく、現実なのだ。

「生物科学の進歩が寿命にどんな影響を与えるか」という質問に対して、人工知能(AI)研究の世界的権威レイ・カーツワイルはこう答えた。

「2020年代には、人間は遺伝子を自由に組み換える手段を手に入れるだろう。デザイナー・ベビーを産むことは可能だし、老年期に入ったベビー・ブーマー世代でも、皮膚細胞から再生した若々しい臓器や組織を使って体全体の若返りが可能となる。老化を防ぎ、病気にかからないように、自分をプログラムし直すことも可能となり、平均寿命は飛躍的に延びるだろう」

ベビー・ブーマー世代にとっては、エキサイティングな予言だ!!! シワはなくなり、いわゆる「若返りの泉」の水を飲めるようになるのだ。

この科学の進歩が、老後生活に与える影響は明らかだ。老後の蓄えは、今考えるよりずっと長続きしなければならない。

ベビー・ブーマー世代が、110歳か120歳まで生きることを想像できるか? だからこそ、「一生保証された所得」が何よりも重要で、最良の資産となる。

■「年老いて一文なし」を避けるために

「若い頃は、お金が人生で最も重要だと考えたが、年を取ってからはこれが真実だと知った」

オスカー・ワイルド(作家)

1990年代初頭に、カリフォルニアのファイナンシャル・プランナーが「4%ルール」を考案した。「株式60%、債券40%に配分した資産から、毎年その4%を引き出していれば、資産を使い果たすことはない」という考えだ。そして、毎年のインフレ率に合わせて、引き出し率も増やしていく、というのだ。

2013年に、「4%ルールにサヨナラ」という記事が『ウォール・ストリート・ジャーナル』紙に掲載された。4%ルールが突然死んだのは、なぜか？ それは、このルールが考案された当時、国債の利率は4%以上あり、株価も順調に上昇していたからだ。

資産運用会社T・ロウ・プライスによると、もし2000年1月に退職した後、この4%ルールに従ったとしたら、2010年までにはその33%を使ってしまい、資産を使い果たさなくてすむ確率は29%に下がる。これを言い換えると、生きているうちに貯蓄を使い果たす確率が71%ということだ。「年老いて一文なし」という状況は、誰でも避けたいはずだ。

現在、世界中で利率が低く抑えられ、貯蓄する人、老人にとっては宣戦布告されたようなものだ。利率がほぼゼロでは、退職後の安心・安全生活などあり得ない。ワニがウヨウヨいる危険な川に、身の危険も顧みず、水を飲みに行く動物のようだ。生計を立てるために高利回りを求める人は、大きな危険に晒される。

■この「最悪の予言」への備えはできているか？

「老後の蓄えが一生続くかどうかを決める要因をコントロールできる」と言うポートフォリオ・マネジャー、ブローカー、ファイナンシャル・アドバイザーはいるが、そんなことができる人はいない。これは金融業界の知られざる秘密だ。実際にコントロールできる少数エリートは、こんな話を絶対、口に出さない。

バンガード社のジャック・ボーグルにインタビューした時に、私はこの知られざる秘密について切り出した。

ジャックは単刀直入に答えた。

「こんなことは言いたくないが、生まれる、退職する、子供が大学に進学するタイミングについては、運に頼る宝くじの要素がある。自分ではコントロールできないのだから」

自分が退職する時の株式市場の状況は、まさに運次第だ。**1990年代半ばに退職した人が「ハッピー・キャンパー」なのに対し、2000年代半ばに退職した人は「ホームレス・キャンパー」だ。**

ジャック・ボーグルは、2013年、CNBC局のインタビューで「これから10年間に、株価が最高50%まで下落することを2度経験してもいいように準備すべきだ」と語った。最悪の予言だが、決して驚くことではない。2000年代だけでも、50%近い株価下落をすでに2度経験している。

ここで忘れてはいけないのは、50%の下落から回復するためには、100%上昇しなければならないということだ。

私たちが直面するリスクに**「利回りの順序」**と呼ばれるものがある。複雑そうだが、実際にはこれは**「退職後の初期の利回りが、退職後の後期のよし悪しを決める」**ということだ。不運にも退職後の初期に投資で大きな損失を被ると、老後の蓄えが長続きしなくなってしまう。

投資助言者を見つけ、手数料を減らし、節税効果を高め、「フリーダム・ファンド」を成長させてと、全てお手本通りに正しいことを実行してきたとしても、退職直後に投資損失を出す年がたった1年あるだけで、現金引き出しプランは役に立たなくなる。もし悪い年が2～3年続けば、別荘を売り払って再就職するしかない。

ドラマチックに聞こえるかもしれないが、この「利回りの順序」の仮想事例を、時間を追って論じよう。

■ジョンが犬に噛みついた

「ジョンが犬に噛みついた」
「犬がジョンに噛みついた」
言葉の順序を変えるだけで、文章の意味は正反対になる。

ジョンは退職間近の65歳で、老後資金50万ドル（全米平均よりはるかに多い）を積み立てた。退職間近の大半の米国人と同じく、老後資金は株式60％、債券40％というバランス型ポートフォリオで投資していた。

ジョンは基本的生活費をカバーするため、毎年5％（2万5000ドル）ずつ引き出すことにした。公的年金の受給額と合わせれば、暮らしていくには十分だった。しかし、インフレで目減りする購買力を補うために、引き出し率を毎年3％ずつ増加させなければならない。

ところが運が悪いことに、退職直後の3年間に、株式市場で大きな損失を出した。

ここで、株価の変動率、そしてジョンの毎年引き出し額と老後資金の残高をまとめた一覧表を見てほしい。

ジョンの老後資金はわずか5年で半減した。市場が下落した時に現金を引き出すと、株価が回復した時の元本が減るので利益も減るという悪循環が起こるが、生活していくための必要経費は変わらないから引き出さざるを得ない。

ジョンの老後資金推移

年齢	株式市場変動幅	年引き出し額（ドル）	年初残高（ドル）
64			50万
65	-10.14%	2万5000	50万
66	-13.04%	2万5750	42万6389
67	-23.37%	2万6523	34万8766
68	14.62%	2万7318	24万6956
69	2.03%	2万8318	25万1750
70	12.40%	2万8982	22万8146
71	27.25%	2万9851	22万3862
72	-6.56%	3万747	24万6879
73	26.31%	3万1669	20万1956
74	4.46%	3万2619	21万5084
75	7.06%	3万3598	19万84
76	-1.54%	3万4606	16万8090
77	34.11%	3万5644	13万1429
78	20.26%	3万6713	12万8458
79	31.01%	3万7815	11万335
80	26.67%	3万8949	9万5008
81	19.53%	4万118	7万1009
82	26.38%	3万6923	3万6923
83	-38.49%	0	0
84	3.00%		
85	13.62%		
86	3.53%		
87	26.38%		
88	23.45%		
89	12.78%		

平均年利回り **8.03%**　引き出し額合計 **58万963ドル**

ジョンが70歳になって以降、株価が上昇した年は多いが、過去に受けたダメージが大きすぎて、その修復はほぼ不可能に近い。70代後半には、「生存中に老後資金を使い果たす」と予測がつき、83歳になった時点で、老後資金を使い果たしてしまう。退職前に50万ドルあった老後資金から引き出した総額は、58万963ドルだった。つまり、**退職後18年間投資し続けたのに、わずか8万ドルしか利益が出なかったということだ。**

しかし皮肉なことに、**同時期の平均年利回りは8・03%**と決して悪くない数字だ。

市場の利回りは常に平均値を維持するのではなく、極めて変動幅の大きい実際の利回りを平均した数字である点が問題なのだ。

■「利回りの順序」が逆さまになるだけで……

ここで、利回りの順序だけを変えたスーザンの仮想例を挙げよう。ジョン同様、スーザンも退職間近の65歳で、老後資金を50万ドル積み立てた。老後資金は株式60%、債券40%の配分で投資していた。毎年5%ずつ（2万5000ドル）引き出すのも同じで、インフレ対策に引き出し率を毎年3%ずつ増加する点も同じだ。

平均年利回りもジョンと全く同じにしたが、**利回りの順序だけを、最初の年が最後になるようにひっくり返した。**

単に利回りの順序を変えただけで、スーザンの老後生活はジョンとは正反対になった。89歳

までに90万ドル以上を引き出したにもかかわらず、まだ１６７万７９７５ドルも残高があり、お金の心配は全く不要だった。

ジョンもスーザンも、同額の老後資金、同じ引き出しプランで出発したのに、ジョンは83歳で一文なしになり、スーザンは89歳でも経済的自由を謳歌できるという「天と地の差」が出た。

ジョンもスーザンも同じ25年間に、平均年利回りは8・03％と同じだったが、「利回りの順序」が違うだけ、つまり退職初期の利回りがよいか悪いかによって、経済状況に天と地の差が生まれてしまうのだ。

スーザンの老後資金推移

年齢	株式市場変動幅	年引き出し額（ドル）	年初残高（ドル）
64			50万0000
65	12.78%	2万5000	50万0000
66	23.45%	2万5750	53万5716
67	26.38%	2万6523	62万9575
68	3.53%	2万7318	76万2140
69	13.62%	2万8318	76万0755
70	3.00%	2万8982	83万2396
71	-38.49%	2万9851	82万7524
72	26.38%	3万0747	49万0684
73	19.53%	3万1669	58万1270
74	26.67%	3万2619	65万6916
75	31.01%	3万3598	79万0788
76	20.26%	3万4606	99万1981
77	34.11%	3万5644	115万1375
78	-1.54%	3万6713	149万6314
79	7.06%	3万7815	143万7133
80	4.46%	3万8949	149万8042
81	26.31%	4万0118	152万4231
82	-6.56%	4万1321	187万4535
83	27.25%	4万2561	171万2970
84	12.40%	4万8383	212万5604
85	2.03%	4万5153	233万9923
86	14.62%	4万6507	234万1297
87	-23.37%	4万7903	263万297
88	-13.04%	4万9340	197万8993
89	-10.14%	5万820	167万7965

平均年利回り 8.03％　**引き出し額合計 91万1482ドル**

■なぜ「年金保険」は今、最も重要な投資商品なのか

前出の6つの学位（経済学・金融学・国際金融額MBAを含む）を取得したペンシルベニア大学のデイビッド・バベル教授を覚えているだろうか。自分の老後資金運用法について書いた彼の論文には、賛否両論が渦巻く。

デイビッドは退職後、心の平安と一生続く所得保証が欲しかった。また、年老いてから、複雑な投資決断を下したくはなかった。ウォール・ストリートで働く友人や元同僚にも自分の戦略を相談し、広範囲にわたる自分の知識をフル活用して、全選択肢を詳しく検証した結果、最終的に選んだのは**年金保険**だった。

「米国人は、老後資金の最低半分を年金保険に変換すべきだ」米国財務省

大統領年金諮問委員会の委員長を務めるジェフリー・ブラウン博士は、生涯続く所得保証について長年研究してきた専門家だが、**年金保険が最も重要な投資商品の1つ**と考えている。

私がインタビューした時も、ジェフリーは「ファイナンシャル・プランニングで、老後の所得プランニングをあまり論じないのはおかしい」と強調した。

私はジェフリーに尋ねた。

「寿命が史上最高まで延びている今、生涯保証される所得を手に入れ、自分を守る方法をどうやって見つけたらいいのだろうか。65歳で退職した後、20～30年間続く所得が必要なのに、ファイナンシャル・プランはそんなに長続きしない。この矛盾をどう解決したらいいと思うか」

ジェフリーはこう答えた。

「この問題には、現実的解決法がある。人々が老後の所得についての考え方を変えるように働きかけなければならない。保険会社から年金保険を購入すれば、保険会社が資金を運用してくれ、生きている間は毎月、定額所得を受け取れる。**一番わかりやすいのは、（公的年金である）老齢年金で、まさにこれを現実にやっている。働き続ける限り、給料から毎回一定割合の金額を支払い続け、退職後は一定額を生きている間、受給し続ける。**老齢年金だけに頼らず、自分で年金保険を購入して毎月の所得を増やしたらいい」

ジェフリーのチームは、アドバイザーが一般投資家に年金保険をどう説明するかで、投資家が年金保険の必要性をどう認識するかを調べるため実験をした。株式ブローカーがよく使う「年金保険は貯蓄口座、または利回りの低い投資」と説明すると、「魅力を感じる」と回答した被験者はわずか20％だった。

ところが、言い方を換えて、「一生保証される所得」という年金保険の実際の恩恵を説明すると、被験者の態度は一変した。「魅力を感じる」と答えた被験者が70％を超えたのだ！　たとえ自分の老後資金を使い果たしたとしても、年金保険を購入していれば一定の所得は保証されるのだから、これを嫌う人などいるはずもない。
現在、大きく変革した金融業界には、新タイプの年金保険が数多く登場した。旧式タイプだけでなく、損失は出さずに、株式市場の利益に見合った利回りを払うタイプが多いようだ。

『世界のエリート投資家は何を見て動くのか』（三笠書房刊）に続く

解説……金融界のゴージャスな面々に切り込んだ カリスマコーチによる投資本

山崎 元

本書は、アメリカの著名なコーチとして活躍するアンソニー・ロビンズの *MONEY: MASTER THE GAME* の全7セクションのうち、セクション1～5を抄訳したものである。〝トニー〟という愛称で知られる著者は、米国大統領から成功起業家、一流アーティスト、トップアスリートなどをクライアントに抱え、これまで世界中で5000万人以上もの人々を啓発してきたという「コーチ」だ。

2008年のリーマンショックで、多くの米国人が職業、退職後の資産を失い、不安に苛《さいな》まれ苦しむ姿を見たことがきっかけとなり、ロビンズは本書の執筆を思い立った。ごく普通の人たちが、安心して資産を増やしていける方法はないかと真剣に模索した著者が、ウォーレン・バフェットやレイ・ダリオをはじめ、金融界のゴージャスな面々にインタビューを敢行し、エネルギッシュに切り込み、そのエッセンスを聞き出してまとめたのが本書だ。

「成功するためには、大成功した人のやり方をマネることが一番いい」という著者のややマッチョなものの言い方は、人々を啓発するコーチという職業柄から来るのだろうが、正直なところ、はじめは「大丈夫なのか?」と思った。マーケットの世界は、成功者のマネでいいほど単純なものではないからだ。

しかし、しばらく読み進めてみると、ずいぶん真面目な本だということがわかってきた。著者自身も、「私は、ポジティブ・シンキングのコーチではなく、逆に『何事も準備を怠るな』ということを教えるコーチだ」と自称している。

いささか毛色の変わった投資の本なのだが、内容的には、筆者が日頃、投資について述べていることと重なる部分が多かった。日本の読者が、投資を勉強しつつ、同時に投資へのモチベーションを上げるために読むのに大変よい本ではないかと思う。

投資と手数料の適切な関係

この本の内容で感心した点の1つは、投資の際の「手数料」に注意を払えと繰り返し述べていることだ。

たとえば手数料が年率1％違うと、長期的な運用の結果、資産額が何割も違うというようなことが、本書では再三、指摘されている。金融機関は教えてくれないが、手数料は投資を考える際に最高に重要なファクターの1つだ。日本でも、投資信託の手数料が運用成果の大きな障害になることが取り上げられるようになったが、著者は声を大にして注意を促している。

また、アクティブ運用のファンド・マネジャーに対する警鐘も、的を射ている。「アクティブ運用ファンドは、市場平均には簡単には勝てないから、インデックスファンドの方がいい」

という指摘は、まさにその通りだ。あのウォーレン・バフェットも近年、強調するようになった。

それにしても、その思想の正しさと、現実に投資家に与えたポジティブな影響という意味では、著者がインタビューした大物たちの中でも、バンガード社を率いてインデックスファンドを普及させたジョン・C・ボーグルが圧倒的に偉大なのだと改めて実感する。

一方、過去に市場平均に勝ってきた「天才的（に見える）人物」がいるのは事実だ。しかし、これは、その人物が今後も勝てることを意味しない点には注意が必要だ。

そこで、「一部の天才投資家以外は、市場平均に勝てないし、天才は超富裕層しか相手にしない」という著者の言葉に対しては、割り引きが必要になる。超富裕層には特別に有利な運用機会があると思い込むと、「富裕層向けの特別な運用」をちらつかせたセールスに引っ掛かりやすくなる。

金融の世界にあって、富裕層を羨《うらや》ましがるのは「精神的田舎者」であり、カモだ。

もっとも、本書の著者にも「立場」というものがある。彼がインタビューした大物たちが特別な価値のある天才だという可能性は、人間関係上残しておく必要があろうし、加えてそれは、本書を盛り上げるために必要な演出でもある。

本書の目玉は、超富裕層しか相手にしない天才たちの中でもピカ一の大物、世界最大のヘッジファンド、ブリッジウォーターを率いるレイ・ダリオに、一般人向けにアレンジしたポートフォリオを聞き出して具体的に示したことにあるからだ。

著者は、金融界の大物たちに「自分が築き上げた資産を子孫に譲れないが、投資原則だけは子孫に教えることができるとしたら、どんな投資原則を教えるか？」と片っ端から聞いて回った。レイ・ダリオが何と答えたのか、そして、どのようなポートフォリオを示したのか。これは、運用のプロでも皆が知りたいと思うような、わくわくするテーマだ。

バフェットとダリオのアプローチの違い

レイ・ダリオのポートフォリオを見る前に、リスクを取った投資とは何をすることなのかを確認しておこう。次ページの図は、株式や不動産のように収益を生む資産の価格の決まり方を説明したものだ。

時点が「現在」と「将来」の2時点で、資産が生む将来の価値「F」が予想されているとする。ただし、この価値Fは確実に予想できるわけではなく、上下にブレる不確実性を持っているとしよう。投資家は、この将来価値を手に入れるために、現在いくら払うか。

金融理論の教えるところでは、投資家は、期待値Fの将来価値を現在の価格「P」として評価する際に、割引率「r」で割り引く。この際に、割引率rの中には、無リスクの場合に適用される「無リスク金利」と、Fの将来の不確実性を補うための追加的な利回りである「リスク・プレミアム」の両方が含まれる。

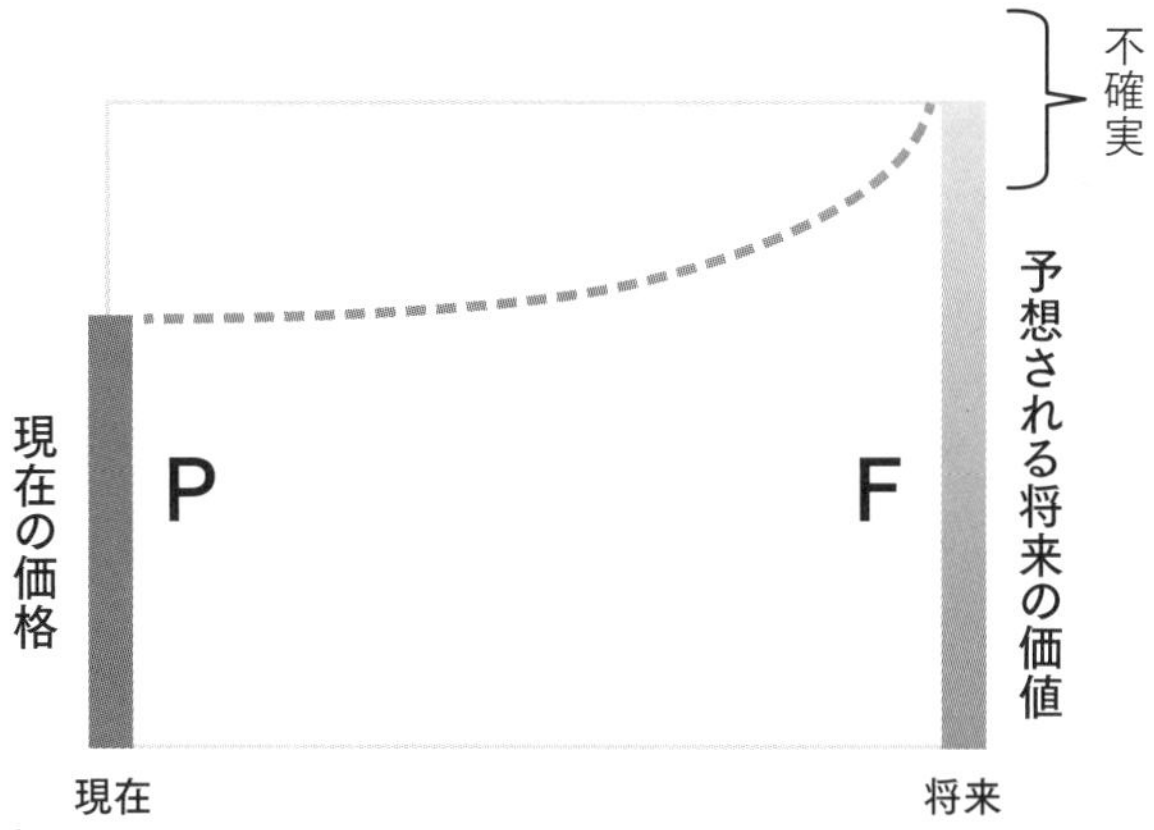

「資産」は、価格が決まる際にリスクプレミアムが織り込まれる。

$$P = \frac{F}{1 + r}$$

r：割引率
割引率＝無リスク金利＋リスクプレミアム

ポイントは、収益資産はその価格である現在価値が決まる際に、「リスク・プレミアム」を織り込むはずだという点だ。リスクを取る投資の本質は、このリスク・プレミアムを集めようとする行為なのだ。

そのための最もオーソドックスな方法は、米国ならＳ＆Ｐ５００や日本ならＴＯＰＩＸのような幅広く分散投資された指数（インデックス）に連動する手数料の安いインデックスファンドを長期間にわたって保有することだ。

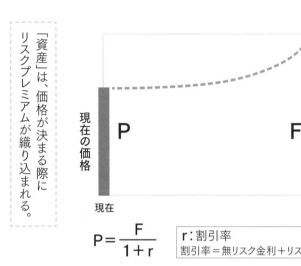

そして、近年では、分散投資は一国の株式市場だけでなく、グローバルに行なう方がいいというのが、投資の世界の最大公約数的な意見だ。本書も概《おおむ》ね、そうした方向の投資を勧めている。

ちなみに、資産価格は、将来価値が高成長であっても、低成長であっても、将来の予想を織り込んで、リスクに見合ったリスク・プレミアムを含む割引率が実現するように決定されると考えられる。したがって、「日本は今後、低成長だから、日本株の収益率は低い」という考えは、もっともらしく聞こえるが、間違いなのだ。低成長がすでに広く十分に予想されていて株価が形成されているなら、低成長な国や企業の株式に、リスクに見合うリターンがあっても全くおかしくない。特に、日本の読者には、覚えておいてほしい理屈だ。

さて、本書に登場する金融界の成功者たちの中でも、大物中の大物は、衆目の一致するところ、ウォーレン・バフェットとレイ・ダリオの2人だろう。彼ら2人は、リスク・プレミアムを集めるに当たって、リスクを低減させるためのアプローチが異なる。

バフェットは、強いビジネスを持つ企業を、十分に割安な価格で（バフェット流には、「大きなセーフティー・マージン」のある価格で）資産を買うことでリスクを吸収しつつ、長期に保有し続けることでポートフォリオに、リスク・プレミアムをたっぷりと取り込もうとする。

これに対して、ダリオは、経済の局面の変化をパターン分けして、いずれのパターンに向かって経済が動いた時にも対応できるような、経済変化のリスクを相殺する防衛的なポートフォリオをつくってリスクの低減を図り、「常勝・不敗」を目指す。

現実に彼の会社が運用しているポートフォリオが示されているわけではないので推測するしかないが、リスクを抑えたポートフォリオは、それだけでは期待できるリターンが低下しよう。しかし、彼の会社が運用しているのはヘッジファンドなので、レバレッジを使って期待リターンを拡大することができる。バフェットとは異なるが、ダリオのアプローチにも一定の合理性がある。

ちなみに、バフェットとダリオの2人は、「金」（ゴールド）に対して対照的な見解を持っている。バフェットは、金それ自体は、企業や不動産のように生産活動に関わって価値を生む物ではないので、投資の対象に不適当だと考えている。他方、ダリオは、金が持つインフレ・リスクのヘッジ効果などを評価して、大きな比率ではないが金をポートフォリオに組み入れることに対してポジティブだ。

金に対する、日頃の筆者の意見や個人投資家へのメッセージはバフェットに近いが、ダリオのようなアプローチを採る場合に、金を持つことについては、理解できなくもない。

本書の目玉、「レイ・ダリオのポートフォリオ」

さて、本書の最大の目玉は、世界最大のヘッジファンド、ブリッジウォーターを率いるレイ・ダリオが一般人向けにアレンジしたポートフォリオだ。以下、このポートフォリオの理解を目指し、さらに、日本の読者がこの考え方をどう応用したらいいかを考えてみよう。

ダリオのポートフォリオを理解するカギは、「リスクの量」に関わるアイデアと、「経済は機械のように動く」と述べるダリオの経済理解の2つだ。

リスクの相殺については、たとえば、景気と株式・債券（長期の固定利回りのもの）について、次のように考えてみよう。

傾向として、企業の利益が増加する好況時には株式の価格が上がりやすいが、債券の利回りが上昇するので債券価格は下落しやすい。逆に、不況になると、株価は下がるが、債券は利回りが低下して価格が上昇しやすい。仮に、この傾向が固定的・安定的で、経済の局面としての特徴が「好況」と「不況」だけなのだとすると、株式と債券を組み合わせてポートフォリオをつくると、経済がどちらの局面になっても負けない投資ができそうだ。

ここで、問題になるのは、株式と債券のリスクの大きさだ。著者との会話の中でダリオが述べているように、両者のリスクの大きさが異なるために、たとえば、株式が50％、債券が50％（あるいは株式60％、債券40％）といった一般的なバランス型ポートフォリオでは、両者のリスクのバランスが取れていない。不況になった場合には、債券の値上がり効果よりも、株式の値下がり効果の方がずっと大きく、ポートフォリオは大きな損失を出す可能性がある。

債券は、概ね満期までの期間が長いものほど一定の利回り変動に対する価格変化が大きく、どのようなものに投資するのかによって「リスク量」は異なるが、好況と不況のリスクを相殺し合うように株式と組み合わせるには、株式組み入れ比率のたとえば3倍といった比率で債券を持たないと、両者のリスクが適切に釣り合わない。

さて、本書の中でも触れられているように、ダリオは、経済が一定の仕組みに基づいて動いていることを強調している。また、彼は、自分の経済理解を世に広めることに多大な価値を見出しており、約30分の動画をインターネットにアップして、普及に努めている。読者は、サーチエンジンで彼の名前の動画を検索すると、容易に解説動画を見ることができるはずだ。英語版はもちろん、日本語版もあれば、日本語字幕版もある。ぜひ、一度ご覧になってみてほしい。

ダリオの経済理解を大まかに要約すると、（1）信用が拡大（縮小）すると経済活動は活発に（不活発に）なる、（2）信用拡大（縮小）によるマネーの拡大（縮小）が生産性の拡大を上回る（下回る）とやがてインフレ（デフレ）になる、（3）経済は長期的には生産性の拡大経路に沿って成長する、ということだ。

そこで、ダリオは、信用の拡大・縮小、さらに生産性との関係から、経済の局面を、①経済上昇→②インフレ→③経済下降→④デフレ、という4つに分類する。言わば、経済の「季節」だ。

筆者は、大凡《おおよそ》、今挙げた順番で経済が推移することを自然に感じるが、ダリオは「自然の原理とは違い、経済的季節が訪れる順番は決まっていない」とより慎重に考える。

ちなみに、信用の拡大・縮小を通じて、好景気・不景気、さらに資産価格の上がりすぎ（バブル）・下がりすぎが繰り返されるという経済観は、筆者も同じようなものを持っている。

経済の循環と資産価格の高低を、時計の針の示す時刻に喩《たと》えて、概ね、好況→バブル→バブル崩壊から不況→デフレ→金融緩和政策を背景に信用が拡大して好況へ→……といったサイクルとして描いた【山崎式経済時計】と、それぞれの時刻でどの資産にお金を置くのがいいかを書いた【経済時間帯別の運用アセットクラス選択】を次ページに掲げておく。

決して集中投資を推奨するわけではないが、経済の局面によってどこに重点を置くかを「ある程度は」調整してもいいのではないかと考える人のご参考用だ。

さて、レイ・ダリオは、「どのような投資商品も『理想的環境』が整うと大きな利益が生まれる」という考えと、4つの季節について、それぞれの季節に適合していて、かつリスクが同量の4つのポートフォリオを組み合わせると、どの季節の局面が経済に巡ってきても投資から利益を得ることができるのではないかと発想した。

加えて、著者の「レバレッジなど使わずに、一般投資家向けの資産配分比率を教えてくれないか?」「読者が自分でも実行できる全天候型のポートフォリオの具体例をぜひ教えてくれないか?」という（率直に言って、少し無理な）リクエストに応えて、本書の目玉である「オール・シーズンズ・ポートフォリオ」が導かれた。

詳しくは、333ページを見ていただきたいが、「株式30%、米国債55%（うち40%が満期20年超の超長期債）、金7・5%、商品7・5%」が「オール・シーズンズ・ポートフォリオ」の資産配分だ。相当に債券に傾斜したポートフォリオであり、確かに、これなら不況にも抵抗力があるだろう。

ただし、米国も含めて先進国は過去20年程度の長きにわたって、長期金利の低下、つまり長

◎山崎式経済時計

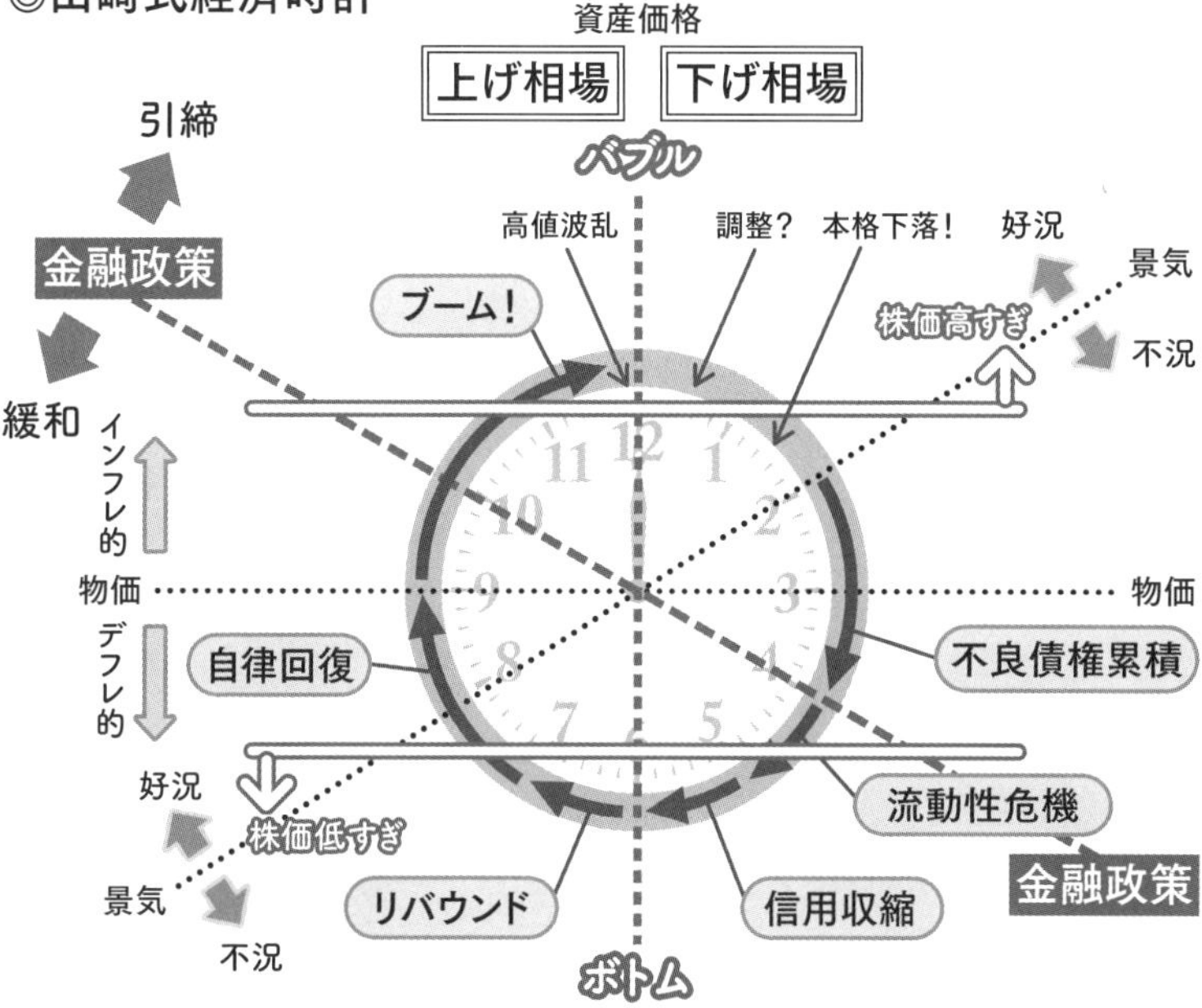

経済時間帯別の運用アセットクラス選択

時間帯	第一選択肢	第二選択肢
12時～2時	現金	国債
2時～4時	国債	現金
4時～5時	現金	国債
5時～6時	国債	現金
6時～7時	株式	ハイイールド債
7時～8時	ハイイールド債	株式
8時～9時	不動産	株式
9時～12時	株式	不動産

い満期を持つ債券に有利な投資環境を経験してきた。

日本の投資家でいうと、国家公務員の共済年金を運用している国家公務員共済組合連合会（通称「ＫＫＲ」）の一昔前の資産配分に近い。ＫＫＲは、金や商品は持っていなかったが、病院やホテル、公務員宿舎などの不動産を持ち、株式の比率は抑えめで、長期債の性質を持つ財政投融資預託金を大量に抱えていた。「厚生年金でリスクを取る一方で、公務員の年金はリスクを取っていないのはおかしい」と、しばしば国会で言いがかりに近い質問の対象になった運用だ。筆者は、長年、ＫＫＲの運用委員会の委員を務めている。確かに、このくらいのリスク量なら、かなり安定した運用になるという実感がある。

もっとも、「年金一元化」の方針の下に、ＫＫＲの基本ポートフォリオも「国内株25％、外国株25％、外国債券15％、国内債券35％」である年金積立金管理運用独立行政法人（ＧＰＩＦ）の基本ポートフォリオと共通のものに揃えられたので、今後、本書で言う普通のバランス型ポートフォリオ並みのリスクのポートフォリオに近づく予定だ。株価の下落局面では、損失が盛大に発生するはずだ。

日本の投資家向けにアレンジすると

さて、レイ・ダリオが本書で授けてくれた「オール・シーズンズ・ポートフォリオ」は、米国で暮らし、米ドルで支払いを行なう、米国の投資家向けのポートフォリオだ。この考え方を、日本の投資家向けにアレンジして、具体的なポートフォリオに落とし込むとすると、どうなるかを考えてみよう。

好況期・インフレ・不況期・デフレのそれぞれの局面で、「5」の資金をどう配分するのがベストのポートフォリオかを考えてみる。ただし、レバレッジは使わず、普通の個人がネット証券などで購入してじっと保有することが可能な投資対象に投資することとし、リスク量を完全に揃えないまでも、そこそこにバランスさせることを考えてみると、以下のようになった。

①好況期　国内株式2、外国株式1、ヘッジ付き外国株式1、個人向け国債（変動10）1
②インフレ　金2、J-REIT1、国内株式1、外国株式1
③不況期　長期国債2、個人向け国債（変動10）2、ヘッジ付き外債1
④デフレ　長期国債3、ヘッジ付き外債2

【日本版オール・シーズンズ・ポートフォリオ（山崎案）】

・国内株式　15%
・外国株式（先進国）ヘッジなし　5%
・外国株式（先進国）ヘッジ付き　10%
・金（ETF）　10%
・J-REIT　5%

・長期国債　20％
・ヘッジ付き外国債券　15％
・個人向け国債（変動10年）　20％

国内株式は、ＴＯＰＩＸに連動するＥＴＦで投資するのがいいだろう。たとえば、日興アセットマネジメントの「上場インデックスファンドＴＯＰＩＸ」（コード番号１３０８）などがある。

外国株式に投資するに当たって、「ヘッジ付き」を重視したのは、国内株式が円安時に上昇する傾向が顕著であり、「円高・株安」でリスクが集中する傾向を少しでも回避するためだ。インデックスファンドのシリーズの中には、たとえば野村アセットマネジメント社のＦｕｎｄｓ－ｉ（ファンズアイ）シリーズのように、ヘッジ付きの資産を買えるものがあるので、こうしたものの中から選択されたい。

ヘッジなしの外国株式では、ニッセイアセットマネジメント社の「〈購入・換金手数料なし〉ニッセイ外国株式インデックスファンド」などが運用管理手数料が低廉でよい。

金の10％はインフレ対策だが、ＥＴＦで持つといい。少々多いと感じるが、商品指数に安価かつ安定的に投資できる運用商品がないため、Ｊ－ＲＥＩＴと合わせて実物投資の意味を持たせた。もちろん、内外の株式にも、インフレ・円安に対する対応力がある。

債券については、現在の日本は特殊な状況にある。日銀が、長期国債の利回りをほぼゼロにコントロールする金融政策を採っているため、経済の「季節」に対応した動きになっていないのだ。季節感がなくなるほどエアコンを使っているような状態と言えようか。長期国債の20％は、「普通の経済環境ならこれでいい」が、現状では、個人向け国債の変動金利10年満期か、ヘッジ付き外国債券に振り替えておくといいように思う。

「日本版オール・シーズンズ・ポートフォリオ（山崎案）」の全体を、ポートフォリオとして眺めてみると、国内債券の利回りが長短共にほぼゼロ％の現状を前提とすると、期待リターンは、高く見積もっても2％台くらいのポートフォリオだが（機関投資家の株式に対する期待リターンは、現在ほとんどが4〜6％程度の範囲だ）、多くの資産に分散しているので、さまざまな局面に対して「しぶとそう」な印象はある。

焦点が絞れていないように見えるかもしれないが、そもそも何らかの予測に賭けて一点張りするわけではないので、むしろそれが長所なのだと理解されたい。

「シーズン」をまたぐアプローチの補足

4つの季節の全てに対応しようとする、ダリオのアイディアは魅力的だが、レバレッジ（借り入れ、信用取引、先物・オプション取引などによる投資リスクの拡大）を利用しない場合、安定感はあっても、期待リターンとしては少々不満の残る運用だと思う向きがありそうだ。

そもそも、4つの季節があるということは、1年間待つと4つの季節を経過できそうだし、何年もリスクを取り続けるなら、季節による資産ごとのリターンの偏りは均《なら》されるのではないかと考えることができよう。時に小さくないダウンも含むアップ&ダウンにも、長期的・平均的に好結果が期待できるなら耐えることができるという人はどうしたらいいか。

先に述べた「リスク・プレミアム」をもっとたっぷり取り込みたいというアプローチがあっていい。もちろん、リスクは覚悟するのだが。

また、ここまで「何々に何%……」と投資配分を考えているが、手持ちの全資産をリスクを取った運用に晒さなければならないということはないし、個人が自分の運用資産の元本をいくらと考えるのかという問題がある。つまり、そもそも「何%リスクを取るか」というよりも「(金額で)いくらリスクを取るか」ということの方が個人の意思決定にはなじむし、より本質的だ。

日本の個人投資家向けに筆者が現在お勧めしている運用は、以下の3ステップの簡便法だ。

(1)「1年で、最悪の場合3分の1損するが、これと同じくらいの確率で4割くらい儲かることがあり、平均的には5%程度の利回りの」リスク資産にいくら投資するかを決める。
(2)リスク資産は、外国株式(先進国株式)のインデックスファンドで6割、国内株式(TOPIX連動)のインデックスファンドで4割の比率に配分する。
(3)無リスクで運用したい部分は、個人向け国債変動金利10年満期型と普通預金に置く。

この運用法（特にリスク資産の配分）は、年金基金などの運用機関が使っている平均的な期待リターンとリスクの数値から求めた、大まかな最大公約数的最適解だ。

基本的に、個人によって異なるのは、運用金額とリスク資産への投資額だけだ。実は老若男女誰でも、「安全かつ効率的にお金を増やしたい」というニーズは同じなので、運用方法は同じでいいのだ。さまざまな（手数料の高い）運用商品を売りつけたい金融機関側にとっては、不都合な話なのだが、真実である。どちらかというとバフェット風のアプローチになるが、ご参考になると幸いだ。

なお、本文中に明示的に書かれているわけではないが、著者のトニー・ロビンズは、読者が「お金の心配を片付けて」お金以上に大切な人生の諸問題に向き合うことができるようにとの意図の下にこの本を書いた。彼ほど情熱的に語るわけではないが、筆者も同じように思う。

読者には、人生を大いに楽しんでほしい。

本書は、ここで扱う主題について著者が正しいと考える情報を提供するものだが、特定のポートフォリオ、あるいはいかなる個人の要望に合わせた個別の助言または法的助言、会計的助言のような、投資助言、その他の専門的サービスを提供するものではないという著者と発行者双方の理解の下に販売される。投資助言、法的助言、会計的助言などの専門的サポートを必要とする場合は、専門家の適切なサービスを受けるものとする。

本書の参照パフォーマンスデータは長期にわたって収集されたものである。過去の実績は将来の成果を保証するものではない。さらに、法令、法規に加え、パフォーマンスデータも時間と共に変化するものであり、そのため本書に書かれた情報の状況も変わることがある。

本書は、歴史的データのみに基づいて基本原則を論じ、説明している。加えて、本書はなんらかの財務決定の根拠となることを意図するものでも、特定の投資アドバイザーによる推奨でも、有価証券の売買の提案でもない。有価証券の売買の提案については、目論見書のみをもって行なうものであり、投資や支出に先だって目論見書を熟読し、慎重に検討しなければならない。

本書にある情報の正確性や完全性は保証されたものではなく、著者および発行者のいずれも、直接・間接を問わず、本書のいかなる内容の利用および応用の結果として発生した、個人またはそれ以外のいかなる債務、損失、リスクについて責任を負わない。

世界《せかい》のエリート投資家《とうしか》は何《なに》を考《かんが》えているのか

著　者――アンソニー・ロビンズ
訳　者――鈴木雅子（すずき・まさこ）
解説者――山崎　元（やまざき・はじめ）
発行者――押鐘太陽
発行所――株式会社三笠書房
〒102-0072 東京都千代田区飯田橋3-3-1
電話：(03)5226-5734（営業部）
：(03)5226-5731（編集部）
http://www.mikasashobo.co.jp
印　刷――誠宏印刷
製　本――若林製本工場

編集責任者　長澤義文
ISBN978-4-8379-5780-5 C0030

T30274